数字经济

对居民消费结构升级的影响研究

熊 颖◎著

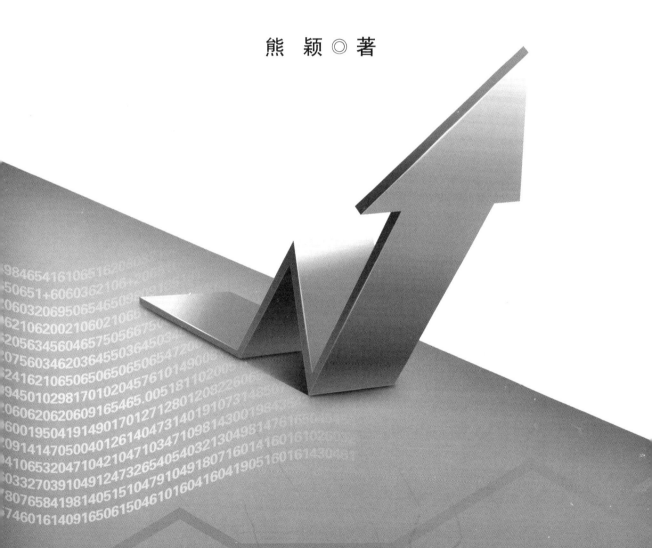

吉林出版集团股份有限公司
全国百佳图书出版单位

图书在版编目（CIP）数据

数字经济对居民消费结构升级的影响研究 / 熊颖著
. -- 长春 : 吉林出版集团股份有限公司，2023.5
ISBN 978-7-5731-3404-2

Ⅰ．①数… Ⅱ．①熊… Ⅲ．①信息经济－经济发展－
影响－居民消费－研究 Ⅳ．①C913.3

中国国家版本馆CIP数据核字(2023)第094267号

SHUZI JINGJI DUI JUMIN XIAOFEI JIEGOU SHENGJI DE YINGXIANG YANJIU

数字经济对居民消费结构升级的影响研究

著　者　熊颖
责任编辑　张婷婷
装帧设计　朱秋丽
出　版　吉林出版集团股份有限公司
发　行　吉林出版集团青少年书刊发行有限公司
地　址　吉林省长春市福祉大路 5788 号（130118）
电　话　0431-81629808
印　刷　北京昌联印刷有限公司
版　次　2023 年 5 月第 1 版
印　次　2023 年 5 月第 1 次印刷
开　本　787 mm×1092 mm　　1/16
印　张　11
字　数　240 千字
书　号　ISBN 978-7-5731-3404-2
定　价　76.00元

前　言

随着新一代信息通信技术的创新突破和融合发展，特别是互联网、大数据、云计算、物联网、人工智能等数字技术扩散并融合应用到社会各个层面，一系列新技术、新业态、新模式应运而生，新的社会消费热点不断涌现。在新旧动能转换的时代背景下，数字经济正成为激活市场活力、释放消费潜力、推动居民消费水平，提升与优化消费结构的重要因素。

在数字技术对经济社会的持续冲击下，数字经济越发成为重组产业资源配置、重塑宏观经济结构的关键力量，特别是在"十四五"时期，我国数字经济迈向深化应用、规范发展、普惠共享的新阶段。与此同时，"十四五"规划提出要加快构建以国内大循环为主体、国内国际双循环相互促进的新发展格局。居民消费升级是构建双循环新发展格局的重要抓手，强调要以创新驱动、高质量供给引领和创造新需求，提升供给体系对内需的适配性。在此背景下，本书研究数字经济对居民消费升级的影响具有一定的现实意义。

本书主要研究数字经济对居民消费结构升级的影响的问题，其中涉及丰富的数字经济、居民消费结构知识。主要内容包括数字经济概论、数字经济下的理论创新、数字经济的发展研究、数字经济与区块链、数字经济下的产业变革、居民消费结构基础理论、居民消费结构运行的一般理论模式、中国居民消费结构演变的基本特征、数字经济对居民消费结构升级影响机理及应对等。本书是作者长期经济教学和实践的结晶。本书在内容选取上既兼顾到知识的系统性，又考虑到可接受性，同时强调数字经济的重要性。本书旨在向读者介绍数字经济的基本概念、原理和应用，使读者能系统地理解网络基础知识。本书涉及面广，实用性强，使读者在获得知识的同时掌握技能，并强调理论与实践相结合。本书兼具理论与实践应用价值，可供相关教育工作者参考和借鉴。

由于笔者水平有限，本书难免存在不妥之处，敬请广大学界同人与读者朋友批评指正。

目 录

第一章　数字经济概论

第一节　数字经济的基础

一、数字经济的发展阶段

随着数字技术的迅速发展，数字经济的发展出现了三个阶段：第一阶段是20世纪70年代开始的孕育阶段，以数字嵌入技术和数字内容产品的产生为代表；第二阶段是20世纪90年代的成长阶段，这一阶段形成了对数字经济产业的基本数字技术支持体系；第三阶段是20世纪末期以来的崛起阶段，在此阶段全球数字经济由技术向市场迈进，数字产品的交易与应用不断拓展。

（一）数字经济的孕育阶段

数字经济的外延产品先于互联网的出现，然而互联网的迅猛发展加速了数字经济的成长和人们对数字经济的理解。计算机、嵌入式软件和网络技术的发展为数字经济的初步形成提供了技术支持。

以计算机、嵌入式软件和通信网络为基础的互联网的诞生是现代数字经济进入人们视线的标志性事件。在互联网诞生阶段，诸如英国、法国、加拿大和其他一些国家，虽然已经创建了自己的计算机网络或是正在筹备计算机网络建设，但技术障碍使网络并不能实现全球通信，而TCP/IP协议的出现使不同网络之间的跨网通信成为可能。

总之，计算机和网络技术的发展为数字经济的形成提供了技术支撑，为数字产品通过互联网在全球范围内传播提供了孕育阶段的客观条件。换言之，TCP/IP协议是数字内容产品孕育的一个标志，它的出现使数字内容在互联网上出现及传播成为可能。

（二）数字经济的成长阶段

网络通信行业的基础设施建设为推动数字经济的发展奠定了基础。网络通信行业的基础设施建设主要包括搭建网络所必需的计算机硬件制造，通信硬件、软件和服务。

（三）数字经济的崛起阶段

综合性信息网络的建成是数字经济形成的标志，数字工作者也应运而生，大量新的数字实践技能被不断挖掘，给商业、政府甚至整个社会都带来了深远影响。数字经济引发的第三次浪潮创造了新的市场，并提供了资源和需求的流动渠道，因此，全世界的组织和个人都可以参与创新、创造财富和社会互动。例如，政府的数字化影响各项政府服务、监管程序、决策过程和治理制度，帮助社会公众通过数字化产品和技术广泛参与到政府事务当中，提高政府效率、转变政府职能、降低管理成本。同时，一些关于网络发展的理论及相关政策也对数字经济的发展起到了巨大的推动作用，比如梅特卡夫法则、摩尔定律、达维多定律以及数字商业政策等。这些理论的应用揭示了数字经济的基本特征：一方面有利于学者学习和研究数字经济的内涵；另一方面则便于决策者把握数字经济脉搏，完善相应的制度和法律保障，以确保市场健康发展。随着相关理论的深入和政策的完善，数字经济呈现崛起状态。

二、数字经济的概念

如今，数字经济几乎无处不在，它将继续改变全球经济活动的模式与内容。数字经济是新通用技术变革影响的结果，它的影响远远超越了信息和通信技术部门的范畴，涉及经济与社会活动的所有部门，如零售、运输、金融服务、制造业、教育、医疗保健、媒体等。它是通过全球化的信息互动和交流而实现的高科技经济。大部分数字经济的定义不仅仅是互联网经济（经济价值来源于互联网），还包括经济和社会活动所产生的其他信息和通信技术（ICT）。一般来说，数字经济是经济的一部分，主要是通过数字技术支持在互联网上进行商品和服务的交易。

数字经济是基于支持性基础设施（硬件、软件、电信、网络等）、电子化管理（一个组织通过计算机介导的网络进行流程管理）和电子商务（网上交易）的生产性或贸易性活动。经济合作与发展组织（OECD）认为数字经济是通过电子商务在互联网上进行商品和服务贸易的活动。数字经济由三个主要部分构成：支持基础设施、商务流程电子化（如何进行业务）、电子商务交易（在线销售商品和服务）。实际上数字经济的含义比较广泛，随着综合性信息互联网的建成，数字经济常被理解为以网络作为载体而产生的经济活动，如远程教育、远程医疗等，消费者不用与供应商面对面地进行货价交易，就能形成便捷、快速的经济活动。

数字经济与信息经济、网络经济、知识经济在概念上有近似之处，但又不尽相同。知识经济是依赖于知识和信息的生产、传播和应用的最为基础的经济形态；数字经济是信息经济和网络经济形成的基础经济，知识经济的发展为信息经济、网络经济的形成提供了条件；网络经济是指基于互联网进行资源的生产、分配、交换和以消费为主的新形式的经济活动；信息经济是以现代信息技术等高科技为物质基础、信息产业起主导作用的，基于信息、知识、智力的一种新型经济。信息经济与网络经济最终反哺知识经济，更有利于知识和信息的生产、传播及应用，三者并不是阶段性或矛盾的出现，而是影响经济发展的关键因素，三者的交织融合逐步实现了向数字经济的过渡。知识的不断积累是当今世界变化的基础，信息产业、网络经济的蓬勃发展是当代社会发生根本性变化的催化剂，数字经济是发展的必然结果和表现形式，由此不难看出这几个概念相辅相成，并构成了最终的数字经济内涵。

综上所述，数字经济是建立在数字技术基础上的生产、消费和交易等经济活动。

第二节 数字经济的特征

一、数字经济的发展定律

（一）梅特卡夫法则

梅特卡夫法则是指网络价值随着用户数量的平方数增加而增加，即网络的价值 $V=K \times N^2$（K 为价值系数，N 为用户数量）。在基础设施成本一定的情况下，使用的用户越多，则其带来的价值就越大。正如网络信息门户网站，资源被固定在门户网站上，浏览网页的人越多，此网页的价值就越大，相应均分到的成本就越小，即数字经济的价值随着网络用户的增加而呈指数形式增长。

在数字经济中，数字产品可以很容易地进行复制和传播，这就导致更多的用户可以通过比较低的成本获取产品，有效地增加了产品的累积增值性。与此同时，大数据的整合功能可以把零散而无序的大量资料、数据、信息按照使用者的要求进行加工、处理、分析、综合，从而形成有序的、高质量的信息资源，为经济决策提供科学依据，带来不断增长的报酬。

（二）摩尔定律

摩尔定律的重要意义在于，长期而言，随着制程技术的进步，在相同面积的经营下生产同样规格的 IC，每隔 18 个月，IC 产出量就可增加 1 倍，换算为成本，即每隔 18 个月成本可降低 50%，平均每年成本可降低 30% 以上，使 IC 产品能持续降低成本、提升性能、增加功能。这一定律揭示了成本降低的速度。但后来衍生的新的摩尔定律则意指互联网主机数和上网用户人数的递增速度大约每半年就翻一番。对于一般商品而言，生产一单位商品的边际成本超过一定的限度后会有所上升，然而数字内容产品基于网络传播的特性打破了这一限制。

数字内容产品是指在数字经济的各种商业交易中，基于计算机数字编码的产品。它的成本主要由三部分构成：一是信息基础设施建设成本；二是信息传递成本；三是信息的收集、处理和制作成本。由于信息网络可以长期使用，并且其建设费用与信息传递成本及入网人数无关，所以前两部分的边际成本为零，平均成本都有明显递减趋势，只有第三种成本与入网人数相关，即入网人数越多，所需收集、处理、制作的信息也就越多，这部分成本就会随之增大，但其平均成本和边际成本都呈下降趋势。因此，信息网络的平均成本随着入网人数的增加而明显递减，其边际成本则随之缓慢递减，网络的收益随入网人数的增加而同比例增加。

（三）达维多定律

达维多定律指出，数字经济更注重创新，创新是经济发展的不竭动力。世界经济论坛指出，数字经济是"第四次工业革命"框架中不可缺少的一部分。越来越多的基于数字技术和新的商业模式下的创新可以减少投入，甚至是零投入。例如，现有产品和流程的数字化、分布式制造依赖广告的免费业务，还有交通、银行、教育等各领域的类似于优步的行动等，因此在数字经济下必须注重创新。与大多数现代专业人士相比，常规专业人士执行他们被要求做的任务，他们因执行工作而迸发创新，这个概念适用于大多数社会工作者。从这个角度来看，任何社会工作者不愿过于乐观地参与可以被视为提高技术的使用及其与社会工作之间的关系。日常实践中，这样一个"对抗创新"的态度可能是比不加批判的科技魅力更适合社会工作环境。大多数创新都不是由工程师在实验室完成的，如早期用户之间的对话充满局限性，为了寻求受欢迎的应用程序，一些业余人员有了一个好主意，开发了一个原型，然后取得了一些成绩。之后，产品或技术的专业开发人员去研究它，这就是聊天软件的出现过程。电脑和互联网正逐渐改变我们思维方式的各个方面：我们的感觉、我们的记忆、我们使用的语言、我们的想象力、我们的创造力、我们的判断和我们的决策过程等。为了能够与更强大的技术竞争，人类在未来将不得不专注于创新，企业更需要如此。

二、数字经济的基本特征

在数字经济系统中，数字技术被广泛应用，由此带来了经济活动的新特征。

（一）开放

数字经济的开放首先是指人的开放、人与人的关系以及部分行为和互动的开放。传统经济下人的交流及关系发展形势相对比较单一枯燥，如通过书信、报纸等手段建立并维护感情，人的关系空间就显得异常狭窄甚至封闭，但在数字经济背景下，彻底实现了注册一个信息就能走遍天下并随时随地接受或传递个人情况及信息的梦想，人不再孤独，也不再单单隶属于一个群体，而是隶属于更多的群体，群体的多样性反过来推动人的开放。与此同时，由于数字经济组织结构趋向扁平化，处于网络端点的生产者与消费者可直接联系，深化了人与人之间部分行为的互动，以此降低了传统的中间商层次存在的必要性，从而显著降低了交易成本，提高了经济效益。数字化经济将进一步加剧现有的不平等，也就是出现"数字鸿沟"。数字经济为人类提供了情绪宣泄的平台及交流学习的环境，数字化将从根本上改变我们的工作和生活方式。一方面，传统职业将消失，进而取代人类劳动和物质生产过程自动化；另一方面，将有新的"以人为本"的工作机会和新数字技能的需求，将有庞杂的数字经济政策要求人类适应数字化社会劳动规范和规则，为进一步适应"人"的开放创造更好的条件。但是，数字经济中不同的技术标准（质量、速度等）和不同的个人能力造成极大的机遇不平等，因此平等接入互联网是公平参与社会的关键。

其次是技术的开放，数字产品的主要投入为知识（技术），但是技术上的保密性是企业保持竞争优势的重要筹码，数字经济喜欢新事物和新理念，缺乏创新意味着丧失竞争力，终将无法逃脱被淘汰的命运。简言之，"一切照旧"意味着失去机会和造成竞争劣势，速度、弹性和创新是必要的数字经济新要求。以软件业为例，起初技术人员在构建软件时，他们通常为心中假想的某一类用户而编写，现在软件创造者针对各种可能的潜在用户，逐步开放使用，并解决了大多数用户的需求。在移动通信行业领域，设计良好的平台可以促进应用程序的升级，为用户平台增加功能，因此它可以不断增值。此外，越来越多的数字产品在技术开放的背景下抢占了先机，一度成了竞争的赢家，比如在移动通信领域，安卓操作系统的开放性选择和苹果系统的半开放性选择都在很大程度上击垮了技术上少有改变、没有做好应用的配套、没有唤起产业链上的合作伙伴及用户信心的塞班系统。能力是指技术开放，包括创造产业链条、搭建产品平台、打破市场壁垒、加快信息技术开放。信息技术平台在数字经济基础设施中举足轻重，技术的开放让竞争多方都成为赢家。

（二）兼容

数字经济促进了产业的兼容、技术的兼容和发展过程中消耗与可持续性的兼容。

一是产业的兼容。知识的生产、传播以及应用被信息化和网络化迅速渗透，最终促成了第一、第二、第三产业的相互融合。例如，农业工作机械化，对劳动力的需求大幅度减少，工业也是如此，传统工业劳动力需求量出现一定的更迭，不能适应数字经济下新工作岗位的工人面临失业，而大量新兴的技能需求却人员不足。因此，新农民、新农业、新工人、新工业将大量涌现，电脑控制、移动终端操作这些技术将提高工作效率，降低人工成本及技术限制，使三大产业之间的界限变得模糊，最终实现产业的兼容。

二是技术的兼容。在日渐一体化的数字经济融合中，互容性允许不同的平台和应用程序可以由不同的开发及使用人员联系和沟通，以此增加用户的使用价值。互容性是指不同硬件与软件、技术之间的兼容。不同的平台和应用程序之间的互相操作性允许这些单独的组件连接和沟通，这是基本数字技术日益趋同的结果。用户通过一个单一的平台访问更广泛的内容来体现互容性增加产品的价值。如今，由于数字经济中区别于传统实物交易的产品及服务均以数字化的形态存在，现实与虚拟技术的兼容成了数字经济的有力依托。例如，广泛运用的虚拟现实技术。作为数字化高级阶段的虚拟现实技术能使人造事物像真实事物一样逼真，以此来应对现实中难以实现的情景。比如对地质灾难及泥石流、火灾等突发事件的学习与体验，因为难以制造现实场景来构建学习平台，通过虚拟现实就能让人们产生身临其境的感觉，把各种可能的突发事件集中起来，以此来推动应急管理工作开展。然而技术的兼容需要统一的标准化要求，但是标准化不应被视为技术兼容的灵丹妙药。第一，标准制定过程必须公开和透明。第二，虽然采取了许多数字标准，然而在实践中很少有成功的，因此一个有效的标准必须是精心设计、满足真实需求并能够广泛开展的。第三，采用标准化的企业有可能相对于其他企业创新更慢，它会抑制产品差异化。

三是发展过程中消耗与可持续性的兼容。传统的经济发展认为社会资源是有限的，经济发展必然会带来资源的消耗，因此与生态环境很难兼容，即经济的发展会对有形资源、能源过度消耗，造成环境污染、生态恶化等危害。数字经济在很大程度上既能做到不断地消耗资源，又能够保障社会经济的可持续发展。

（三）共享

技术变得越来越嵌入我们的生活，因此产生了越来越多的数据。数据或技术的共享会吸引更多的用户或组织，如广告商、程序开发人员到平台上来，带来的直接效果就是平台上的用户越来越多，吸引力越来越大，用户与产品的相互作用越来越明显，会有更多的用户和有价值的产品不断出现。共享带来的间接效果是平台的高使用率会对类似平台或产品的原始用户带来收益，同时原始用户通过技术把一部分额外效益无偿转移给其他生产者或消费者。例如，被广泛采用的操作系统会吸引应用程序开发人员生产新的应用兼容程序的操作系统来保障用户的利益，同时自身也获得额外收益。

当然，信息技术的共享也会带来不利影响，信息及技术的共享是否会带来更多的非法应用，在标准化、规范化上是否有明确的法律依据及全球认可的统一准则。一方面，信息及技术的共享可能会导致市场故步自封，不采取积极的行为来提高市场地位，从而抑制市场的自主竞争。另一方面，虽然社会各个主体都应该享受到信息技术共享带来的甜头，但也应注意不能试图滥用这些信息提升市场主导地位甚至是危害公共安全。尽管有强大的安全保障技术和防欺诈检测，但每一个程序都可能是脆弱的。未来在数字领域的数据共享的可能性和进一步自动化增加了潜在安全漏洞。例如，通过音频技术可以分析讲话的声音内容、提取敏感信息和细节，以便有目的地传播，造成危害。

第三节　数字经济的影响

一、数字工作者

随着数字技术变得无处不在，越来越多的社会工作将被取代。社会工作者需要不断提升数字实践技能。如果打字速度缓慢，将难以承担在线社会服务工作，尽管这可能会被简单地增加电脑语音音频和视觉应用来缓解。更重要的是，它还需要扩展实践技能，传统沟通的方法通常是用信件和短信发送文本语言，这种方法很容易被转移到电脑系统中使用。进入数字社会，技术能够提高的社会工作效能并不是确定的，而是与社会工作者创造性地使用数字技能密不可分。

从产品生产到消费者反馈，数字技术随处可见，通过数字化进程，世界上的多数企业都受益颇深。未来数字化进程还将继续，并且为推动全球化贡献力量。如果数字经济开始代替传统的销售和服务，传统工作者必须改变认知和技能，来适应数字经济带来的巨大改变。劳动力构成也随之发生巨大变化，更多地从"非技术"工作向技术工作转变，不断变化的工人需求与职业主要集中在设计、编程、计算与通信基础设施的保养和维修等方面。"非技术"一词指不需要任何可以经过短暂的职业培训和资格认证的工作，典型的例子是专业或简单的农业生产、手工操作，短周期机器运转，重复的包装任务和单调的监测活动。长期来看，数字化可能会带来新形式的非技术性工作机会。

我们应该考虑影响数字化工作机会的三个主要方面。第一，自动化的潜力是有限的，专业知识的重要性不能被计算机所替代；第二，任务和工作流程的动态性；第三，高度不同的工作结构和条件。出于多种原因，我们不应该将数字化改造极端化，更合理的假设是随着数字化工作的进步，非标准化工作将朝着不同的方向发展。当前的研究使我们能够展望非技术性工作的四种发展路径：一是"自动化非技术的工作"，即非标准化的工作将在很大程度上被机器所取代；二是"非技术性工作的产业升级"，即升级非标准化工作；三是"数字化非技术工作"，即出现的新形式的非技术性工作；四是"结构稳定的非技术性工作"，即不改变现有的人员和组织结构。这些不同的发展路径通过支持自动化和产业升级提高工作质量和提供"体面"的工作，同时这将进一步减少低学历人群的就业机会。未来的数字工作者将包括以下两大类人群。

（一）软硬件开发维护工作人员

硬件、软件包括提供数字经济发展必备的基础设施、软硬件以及所衍生的后续服务等。信息的传递与其说是"高速公路"，倒不如说是"高速公路网"。这里的"高速公路网"是数字经济的基础设施，它是突破时间及空间的立体化网络。基础设施的建设与完善主要包括三个方面：硬件、软件以及信息数据等基础设施的建设。硬件包括摄像机、扫描设备、键盘、电话、传真机、计算机、电话交换机、光盘、电缆、电线、卫星光纤传输线、转换器、电视机、监视器、打印机等信息设备；软件包括允许用户使用、处理、组织、整理各类信息的应用系统和应用软件等；信息数据包括存储于电视节目、信息数据库、磁带、录像带、档案等介质中的各类数据，计算机和电信行业的快速发展产生了不同职业，如系统分析师、计算机科学家和工程师等。这些职位通常需要专业的学习经历，集中在科学、数学或工程领域，并在许多情况下，甚至需要研究生学历的人才或者受过专业培训的人才。

内容制作者、维护人员主要负责为软硬件的开发制定技术标准，不断制作、更新和维护数字产品。经济增长与技术密不可分，当前的经济条件开创了前所未有的新兴市场，也为培养技术人员并通过增加投资来推动增长的人才、技术需求开辟了新路径。同时数字技术刺激了消费者需求，并有效利用资本和资源形成了良性循环。这些都需要大量的数字工作者去推动。许多公用事业部门在全国开始铺设数千千米的新纤维光缆，带来的直接效果便是使互联网接入速度提升了几十倍。随着互联网用户数量的增长，上网速度变得更快，更加具有兼容性，随之而来的是上网设备数量的增加，这些对数字经济基础设施的建设要求较高，同时也加大了对数字工作者的人才需求。

（二）软硬件使用人员

数字市场都是双面的，由此导致两个或两个以上的用户组从数字平台的使用中受益。例如，用户使用搜索引擎在互联网上获取信息，广告商获取潜在用户信息来推广数字产品。这些数字产品的出现给人类的生产及生活方式都带来了极大改观，从经济链的角度来讲主要是供应商、中介商以及服务支持机构，这些新兴技术的出现也潜移默化地推动了数字工作者对于自身能力的提升。

供应商主要是指将自己生产或是他人生产的物品用来交易的群体。中介商在现代社会更多地被称为电子中介或信息中介。中介商在网上提供服务，通过搭建平台，建立信息沟通机制来负责建立和管理在线市场，笼络消费者和供应商，并提供一些基础设施服务，以帮助买卖双方完成交易。服务支持机构主要负责解决数字经济具体实施中产生的问题，如从认证、信用服务到知识提供，但更倾向于后续权益的维护、法律保障、自发形成的潜在准则、信用服务、评估、业务培训、决策咨询等。这些都要求硬件、软件的使用及受益人员掌握数字经济产品的相关知识，包括基本硬件信息、软件维护、门户网站、窗口设计等，其导致的直接结果是大量新就业岗位剧增。

数字革命已经达到需要科技素养全面的人参与的阶段，因此在地域上和领域上分散的员工需要协作来共享技术、思想、人脉、经验和知识，使他们避免"封闭怪圈"，进而提升社会进步价值。我们应区分三种技能：工具、结构和战略。工具是指处理技术，知道如何使用计算机和网络进行更复杂的操作，如发送电子邮件附加文件，使用文字处理、数据库和电子表格应用程序，搜索互联网或下载、安装软件。结构技巧指的是能够使用信息中包含的（新）结构的能力。战略技能是指更具战略性的使用信息，包括主动寻找信息、分析关键信息的能力和行动，掌握相关工作或个人生活环境信息的连续性，有时被称为组织的意外。社会信息景观渗透我们的日常活动使这些技能变得越来越重要，但从本质上说，它们不是数字技能，而是非常相似并与数字实践技能有着密切的关系，旨在开发研究相关的社会工作学习和实践方法。

二、数字消费者

（一）数字消费者信息获取

在数字经济的推动下，消费者可更多地选择通过互联网进行购物，这是因为他们发现通过这种方式可以在做出购买决策时获取更多的信息，促使选择大大增加。更好的信息加上更多的选择，再加上许多互联网业务可以降低运营成本，进而降低价格或提高质量，数字经济无形当中推动了消费信息获取渠道的历史性变革。在网上，消费者可以购买其他地区，甚至其他国家的商品，虚拟化、高速化的信息渠道延伸出数不胜数的商业分支，极大地推动了信息的交互及交易的达成。新闻和报纸就是最为生动的例子，越来越多的消费者可以通过各种形式的渠道来接收不同国家和地区的前沿信息。网站销售比传统零售提供了更多的选择。在网上，消费者可以输入关键字选择他们想要的产品类型，选择一些品种齐全或者可信度比较高的门户网站，搜索它们的相关信息并进行浏览，通常这些产品几天或者几周之内就会到达消费者的手中（海外购物花费时间稍长）。

总体来说，消费信息需求主要分为六种类型，分别是发现与探索、事实与体验、比较与选择、交易、学习和积累及确认与再确认。但是数字化影响的不仅仅是消费者在信息获取过程中使用的方法和手段，同时还是消费者在信息获取过程中的各种资源。传统的消费者获取信息、生活形态相对比较单一，然而随着移动设备的流行与普及，互联网用户在信息爆炸时代对实时化、更快获取资讯和参与交流的需求更加强烈。

在传统媒体盛行时代，消费者行为主要是通过电视、广播以及平面媒体（报纸、书籍等）来获取信息，娱乐方式也仅限于这些设备及技术。但自新兴媒体出现以后，消费者行为发生了极为巨大的变化，最为普遍的依然是新闻及报纸的例子。报纸虽然不会很快退出历史舞台，但随着人类对生态环境保护的重视以及可移动终端的普及，以报纸等为代表的传统媒体也必将走向衰落，随之而来的是消费者行为的碎片化，消费者不会再花费较多的时间去阅读报纸、听广播、看电视等，取而代之的则是随时随地刷手机新闻、看视频直播、选择电视节目等，简单来讲就是传统媒体巨头"权威的坍塌"以及新媒体"自我意识的崛起"。

（二）数字消费者行为

1. 消费者行为逐渐碎片化

产品的快速更迭缩短了消费者更新换代的使用周期，广告的投入越来越多，但效果却并不理想。究其原因，是受到消费领域的"碎片化"影响。"碎片化"是指完整的统一物体或形态被分解成零零散散的过程或结果。从数字化消费者方面来讲，主要表现在信息获取途径对消费行为的碎片化影响上，导致的结果则呈现在媒介接触、产品选择和生活方式等方面。手机、游戏、网络、平面媒体等新兴技术的出现，将消费者以往的生活节奏、生活习惯完全打乱，时间上被分割成碎片的形式，即消费者行为的碎片化。数字产品不仅拥有不可破坏性、可改变性、较快的传播速度、产品互补性等物理特征，而且从经济学上来讲数字产品还具有较强的个人偏好依赖性、特殊的成本结构，以及高附加值等特征。这些特征导致消费者的行为与传统产品的消费产生了不同的习惯，表现在产品选择上可以理解为从信息的筛选中选择出"理想产品"，在实际购买过程中显得更加务实，由于消费者的年龄、职业、收入、爱好以及对产品特性的感知等不同情况，出现了"理想产品"与实际购买产品不一致的现象，诱发"碎片化"的行为变化。

2. 消费者趋向于信息实效

信息获取渠道不断丰富，可供选择的信息也参差不齐，消费者对信息的选择与过滤更加频繁，会更加主动查询和长期关注由真实用户发表与分享的产品使用体验与回馈，因当前存在大量被不良商家雇用的虚假用户存在，消费者更加趋向于能够实时、面对面地去了解产品，同时对于相关部门的监管能力也给予了更高的期望。通过数字技术也可以将客户的真实体验与信息分享用于数字营销。在当今世界，消费者和商业客户经常做的一件事就是在决定购买前通过搜索网站和比对自己的朋友圈及其他用户分享的建议对产品进行排名。商业主体必须提供最新的产品信息和在线了解消费者对产品提供的建议和意见，这是因为商业主体可以将活跃在各大平台上的消费者作为"营销工具"来促成他们的产品交易和服务，以增加客户忠诚度。例如，随时调查消费者倾向于何种广告推广、什么时候最容易接收信息，然后通过何种渠道选择他们的产品。商业主体越来越意识到他们可以不再专注于通过数字化技术销售产品，更重要的是需要出售一种体验。如果商业主体做不到这些工作，将使潜在客户丢失，实际客户不满。因此，沟通和服务是关键，企业必须改变现存的与消费者沟通的方式，取代以往强加式、灌输式等单向的互动，摸索出既吸引消费者，又能与消费者保持长期的双向交流，保证消费者分享自身的经验和感受的途径，使消费者形成一种对信息的真实把控。

3. 消费者趋向于自主决策

面对数字时代，消费者在商品信息的筛选、产品的选择、价格的对比以及进行实地的拜访查询和售后维权等过程中更表现出强有力的自我决策意识。在浏览广告页面时，消费者会被经销商铺天盖地的宣传所"困扰"，甚至会产生"对抗营销"的心理作用，与以往传统的报纸、电视广告不同，纷繁复杂以及充斥着过时、虚假的信息使消费者更加注重多方位、多角度地去审视产品信息，以此来保证自主决策。

（三）数字消费者心理

1. 方便快捷的满意度

今天的消费者受益于传统渠道上无法相比的产品选择和服务，在网上购物可以节省时间，提醒供应商尽可能快地交付产品。例如，购买一辆汽车就是一个非常复杂的过程。它包括选择特定的制造商和车型、选择装备不同的配件和性能、选择支付方式（如何获得最高的效益）、选择和购买合适的车辆保险，最后以一个满意的价格成交。在互联网出现之前，收集这些信息可能需要大量的时间，网络的动态变化使购物者可以查看不同车型的照片和阅读大量关于汽车的特性和性能的信息，也可以在线融资和进行保险选项。在决定购买哪一辆车后，窗口上将弹出让客户表明他想要的汽车的类型、排量以及颜色，然后完成一辆新车的购买请求，这些选择信息会让经销商与公司在 24 小时内联系客户，商讨相关事宜。销售保险产品的工作人员帮助客户确定其需要什么类型的保险及相关的信息使客户做出有根据的选择，从而使客户得到心理上的极大满足。尽管数字时代下消费者购物具有很多新的特征与优势，很大程度上提高了消费者的满意度，但是这种消费模式不可避免地会让消费者产生一些心理上的障碍。

2. 选择困难症

消费者在选择产品时要结合媒体信息的宣传，要纠结实际使用的效果，还要考虑后期的保障及资金安全问题，正是这些原因导致消费者行为出现了"难以抉择"的尴尬情况。具体分为以下几个原因：一是消费者能否对商家信誉把控的问题。品牌效应一直是影响消费者选择产品的重要因素，品牌的好坏也取决于商家的信誉是否良好，包括商家提供的商品信息、商品质量保证、商品售后服务等是否能使用户满意。二是网络资金安全的问题。越来越多的人通过电子银行来进行交易支付，但是新闻上爆出的账号密码泄露、个人资金被转移、网络欺诈等案件都给数字支付蒙上了阴影。三是配送责任与配送周期的问题。与传统的面对面交易模式不同的是，现行的交易更多地呈现出虚拟化、模糊化的特点。在购买产品之后对于其到达用户手中的周期与责任问题面临诸多挑战，有些需要几周甚至更长的时间，如购买海外书籍、化妆品、限量汽车等。另外，在运输的过程中时间延误或者产品出现损坏的责任问题确定比较凸显，配送物品安全性与合法性有待进一步增强。四是网上购物的体验问题。网上购物更多的是从视觉及用户分享来决定是否进行产品购买，但是产品的实际性能与自身的匹配程度并不能亲身体验，这大大降低了网上选择产品的真实购买行为的可能性，比如对于一件非常喜欢的衣服，用户评价比较高，但是衣服的真实尺寸及上身效果并不能确定，这些都使消费者的购物体验大打折扣。

（四）决策路径变化

大众媒体时代的决策路径与传统的决策路径大相径庭。传统的决策路径是单向的五个阶段，即兴趣、信息、决策、行动、分享，呈现出一种链式的递进关系。消费者基本以被动接受、依赖记忆、独立决策和行动为主。线上（ATL）营销与线下（BTL）营销角色明确，线上营销激发消费者的兴趣、提供信息，线下营销促进消费者的决策和购买行为。

第一，从分离到连锁，决策路径无间隔，对某件产品感兴趣，可通过搜索引擎甚至是现场体验来获取产品信息以及自身感受，从而为自己的购买行为进行决策，而后采取购买行为并在使用产品之后通过各种渠道分享真实产品体验情况。

第二，以信息为核心，消费者主动获得各种信息。数字经济时代是信息化的时代，知己知彼才能抢占先机。消费者在发生购买行为之前可以通过各种渠道来获取产品信息，如报纸、电视、广播等传统媒体以及以互联网、手机各种移动终端为代表的新媒体。

第三，消费者在选择产品时要结合媒体信息的宣传，要纠结实际使用效果，还要考虑后期的保障及资金安全问题、网上购物的体验等，这些因素导致消费者过滤、判断信息的难度增加，使了解、对比、选择产品的过程被大大延长，导致效率下降。

第四，决策的捷径，从兴趣直接到行动。这是因为工具的便利，从兴趣直接到行动是指在决策路径上，信息与决策可以是同步的、动态的，获取信息的同时就已经对消费行为产生决策，大大缩短了行为的发生周期。

第五，分享的闭环，口碑影响消费者的决策。决策路径当中，不同于以往的链式过程，信息、决策、行动以及分享形成了闭式结构，口碑已经成为影响信息、决策以及行动的重要因素。消费者不仅可以通过广告等方式了解产品的正面信息，还可以通过新闻、论坛、公众号等渠道来详细了解产品的负面信息，这样便于消费者进行决策。

第六，随时在线是未来。在各个阶段都存在渠道来供消费者进行决策，比如在兴趣阶段，铺天盖地的广告穿插在我们的生活当中，随时随地延伸消费者的兴趣，加速了消费者进入信息的收集阶段。此后随时随地的查询手段与技术为消费者提供相关的信息，提供更多的选择，更加便于进行决策，之后采取行动并随时随地进行产品的使用效果分享。

三、数字商业

"数字商业"这个词已经被广泛使用了一段时间，也有了各种各样的含义，现在作为一个明确用于描述新兴的商业生态系统的术语将很快引领商业运作。无论是个人还是企业都会思考过去的数字业务，但现在是时候重置以往的陈旧观念了。智能手机、平板电脑、可穿戴设备联网对象以及不断扩大的 B2B 和 B2C 应用程序意味着一个公司与消费者、商业伙伴实时互动的能力呈现出"信息爆炸"的倾向。市场，不管它究竟是何种形式，其具有三项主要功能：一是匹配消费者和供应商；二是为与市场进行相关的信息、货物、服务的交换以及支付提供便利；三是提供制度基础，如法律和法规框架，使市场运行得更有效率。

（一）数字化资源库更好地匹配消费者与供应商

1. 有效匹配消费者与供应商

分析客户在社会媒体中的行为，可以根据他们使用企业产品的好恶选择和他们的满意程度，使组织能够在消费者产生需求或在问题出现之前迎合客户甚至通过返现、退换货等手段减少客户对产品的抵制情绪。消费者可以很容易地通过点击鼠标或点击触摸屏访问海量信息和选择供应商，由此不再被迫支付他们不希望或者不需要的产品或服务，同时可以随时随地与其他消费者进行体验分享。例如，通信业务的流量及通话套餐的选择，运营商不再强制消费者开通或购买所有业务，而是消费者根据自己的喜好和实际需求来进行订阅业务，新的定价模式变得如此透明并能自由搭配，使消费者满意度有所提高，运营商的竞争力也有所提升。企业与客户、合作伙伴在行业之间进行意见交换极大程度上使消费者与供应商更加匹配。大数据和云计算已经在部分具有实力的公司中发挥作用，如推荐系统、预测产品需求和价值等。企业同时可访问消费者日常操作所形成的数据库，然后检查其有效性。虽然这没有真正在实践中被广泛推广，但依然为企业直接营销到下一个层次提供了机会，大大缩小了潜在消费者的范围，使企业变得有利可图。当客户访问网站时，如果访客已经在网站注册或购买一些产品，网站可能会说"你好"或者用户的名字。因为它可以根据自己的技术，记录客人的互联网地址并匹配到用户信息。

匹配买家和卖家，为交易提供支持（如金融服务），通常需要承担在线风险分担功能。例如，数字经济网站提供交易机制来保障市场进程，同时提供信息和匹配服务，使其选择合适价格出售，通过辨析用户的喜好和感兴趣的信号，通过提供对消费者的评估、卖家的声誉，为安全交易提供担保。这就可能会有挑战——要求提供个性化服务的同时维护个人权利，尤其是对隐私和个人数据的保护。现在，许多消费者因这种类型的营销而担心个人隐私的安全。若网络用户开始相信卖家在网上提供这些服务的同时，可以保护自己的隐私，有针对性的营销可能会变得毫无障碍。因此大数据成为未来发展的必然趋势，企业需要思考如何利用数字化技术改变和提升用户体验、如何利用数字化技术转型公司的产品和业务、如何利用数字化技术提高生产效率。

2. 有效匹配工作岗位

社交媒体是许多成年人日常生活的核心要素，在劳动力市场发挥着越来越重要的作用，尤其是工作匹配。企业使用猎头网站或公司发布职位空缺，寻找新的员工，公司和其他人力资源服务部门系统地评估新员工。事实上，大多数企业现在只经由广告网络和社交媒体招聘求职者。超过 1/3 的求职者通过社交媒体进行他们的工作搜索。社交媒体为失业者提供较多的就业机会和其他帮助，包括帮助人们与朋友维持关系并找到新的工作，它们形成的社会关系网络给直接寻找工作和间接帮助人们应对失业的痛苦等情况带来重要的益处。社交网络一方面促进劳动力市场一体化；另一方面也加强了现有的社会关系，对于失业人员尤为重要，因为亲密的朋友和家庭成员不仅可以提供有用的信息，而且提供情感支持，从而缓冲失业对他们造成的负面影响。如果失业的人可以通过开放和宽松的网络经常与别人交流，他们将感到更少的社会孤立而得到更多的支持，这些都是促使他们更快地返回工作岗位的重要因素。然而并不是所有的社会群体都会得益于社交媒体提供的机会，尽管许多失业的人使用自己的互联网接入（网络连接 +PC 或笔记本）找工作，但尚有一大批人员没有必要的设备并通过公共互联网访问或寻求信息。这种缺失会限制他们通过数字手段努力获取信息的协助或支持，在许多方面会导致这些人被排除在外。社交媒体进行社会整合和参与劳动力市场都取决于使用这些资源的经验和能力，许多失业者学会如何使用社交媒体找工作，但他们仍然怀疑数据是否安全，他们的敏感性反过来阻碍了其通过社会媒体匹配的便捷途径。传播媒介不再仅仅提供信息，相反，求职者需要学习如何更有效地在线展示自己。换言之，在新的数字世界通过数字产品获得更多的信心和能力来寻找工作。

3. 有效降低买卖成本

数字经济会改变行业结构，并带来巨大的影响，具体可分为两个阶段予以进行。行业结构改变的第一阶段是市场机制的数字化。其结果是，消费者能用最低的价格购买到产品。批发商等中介从价值链中消失，网络中介开始出现，计算机和网络通信（组成）是一个全新的互联网中介，它们的社会功能、成本和收益以及发展前景和责任，将越来越多的用户通过信息和服务加深联系以提升经济发展速度。行业结构改变的第二阶段是产品本身及其销售方式的数字化。数字化是先进的数字技术，由载体和辅助传感器组成，在很多方面可以改进业务流程。例如，大数据分析可以通过跟踪产品运动帮助物流运行更加安全便捷；云平台可以用来创建统一的业务移动和处理平台，可以使员工在任何地方通过设备随时完成他们的工作。标准云平台提供的特性和功能使交易更快捷、利润更高，通过自动化、标准化和全球采购流程，企业可以变得更加敏捷，更快适应需求的变化，能够更好地提高维持利润的能力，同时可以大幅度降低成本。基于我们的经验，数字化技术带来的采购和外包可以减少高达 50% 的运营成本，这也正是较多的商业主体选择各种各样的业务流程和 IT 服务的原因。敏捷性是商业主体至关重要的竞争力，其越来越依赖于通过人工干预和快速变化的市场发展预测进行反应，然而人工和自动化机器还没有能够完全响应。因此，商业主体必须以相同甚至更快的速度紧跟新产品和软件开发来适应连续、突然和迅速的变化。数字化免除了供应商保留实体存货并运送给消费者的必要性，大大节省了库存成本和物流运输成本。在销售方面，供应商和顾客通过网络集中到一起，从市场营销、订单处理、销售，到最终支付全在一处解决，缩短了订单履行周期，大大降低了相关费用。

（二）信息传播发生根本性变化

新的商业模式是基于信息的广泛发布和向顾客的直接传递，在线广告支出费用在逐年增加，媒体总支出占比也在不断升高，可以说数字经济下的商业广告也从传统的电视、报纸、杂志、广播等形式逐渐向数字化产品融入的形式转变，如户外广告、移动终端、网络等，尤其是目前社交软件的普及使广告商逐渐重视社交平台。社交平台直接面对消费人群，目标人群集中、宣传比较直接、可信度高，更有利于口碑宣传。社交平台使营销人员深入了解观众的兴趣，这样他们就可以更加明确消费者共鸣的内容并准备相关的推广策略。这种直接营销促成数字经济与顾客直接交互式的接触，实现与顾客双向通信，比如通过网络发送信息节约成本，交付数字产品（如音乐和软件）比交付实物产品节省更多的金钱。

（三）数字化技术打破传统交易壁垒

1. 对中介带来的改变

互联网服务提供商和网络托管公司等中介机构在网络基础设施管理中起着至关重要的作用，它可以将设施及信息提供给终端用户，并确保有足够的基础设施投资继续满足新的应用程序和网络容量不断扩大的需求。迄今为止，在激烈的市场竞争中，私营部门计划通过电信监管改革推动互联网基础设施的广泛发展。私营部门在很大程度上已经建立了互联网基础设施，并运行和维护大部分基础设施，它处在积极参与发展壮大的过程中。互联网促使发达国家在竞争环境中研发和创新应用、技术以及服务的范围。这些创新反过来提供低成本、丰富和高质量的解决方案来帮助网络运营商、设备供应商和服务提供商扩大其规模。如广告是一个重要的在互联网上没有或很低成本的可用内容和服务，在一定意义上，辅助服务费用与高端产品销售利润率相比具有较高的回报。在互联网上，中介平台为了观众吸引广告商、卖家，或者能够提供保险费服务而忽略货币成本。对于企业和消费者来说，市场基础设施有助于满足传统的公共利益，利益的实现反过来推动可持续的商业模式，继续支持基础设施建设，尤其是过渡到新的数字商业。

然而，有时很难在一个不断变化的环境中确定接收者的身份以及受益人的价值，许多运营商仍然收取用户的数据流量，这些价格往往很高。在其他情况下，移动宽带运营商选择包月方案但控制过度使用的数据。运营商面临一个困难的挑战：定价过低会降低网络质量，定价过高将限制使用的频率。因此，构建一个临界价格对中介的发展至关重要。例如，就用户和广告商或买家和卖家中的双边市场的影响而言，中介机构采取特定的价格和投资策略会使双方的利益平衡，传统价值链将被解构。一开始讨论的"数字经济"的影响，认为顾客会绕过中介机构，并直接与他们的供应商进行沟通。例如，客户为了检索产品能够直接访问某些制造商并直接与制造商进行商议产品的交付。因此，传统的中介将从价值链中被删除。但事实并非如此简单，新的中介机构会随之出现，这看起来可能是一个矛盾，但它其实是一个典型的"数字经济"的演变发展过程，代表着产业结构和特征的基本变化。

它们通过彼此各自的差异化服务所提供的范围和地理覆盖面，在各自价值创造过程中塑造中介的角色。数字经济对中介的发展影响巨大，非中介化和再中介化是两种典型现象。中介一般提供两类服务：一是匹配和提供信息；二是咨询等增值服务。第一类服务可被完全自动化，可由提供免费服务的电子市场和门户承担；第二类服务要求专家参与，只能被部分自动化，因此一般会对此类服务进行收费。由于第一类服务会被自动化，只提供第一类服务的中介将被消灭，这种现象被称为非中介化；提供第二类服务的中介不仅会生存下来，而且可能走向繁荣，这种现象被称为再中介化。互联网为再中介化提供了机会：首先，当参与者人数众多，或交易的是复杂的信息产品时，经纪人就显得十分有价值；其次，许多经纪服务要求进行信息处理，电子化服务可以在更低的价格上提供更丰富的功能；最后，对于敏感价格的谈判，使用计算机作为中介比使用人工更可靠，软件中介可进行核实，而人工中介的公正性却难以核实。

2. 对消费者带来的改变

差异化降低了产品之间的相互替代性，个性化满足了消费者追求独有服务的需求，消费者喜欢差异化和个性化，愿意为此多花钱。由于没有实体店面、最低限度存货的限制，网上商店运营成本很低，出售的商品一般比普通市场上的更便宜。网上商店可以利用数字经济向顾客提供出色的服务，不仅特色鲜明，而且快速便捷，这使其服务极具竞争力。数字经济支持高效的市场，同时带来了相当激烈的市场竞争，这是机遇，更是挑战。数字交付的商品和服务软件、光盘、杂志文章、新闻广播、股票、机票和保险都是无形商品，其价值不依赖于物理形式。如今大部分的知识产权生产、包装、存储在某个地方，然后送到最终目的地，技术将这些产品的内容在互联网上以数字形式展现。现在来自世界各地的新闻内容可以在互联网上免费阅览。技术和消费者偏好的演变，使消费者访问和浏览互联网可以使用各种设备和工具（也许是个人软件"代理人"），高昂的租金成本可以有效得到节省。

消费者可以通过中介信息的选择，帮助刺激价格竞争、创新和提高质量。消费者通过中介选择供应商，不仅从竞争中获益，还帮助推动和维持供应商的利润提升。消费者通过互联网中介搜索引擎和数字经济平台获得产品的价值或服务信息等选择，降低交易成本与活跃经济。成本主要是指搜索成本（如所花费的时间和精力来确定好可以在一个给定的市场选择适合其价格水平和最具竞争力的供应商）、交付成本、后续保障成本等。网络中介减少时间因素的重要性决定了经济和社会活动的结构，使消费者购物和查找信息节省时间，变得更有效率。一些消费者指出，用扭曲的形式比较其价格比网站上存在风险，这取决于由谁来支付和配售搜索引擎的推荐链接。比如大多数互联网商店试图让网上购物尽可能丰富和简单，现在购物不需要去"仓库"买东西，一些供应商通过网络等渠道提供它们的网站链接，安排在商店的货架上的实体产品都替换为电子目录，包括照片、详细的产品描述、大小和定价的信息，甚至通过第三方评论协助消费者选择不同的商品。当准备购买时，点击产品，把它装进一个虚拟的"购物车"，并可以继续购物或者直接进行结算。新客户输入基本的姓名和地址信息，以及一个付款账户，在电脑上按一下回车键，交易即时完成。即使购买一辆汽车，也比典型的零售购买有更多的选择机会，便可以通过大量的汽车在线市场、分类网站甚至制造商的网站来选择最合适的汽车。消费者想了解自己所购买物资的到达情况，去该公司的网站，输入订单号，便可迅速了解产品已经在何处或预计何时能够到达以合理安排自己的时间。由于它的低成本和易用性，互联网将有助于各个主体相互沟通和实现更多的价值。

3.对供应商带来的改变

供应商可利用官方网站、电视、直播平台、微信、微博和QQ等工具进行充分沟通与协作，打破"信息孤岛"，形成企业自身的知识生成与分享体系。在此基础上，将已有资源进行整合，提高资源的利用率。随着数字技术在商业市场中的广泛应用，重要性也日益显著，更加难能可贵的是其不仅具有低廉的成本，还具有更加高效的使用功能。供应商已经开始使用互联网为客户服务，如产品描述、技术支持和在线订单状态信息查询服务，这些不仅可以省下一笔钱，还可使公司的客户服务人员来处理更复杂的问题和管理客户关系，由此收获更多的满意顾客。

虽然数字技术给供应商带来了巨大的财富，但它们必须把生活真实的一面告诉消费者。基于行业和业务的不同情况，为了避免落后于竞争对手，组织需要重新考虑它们如何在数字化时代发展壮大，高速的产品更迭以及技术更新和人类需求的不断改变，那些不能跟上步伐的供应商将失去业务竞争的能力，这些能力至关重要，供应商开发一个数字战略和开始数字转换宜早不宜迟。在某种程度上，供应商应对数字化冲击必须迅速地采取行动，掌握数字技术，通过移动、社交、互联网（物联网）和大数据来缩短产品和服务进入市场的时间。但这些技术本身是不够的，在内部，还要求供应商应用程序管理数字体验必须无缝连接到应用程序和系统的记录；在外部，供应商、消费者和其他第三方中介需要形成供应链合作伙伴系统。为了抓住机遇，需要适用的技术平台，如果信息系统和业务流程太过落后，则不能利用新技术和新的市场机会。很多公司尚不具备数字技术经验，因为它们缺少必要的信息系统之间的联系。例如，客户信息通常存储在多个数字化载体，如电子邮件、社交论坛、博客的数据等中，有如此多的断开链接的来源，很难形成有凝聚力的竞争资源，这种差异可能导致不一样的客户体验。在当今多元化的行业拓展有效市场业务的情况下，需要的不仅仅是一个统一的客户数据来源，还需要系统能够迅速将匿名读者转化为"已知"客户，这样他们可以进一步被发展成为实际消费者，这需要在海量信息中收集丰富、准确的客户信息，维持供应商与消费者服务端体验互动循环。

供应商应该学会预测客户的需求，提供动态的、引人入胜的交互，并通过每个客户首选的联系方式进行无缝对接。一般来讲，有三种基本成分塑造成功的数字体验：一是无缝交付客户体验，通过多个设备和渠道的一致性提高品牌效应；二是为客户进行量身定制，利用数字化技术及设备匹配用户；三是创新，在数字领域利用新颖的形式、潜移默化的"声音"，吸引顾客区分品牌，增加忠诚度、增加收入。虽然供应商已经接受了一种新的业务流程管理，这个高度响应系统汇集了所有数字转换的元素，如社会、云、移动设备、大数据和物联网，这些平台允许开发人员可操作性地分析嵌入业务流程，并允许用户与企业应用程序和系统的记录智能交互，建立一个真正的数字业务，但供应商仍需要解决的问题是，理解客户的担忧、举办实时可见性商业活动、消除内部矛盾并增加灵活性、利用商业机会和对市场的变化做出反应，做出更好的决策。

互联网面向全世界，价值昂贵的技术基础设施可供任何人在任何时候免费使用。在互联网中，会随时随地出现新事物和新思路，旧的规则通常不再适用，因此，互联网上的竞争是激烈的，空间市场中的竞争无疑是残酷的。电子市场降低了搜寻产品所需的成本，使顾客能找到更便宜或更好的产品，迫使供应商降低价格或改进服务。与此同时，顾客不仅能找到性价比高的产品，而且能以更快的速度查找，比如使用搜索引擎寻找自己喜欢的图书并比较价格，针对这一特点，进行在线交易并向更多搜索引擎提供信息的公司获得竞争优势，也基于此，不少搜索排名服务可以向企业收取费用。许多代表提供互联网内容服务的提供商（ISP），现在大多数网上信息是免费的，但是接入国际互联网需要租用国际信道，其成本对于一般用户是无法承担的，这对 ISP 是一个严峻的挑战，为了应对这一挑战，ISP 必须进行创新性盈利，并将互联网产业和传统产业结合起来以保护自己的产品。

（四）数字商业政策

数字化和全球信息网络驱动的商业模式和数字经济导致更多的跨越边界的数据交换，在许多情况下，需要经由国外服务器和网络节点。实际上，在许多情况下区分清楚国家和全球之间的沟通已经不可能，这引发了一个严重的问题——商业数据流的立法和执法政策。全球互联网公司多次利用"聪明"的合同，选择有利的商业地点成功地逃避他们所认为的恼人的义务——无论是税收还是数据保护法律。更重要的是，一国情报部门监测国外数据在本国内被认为是不受法律约束的，监视外国情报机构和情报服务之间交换的数据会导致国家基本法律所保证的权力被削弱。

虽然供应商可以充分利用互联网的潜力获得收益，但也不得不克服许多挑战。他们需要依靠计算机图像和信息来确定合适的产品和质量来增加消费者信心，并简化有缺陷的或不需要的商品返回的过程，他们也需要解决消费者隐私和账户安全的问题。即使没有我们的参与，我们的设备和服务器也在时刻收集大量的数据，他们生成我们的信息，当这些数据可以被任何人通过我们的设备、网络和服务获取，这对隐私的影响是巨大的，然而当前的政府、法律和技术基础设施还没充分准备好保护我们不被商业和非法利益获取这些数据。

尽管消费者习惯通过信用卡、电子钱包等来进行结账，但仍然有许多人不愿意在线支付，因为担心它会被偷或被误用，这种不情愿通常被视为网上销售的最大阻碍。在今天我们经常可以发现，消费者并未有机会阻止个人信息被收集，或者有足够的权限来了解其他人将如何使用这样的信息（如公司是否应该限制其内部目的的使用，特定的条件得到满足时它是否可以传播到外部企业，或者是否可以被广泛传播）。消费者在收到不必要的电子邮件或者推销电话时才可能意识到一些没有经过他们同意的信息已经被私下出售，虽然这些可能会体现出积极的一面，比如这些对消费者过去浏览和购买行为数据信息的收集可以向他们推送消息以便于及时购买或了解，但是，消费者往往想要一些控制来规范何时以及如何收集和使用他们的数据。为了让消费者对自己的个人信息进行控制，各国政府相信私营部门建立行为准则和自律意识比政府制定广泛的政策和指导方针更有意义。有效的自律包括实质性规则以及手段确保消费者知道规则，公司遵照执行，有不服从时，消费者有适当的追责权，消费者需要知道收集者的身份及个人信息和信息的使用目的，这意味着消费者信息可能被限制而不能随意披露，同时消费者应该有机会行使选择和如何使用他们的个人信息。此外，消费者应该有合理的机会，适当地访问他们公司的信息，并能够在必要时纠正或修改这些信息。收集者创建、维护、使用或传播可辨析的个人信息必须采取合理的措施以保证其可靠性，必须采取合理的预防措施来保护其免受损失、滥用、改变或破坏。随着消费者网购需求的快速增长，作为供应商应解决上述问题以促使消费者变得更加熟悉和适应在线购买商品。

有一个适当的数字商业政策来确保各种商业主体的合法性权利就显而易见。当然，基础首先必须是建立在扩大全球互联网访问和使用的基础之上，促进安全和负责任地使用互联网，尊重国际社会和伦理规范，增加透明度和问责制；其次就是要促进互联网创新、竞争和尊重用户的选择；最后是应该建设安全的关键信息基础设施和应对新的威胁，确保个人信息在网络环境中被保护，保障尊重知识产权，确保可信的网络环境提供个人保护，尤其是未成年人及其他弱势群体。以此来鼓励投资基础设施，提供更高水平的服务和创新的应用程序，创建一个市场化、数字化环境。

四、数字政府

事实上，政府治理数字化的规模已经超过其他行业。数字政府是指政府机构利用信息和通信技术，如电话、电脑、网络等基础设施，在数字化、网络化的环境下进行日常办公、信息收集与发布、公共管理等事务的国家行政管理形式。数字政府包含多方面的内容，如政府办公自动化、政府实时信息发布、各级政府间的可视远程会议、公民随机网上查询政府信息、电子化民意调查和社会经济统计等。数字化政府在现代计算机、互联网通信技术的推动下，对帮助建立或积极调节国家的交通、通信等基础设施起到了重要作用。

（一）数字政府使政府效率显著提高

数字政府已影响到包括所有城市居民、政治、经济、基础设施、交通城市规划和财务状况，这些问题使用市政管理部门的数据就可以解决。在数字社会中的计算机、数据库、信息技术和互联网，为数字政府提供了技术支撑条件和信息交流的公共平台，通过这个平台，引导政府管理迈向更加快速、高效和智能的台阶。政府的办事流程和效率的数字化可以提升政府的生产力和效率。由于数字交易比传统的更快、更方便，数字化正在快速成为公民访问政府服务的首选渠道。数字政府通过提高工作人员的数字技能水平、降低使用数字服务的难度、增加用户体验来提高政府办公效率。通过电子政务，政府一方面能够实现过去不能实现的效能，比如即时服务；另一方面能够改进过去的政务成效。数字政府实践的基本经验是，处理政务的速度更快，更能适应节奏变化很快的现代社会；处理政务更为公正，信息更为公开，办事程序更为透明；处理政务更加以顾客为中心，方便了客户，公众更为满意。如管理信息系统可以通过有效收集、分析、选择、存储、处理及传播信息等手段来应对复杂多变的环境，为制定合理的决策、促进有效管理提供有力依据。然而数字政府的高效率离不开数字实践者，数字政府从客户事务上节省了时间是实质性的，政府需要考虑通过适当的策略来确保这些工作者顺利过渡到新的角色，这可能涉及外部支持来使用新的数字系统的培训成本和时间成本以及工作人员学习新技能的冗余成本，但因为数字意识和能力是一个重要问题，具有强烈的客户服务意识的员工可以过渡到数字服务中心的客户服务代表，对于缩小数字鸿沟以及提高政府效率意义深远，数字技术人才也应随之增加。如果公众无法享用数字服务，或者他们的业务不能通过数字渠道实现，政府应鼓励"数字化"客户访问网络和接受数字服务。

从原始数据创建到得到有用的数字工具，从而使信息尽可能广泛地被访问，需要程序员、工程师和城市规划者解释和处理数据，专业知识领域的软件开发、设计和沟通是综合了政府管理和其他社会组织共同开发数字工具的解决方案。总之，城市和政府机构不仅要改善开放数据的态度和提高透明度，还要定期与不同的参与者交流来进行优化。为使公众可以访问所有政府的自助服务区域，了解政策和表达诉求等，公务人员应该帮助他们学习如何解决事务，同时政府也应专注于解决当前系统的复杂性来简化议程。

（二）数字政府使政府更加民主

公民是公共服务的最终用户，有很强烈的愿望希望政府可以提供卓越的服务，并潜在地认为政府的声音应该更有分量，更能得到民众认可，政府的数字化恰好为解决这一问题提供了有效、便捷的渠道。政府数字化，即利用网络提供线上服务和网络的双向即时的特点为民众提供互动服务，如云计算、移动终端和社交媒体，创建一个精细化的运营模式和平台来迅速回应民众以及鼓舞公民参与政策制定和公共服务的设计。此外，政府可以通过数字化产品第一时间公布政策、新闻、动态并可以及时、准确地获取反馈进行调整，这也就意味着政府与民众之间的互动更加频繁，数字化政府使政府变得更加民主。简言之，最理想的民主是公民可以全程参与社会的决策过程，数字政府完美地解决了这一原则性的问题。

（三）数字政府使政府管理成本降低、职能转变

数字政府将一种前所未有的方式和地点呈现给民众办理业务，节省了民众昂贵的交通运输费用，同时也大大降低了政府的内部成本，提升了效率。通过建立大数据信息库、搭建信息整合平台，能够极大程度地减少工作人员配备，无纸化办公、电话网络信息传递等手段都极大程度地降低了政府的管理成本。比如电子政务的四级便民业务，个人通过政府便民网络系统，在自己的移动终端就能完成信息阅览、表格下载、进度查询等业务，既方便个人业务办理，也减少了个人及政府人员配备开支。我们分析了一系列不能量化的好处，如信任度、满意度、透明度、合作和参与度。但政府和公民的主要成本费用，包括ICT资本、运营费用、人员费用和数字教育转型却是能够量化的。计算机的普及，包括智能手机、平板电脑的使用。多年来，软件和互联网推动了一系列新的数字技术，包括移动应用的发展、智能设备和云计算等。数字化将客户交易变得便捷，政府管理成本变得更加低廉，数字技术已成为我们生活和经济的一个组成部分，数字化已经从信息和通信技术部门本身扩展到许多其他行业，数字政府则是最为广泛的受益者。客户交易服务是公民和公共部门之间的实质性的相互作用，涉及的活动如缴纳的税款和账单、申请政府福利、营业执照和登记等，对公众的日常生活代表着重要的公共资源。近年来，受数字创新的影响，公共部门已经开始充分利用数字技术，一些政府事务由于其复杂性可能很难被数字政府取代，但仍有增长的空间。当然，面对面等传统渠道业务办理继续发挥作用。数字化通常需要改善用户体验而更改业务流程，改善某些群体的数字技能的水平，减弱使用数字服务的难度。

信息的透明化以及办事流程的便捷化也推动了政府由管理向服务的职能转变。电子政务的实施使先进的信息技术迅速渗透政府工作的各个方面，对于推动政府职能的转变具有重要的作用。电子政务的实施可以使政府更准确、及时地掌握经济运行情况，在适当的领域中发展适当的服务项目、进行科学指导并实施宏观的调控。事实上，数字政府的机遇和影响是巨大的，更好的智能软件和数据驱动的洞察力通过为数字政府转变职能提供一系列成果来增加经济活力。数字政府的实施可以更有效地提升政府的市场监管能力并更好地为企业、公众发展提供符合其实际运用的服务，从而能够充分发挥政府对经济调节、市场监管、社会管理和公共服务的职能。

五、数字社会

随着社会数字化的迅速发展，人们的生活和工作方式发生了巨大的转变。例如，正在从支持"健康和福利"转向强调"幸福"。数字技术可以用来向更健康的生活方式提供个性化的服务，促进个人的成长和增加它们对社会的贡献。数字社会一般指在"自然—社会—经济"复合系统的范畴，数字社会包含自然环境及人口两个基本要素，在数字经济的大框

架下，从"人"的角度来探讨数字社会的巨大变革。数字社会简单归纳为人类发展的台阶式进化，既包含生产方式、生活方式、人际关系的变化，也包含数字经济政策的革命性进展。

（一）生产方式的变化

随着数字社会的实现，劳动力的重塑更新了人类与自然的接口，可穿戴设备与智能机器扩展交互技术将作为"人"成为新的生产方式的团队成员，这些技术与设备可以和普通劳动力完美兼容，成为一种全新的生产方式。数字化的争论工作全面展开，但它可能会边缘化许多迫在眉睫的问题，给数字社会带来重大挑战，例如，新兴的生产方式如何监管，使社会稳步发展而无须承担相关成本和风险尚不清楚。因此在技术推动发展之前，我们已经面临的挑战是解决劳动力的使用问题，同样涉及时空维度、必须考虑讨论和评估工作的数字化及其潜在影响。近年来的技术进步给我们带来了新的选择，进而塑造我们的工作和生活：信息和通信技术使我们能够在不同的工作地点检索、处理和保存信息。因此，在目前阶段，劳动力使用界限被重新界定：不仅承认体力劳动，而且承认脑力劳动也是一种非常有限的资源的事实。我们的工作固定在时间和空间基础上，现在越来越多的任务可以摆脱工业化带来的制约，使人类离开古老文明的死胡同。比如技术工作者，信息技术的增长在新的劳动力和工作场所两个驱动上所允许的灵活性发挥了重要作用。劳动力的灵活性是指一个公司以更少的僵化的组织结构生产产品和服务的能力，它指的是一个工人没有被绑定到办公桌上或办公室内部的能力。在传统的产业组织模式中，生产工人通过死记硬背执行任务，一遍又一遍地在机械运动，类似车间的生产流水线，一个工人完成自己的工作部分，下一个工人开始进行接下来的流程，一直持续到一个完整的生产过程结束。对于那些需要平衡工作与家庭的员工，远程办公给在工作上与同事和客户沟通提供了便捷。全球化信息技术创造了新的全球商业机会，在互联网上传输的信号不存在国家边界，面对同一个项目，虽然在不同的几个地点，但可做到跨地域远程操控，甚至可以部署资源和操作世界各地的组织。现在，在互联网上选择商品、接受教育、获取信息、远程服务咨询、在线指导等，来自世界不同地区的员工可以通过先进技术来完成，节省大量时间。互联网在此扮演着重要的角色，工作分裂成各种各样的形式，使用电脑导致常规任务被机器执行，但人类尚有部分领域的知识，电脑还不能理解。如今，我们再也无法容忍落后和妨碍人类潜力发挥的工作方式。我们需要摒弃传统的"工作"或"工作场所"，重新审视人类的生产方式。

生产方式是指社会生活所必需的物质资料的谋取方式，以及在生产过程中形成的人与自然之间和人与人之间的相互关系的体系。换言之，生产方式是物质生产方式（物质获取方式）和社会生产方式（社会经济活动方式）在物质资料生产过程中的能动统一。数字经济下的生产方式的性质正在发生变化，我们已经开始从阶段性就业向众包就业转变，工作可能来自任何人、任何地方。与工业社会完全不同的生产工具变得更加多元化，生产力大大提升，数字经济使劳动主体与劳动工具在一起的低效、单一的捆绑情况得到改善。以传统的农业和手工业为主导的生产方式已经远远不能满足现代人类的物质精神需求，以体力化、机械化、僵化的生产方式朝着脑力、技术、创新的形式突破原有生产资料交换的限制。生产方式决定了经济的发展，采用先进的技术，则能发展生产，提高经济效益，从而推动社会的进步，推进历史的进程。经济发展稳定了，人们就会安居乐业，政治才能稳定，整个国家才有强盛可言。在20世纪早期，农业工作已经机械化，劳动力的需求就随之减少，当农业工作岗位消失后，仍有制造业工作，后来消失的岗位都迁移到服务工作中来，数字经济的一部分会凸显出来并生成一套全新的工作。可以想象机械化的设备在田间地头劳作，工厂的工人也基本被机器所取代，足不出户就可知天下大事并运筹帷幄，这些都是生产方式转变最好的佐证。综上所述，数字化技术带来了信息革命，有效降低了社会成本，社会成本的降低使得社会权利重新分配并改变了生产方式。

（二）生活方式的变化

生活方式不再单一无趣，取而代之的是高速化、虚拟化、仿真化的教育、医疗、旅游、工作、消费等新形式。例如，远程教育的普及、数字化技术的推进使卫星、电视、网络等系统资源实现了多次、交互式的数字变革，彻底改变了传统的学生被动学习的教育模式，真正实现了足不出户就可以接收到其他地区甚至是其他国家的先进教育资源，同时还可以通过移动终端来随时随地进行学习。当谈到教学的数字化，学生最初的学习环境及教育条件缺乏对地点的灵活选择和时间的充分利用，如今以数字化信息和网络为基础，在计算机和网络技术上建立起来的对教学、科研、管理、技术、生活服务等校园信息的收集、处理、整合、存储、传输和应用，使数字资源得到充分和优化利用。此外，面对医疗资源的分配不均、救援时间紧迫等原因所导致的医疗救护工作受到重重制约，但关于实现人们远程医疗的梦想从未中断；相反，远程医疗取得了突破性进展：远程医疗技术已经从最初的电视监护、电话远程诊断发展到利用高速网络进行数字、图像、语音的综合传输，并且实现了实时的语音和高清图像的交流，为现代医学的应用提供了更广阔的发展空间。另外，体育用品公司现在通过个人健康设备捕获和共享运动数据促进健身服务，这还只是新设备和新创意经济推动的开始。传感器、摄像头、家用电器和汽车等无数的东西连接到互联网。对于每个连接，都有潜在的新服务和更好的决策，如远程车辆维修、物业管理和个人健康管理等。

每个人都受益于网络，即使不是在相同的模块上——从提高效率和创新能力上。数字化确实提供了巨大的增长潜力。商品和服务的技术——通过合并成为智能对象，将允许其使用更少的资源，更快地生产产品，因此更有效率。以新的方式、组织和创造新形式的就业和商业模式，将为我们提供一系列更快、更好、更低廉的服务。通过更多的包容和更好的方法来照顾老人和残疾人的家庭，这些都是数字化提供的机会，但也有风险：越来越集中的一些垄断数据能够逃避国家控制，"数字鸿沟"的扩大和社会的两极分化，不断影响工作和私人生活之间的界限，带来更多的压力；而且，如果由机器执行更多的任务，我们可能会失去一系列的能力和技能。

（三）人际关系的变化

数字经济大背景彻底打破了人类交流的时间和地域的局限性，为不同文化背景、不同社会阶层的人们创造了一个独特的对话空间——塞伯空间，即通过电子邮件或电子公告牌实现的异步传播。数字经济为人类提供了前所未有的平台来进行问题的讨论和学习、释放他们的情绪、交换信息、申请政府改善服务，通过共同努力改善他们的生活质量。

1. 为推动人际交流营造环境

人们使用网络不仅仅是为了寻找信息，更是为了寻求情感支持和归属感。数字经济的开放性决定了人、信息和技术的传播自由，尤其是网络采用的离散结构，打破了时间、地域的限制，数以千计的技术及平台为人与人之间的交流构筑了虚拟环境。正是虚拟环境的匿名性、隐蔽性减少了产生信息和反馈的顾虑，最终使人类将紧张的工作节奏、难以承受的生活压力、难以向亲朋好友启齿的情感问题得以倾吐和宣泄，达到了既能保证人类畅所欲言，又能使各项涉及敏感性、隐私性调研工作得以正常开展。区别于传统的交流渠道，现代的交流渠道更倾向于多元化、快捷化、自由化、平等化及开放化，数字产品的广泛使用推动了人际交往圈子的扩大，人际交往的范围和领域超越了时空的限制，突破了以往面对面交往的局限性，实现了一对多、多对多以及多对一的人际关系形式。例如，越来越多的人热衷于通过微信、论坛、微博等各种交流平台，和与自己有着相同志趣、爱好的人结成一个亲密的社区，甚至与远在地球另一端的好友交谈，就像隔壁邻居一样亲近。在网络这个自由、平等、开放的交往空间，人们可以认识到更多的人，人与人之间的交流越来越多，人与人之间的关系也会被拉得越来越近。

2. 为人际关系冷漠埋下隐患

国际互联网会制造一个充满孤独的世界。数字技术虽然方便了人与人之间的沟通与交流，但也带来了人与人之间的道德情感日益淡漠、非理性行为激增、道德人格异化加剧等负面影响。各种数字化产品的出现虽然在一定程度上接纳了任何阶层、任何文化背景的人员，但正是数字化产品的开放性与共享性使人们之间面对面直接交流的机会越来越少，实际使人际关系沟通行为趋向单一化、冷漠化。在移动社会中，互联网对绝大多数年轻的目标群体使用者发挥了巨大的作用。例如，激发他们通过社交媒体了解政治，营造社会参与的氛围，而受教育程度高的人以更信息化的方式使用它用于娱乐。人们通过技术减少孤独，事实却是互联网增加"孤独"。然而，某些群体的人外向但仍然面临孤独，通过向他们提供电脑、宽带上网和培训支持，会减轻孤独的感受。这表明，对于一些参与者而言，不是内向导致孤独，而是缺乏流动性导致孤独。

3. 人际交往的社会性和规则性被弱化

数字化的环境不具备现实社会那种活生生的具体时空位置和形态，交往主要以网络为媒介，与现实空间中的交往相比具有间接性、难感知性的特点。网络的匿名性和虚拟化的特征，一方面给网民呈现真实的自我提供了平台，另一方面也让真实社会中的社会道德约束机制变得形同虚设。通过低门槛的移动终端这样的沟通渠道，快速获取知识，我们将整个世界都装进了"裤兜"。互联网和数字化提供巨大的开放和参与的机会，然而存在社会规则被弱化以及"数字鸿沟"的问题，在这一点上只有数字自治能够处理它们。数字自治意味着在一个数字世界帮助别人塑造自主决策，无论在工作中还是在生活中，我们想在我们的社会避免数字鸿沟，我们想使每个人都受益于数字自治，从而促进参与。因此，我们的教育体系必须面对数字技术转换，必须获取人们的现实社会生活本身以及关注现在和未来的工作条件。我们最需要的是寻找改变的勇气和信心来完成它，唤醒并保持天生的学习渴望、好奇心和开放的态度去面对改变，最终使人人都可以受益。

（四）数字经济政策

数字化进入社会生产和信息的传递过程中，带动了全社会的变化。在生产方式上，各种僵化、传统的生产方式发生革命性的变化，从农业、手工业到现代工业、信息化服务；从国家到地方，数字化得到不同程度、不同层次的推广和普及。在经济上，商业往来中的数字经济也成井喷之势，网络上的交易量年创新高，不仅如此，信息的分享率和传递到达率的提高也渗透我们生活的各个方面。很难想象将一本书借给一个朋友或复制部分，甚至是整本书的复印件或分段阅读会带来权利争执。数字化产品在大多数人的日常生活中扮演的角色越来越重要，而版权已经是一个复杂的问题。人使用智能手机转发图片、视频和与朋友分享很难避免侵犯版权，几秒钟的音乐或海报的背景就足以构成侵权，如果"公开"在互联网侵犯版权，如音乐、短片等许多具有创意的数字艺术形式，这必然会受到法律的制裁。因此，这么多商业主体涌入数字经济，它们必须有一个明确的行业法规，尤其是个人隐私和版权、税收这几个问题。

数字经济政策需要明确的评估和建议，否则数字经济的未来只能停滞在政策制定者手中，而绝不是那些将数字经济变为可能的创新者和企业家手里。同时，法律机构和技术部门提出了三个潜在抑制数字经济发展的因素：一是缺乏一个可预见的法律环境；二是担心政府对数字经济的征税问题；三是网络的不确定性、可靠性和安全性。因此应建立一个国内与全球发展相统一的法律框架，促进和加强全球数字交易；同时，应该对互联网商务进行合理征税，对现有数字经济的税收政策应符合国际税收的建立原则，应当对其他形式的商业保持中立，应避免不一致的国家税收管辖权和双重征税，应该是简单易行的管理。最后则是利用先进的技术手段和行业、法律规范来保证网络使用者的合法权益。

但适当的数字经济政策在推行时也存在很多困境。数字经济的动态性和技术性让一些批评的声音出现，过度或不适当的干预将破坏竞争，而不是保护它，过度监管约束会抑制创新。鉴于动态竞争在数字经济中的重要性，特别是保护对投资者的激励和创新的需求，在这个框架中，最好听从行业自律或简单的约束影响竞争的过程。然而，大多数人的观点是有一个特定的保护竞争和创新结构的数字经济政策实施的必要性，以此来推动创新和惩治非法竞争行为。

竞争执法可能需要阻止并停止反竞争行为，否则会制约动态竞争的发展进程。即使一些情形在竞争执法的情况下可以适当使用，但也存在各种障碍。首先，竞争法律干预的最佳时机仍然是一个不得不面对的复杂问题，考虑到在许多数字市场不同的平台之间存在激烈的竞争，很难确定在哪个节点上来辨析和实施可能被认为是主要的竞争执法目的，基于事前监控竞争可能比事后执法策略更加有效，但是竞争当局一直不愿意承担这样的准监管角色。其次，现有竞争法律尚不足够灵活和微妙地被应用在数字经济中。比如过度的干预风险将进一步阻碍主导产业的发展和合法的竞争，很多具备关键技术的盈利公司在数字经济的激烈竞争中通常呈现的动态或周期性的持久竞争优势难以捉摸。多数情况下，竞争法应用在数字市场必须足够灵活。但是，某些反复出现的困难，包括相关数字市场专业知识，数字经济的跨国性质和技术问题需要建立竞争概念来适应数字环境。第一，尽管专业技术与数字技术被视为在数字经济中有效运用竞争法是必不可少的，但竞争监管机构缺乏这样的专业知识。考虑到快速发展的数字经济的性质，任何数字经济政策将很快过时，因此选择增加一个权威的专业技术顾问，进行数字市场行业调查，参与行业的协调流程迫在眉睫。第二，许多市场在全球数字经济的地理范围内可以有管辖权或领土权，因此也需强调国际合作的必要性。第三，技术广泛的融合、学科的交叉、平台竞争和不断创新的周期可能大大复杂化市场定义，运用竞争法的概念建立数字环境可能困难重重，因此还需要不断补充完善。

第二章　数字经济下的理论创新

第一节　数字经济对传统理论的冲击

当传统经济理论赖以存在的经济基础受到了数字经济的巨大冲击，数字经济下的许多问题可能无法运用传统的经济理论予以解释，传统的经济理论则需要重新审视与不断创新。总体来看，数字经济的发展给传统经济理论带来的冲击体现在对资源稀缺性、信息对称、理性人、完全竞争等基本假设与相关原理的冲击以及对从微观、中观到宏观的基本理论，如消费者理论、生产者理论、产业经济学理论、经济增长与经济周期理论等一些具体领域的冲击上。

一、对于经济学基本假设与相关原理的冲击

（一）对经济学基本假设的冲击

1. 资源稀缺性：从相对稀缺到相对不稀缺

在传统农业经济、工业经济时代，虽然经济发展与人类物质生活水平的提高依靠于劳动者技能的提高和科学技术的发展，但更突出地表现为对自然界资源的掠夺性索取与破坏，这种发展方式不仅不可持续，造成环境的污染和资源的大量耗费，还将给下代人的生活带来负担与压力。因此，在传统经济中，各类资源的获取需要付出大量成本，再加上资源相对于人类无穷的欲望而言总是稀缺的，这就是传统经济学资源稀缺性的基本假设。然而，在数字经济时代，数据将成为最重要的关键性资源，不仅具有非排他性，可被多人同时重复利用，而且可以再生与急剧增加，因此资源的稀缺性有可能不再成为制约经济发展的"瓶颈"。需要指出的是，只有经过收集、加工、整理后的数据才会变为富含价值的信息，而这中间需要耗费人力、财力与物力，所以也是有成本的，这样知识和信息特别是高价值的知识和信息仍然稀缺，可能还得为其支付高昂费用，但随着数字技术不断向前发展，获取有价值的数据可能也会更加容易，与农业经济和工业经济时代相比，数字经济时代，数据资源稀缺性可能会相对没那么严重，或相对不稀缺，但数据更多依赖于经济主体的消费、投资等经济行为。

2. 信息完全：从信息不完全到信息相对完全

在古典经济学中假设信息完全，其实传统经济学认为信息是不可能完全的，这是因为信息的获取会受信息的分散性、获取信息的成本、人们的认识水平以及个人机会主义的限制。但在交互性和实时性更强的数字经济下，借助大数据、云计算等数字技术，人们可克服信息的分散性，降低获取信息的成本，相对传统经济时代可以更迅速、更低成本地获取各种市场信息，使信息不对称程度比传统经济时代有所降低与弱化，但由于人们自身知识结构与认识水平的缺陷以及机会主义的存在，再加上每个追求自身利益最大化的经济人，都会在获取信息的成本与收益之间权衡，他们也做不到信息完全与信息对称，只能比传统经济时代更完全或相对完全。

3. 理性经济人：从有限理性到高度理性

在传统经济理论中，假设经济人可以不用花费任何成本就可及时获得充分的信息，即在信息完全的情况下，人们都是追求自身利益最大化的理性人，也即经济人的完全理性假设。后来的研究发现，获取不同的信息需要花费成本甚至付出高昂的代价，经济人就会在信息完全与否之间做出选择，大多数情况下做不到信息完整，由此经济人的理性也做不到完全理性，而是有限理性。

然而，在数字经济时代，人、财、物等信息高度互联互通，市场信息也极为丰富，经济人能够比原来更低成本、更及时地获取较为充分的市场信息，并据此做出更为科学和理性的决策，所以，经济人的理性将大大超出"有限理性"，变为"高度理性"。此外，人们通过获取到的相关信息就能够广泛得知他人的行为，从而"随大流"形成互联网的聚合行为就会成为经济人的主流选择，所谓的"流行性"越来越操控着人们的选择行为，此时的市场具有了自我放大的机制，原来市场机制发挥作用的机理已经发生了变化。例如，人们相信口碑和好评率是经过他人智慧筛选过的集成信息，但是有时获得的信息不一定是准确的，如靠对网上产品的口碑或好评率决定要不要购买，有时会不太理性，即使好评率是发自消费者内心的，不是被迫好评，不同消费者对不同产品的质量、颜色、款式的偏好都是不一样的，而仅依据口碑或好评率就决定要不要购买甚至也只能通过查看好评率来决定要不要购买，一定程度上并不能算作理性。但如果产品没有消费者的口碑或好评那么高的质量，或者是别人认为好的不一定适合自己，甚至最后有消费者发现口碑和产品不符，有不实评论，相信口碑和好评很快就会消失。所以要通过有效监管让好评和差评都能让消费者看到，确保评论的真实、客观、有效，方能表现出极强的市场信号意义。此外，分析数字经济时代人们的行为方式，除了置于经济学的市场机制框架下之外，还有赖于综合心理学、社会学等许多学科理论的融合创新，但总体来说，数字经济时代还是比传统经济下信息更加充分，人们的行为方式也会变得更加理性。

4. 完全竞争：从完全竞争到协作创新

在传统经济理论中，假定有无数个买方和卖方，把竞争作为经济人之间发生联系的重要方式，并认为竞争是完全的，即完全竞争。即使后来经多次修正，承认现实其实是竞争与垄断并存的，但总体来看，传统经济理论更多还是强调竞争；而在数字经济时代，将更多强调合作和创新，强调企业主通过与上游供应商、中游竞争对手、下游顾客的协作创新，实现"双赢"与"多赢"局面，来获取更大的市场份额，进而提升自身竞争力，以应对外部环境和激烈的市场竞争。需指出的是，名义上是平台、供应商和消费者借助平台合作，供应商和消费者通过平台桥梁发生了更紧密的联系，如消费者通过平台参与厂商的研发、设计、生产全过程，而供应商依托平台促进营销与售后服务。产品从厂商到消费者手中虽然少了一级代理、二级代理、批发商等中间渠道，但多了一个平台，就像传统经济下离不开代理商、批发商，数字经济下厂商和消费者更离不开平台，所以不同平台之间的竞争将更为激烈，而且大的平台更容易吞并小平台，形成垄断之势。协作创新则是指平台上不同企业通过协作加速产品、流程、工艺、功能等尤其是技术的创新活动，使竞争方式发生转变，从而进一步提高产品的多样性和差异性，以此来满足消费者的个性化需求。

所以，其实一个平台生态里面的主体更多的是通过协作创新共同把"蛋糕"做大，但不同平台之间更多的是充满"大鱼吃小鱼"的激烈竞争，而且大平台更有可能形成垄断之势，与传统经济下的竞争原理有很大不同。

（二）对于经济学的基本原理的挑战

1. 传统经济学中的边际效用递减与数字经济学中的边际效用递增

不论是传统经济还是数字经济下的边际效用递减或递增，都应是从需求侧的角度，对消费者追求效用最大化行为进行分析。

传统经济下的边际效用递减，是指随着消费者消费商品的数量不断增加，最后增加的一单位同种同质传统产品的消费给其带来的冲击及满足感，也即效用是不断降低的。这样富人边际消费倾向低于穷人，如果整个社会能把富人的财富适当转移给穷人，就能实现社会整体效用的增强。但传统经济下的边际效用递减，强调消费者获得的是用于满足人们有限的物质需求或基本生理需求，在质量和性能上属于同质的产品。如对某一食品简单重复消费给其带来的边际效用是递减的，若消费者获得的是在质量和性能上更优的产品，随着消费数量的增加，带给其的效用应该也会递增。

数字经济下的边际效用递增是指某一数字平台或数字产品，用户使用量或用户规模越大，由于外部性的存在，带给每个消费者的效用就会越大。例如，微信使用者的增加，就会给使用微信的人与更多的人沟通交流带来极大的便利，获得更好的协同价值，消费者的边际效用就会增加。数字经济时代，数据与财富存在的是边际效用递增的规律，即经济主体拥有富含信息的数据越多，数据的增加可能会使经济主体对相关标的了解越全面，减少信息不对称，每增加一条富含信息的数据，该主体的边际效用也就增加得越多。但是这里面没考虑数据的质量问题，数据富含的信息越多、信息越充分，信息不对称越小，可经济主体不但要考虑数据的数量，更要考虑数据的质量与准确性，这就有赖于对数据的筛选，进而萃取出有价值的信息。总之，不是数据量越大越好，而是高质量、更准确的数据越多越好。

可见，数字经济下的边际效用递增则是指随着消费者对满足其社会或精神的无限需求、质量、性能不断改进的数字产品的消费不断增加，给其带来的满足程度或效用是不断递增的，如消费者获得的异质或不同的知识不断增加，则会实现融会贯通，产生更大的效用，给其带来更大的满足感，进而希冀获得更多的知识，因为新知识的接受需要一定的知识基础，一个缺乏知识的人，获得新知识后可能发掘不出多少价值，但知识渊博的人新增一条知识就会发掘出更多的意义，获得的知识越多累积效应就越强。但如果让消费者花同样的钱去消费同质的数字产品，给其带来的效用也会边际递减，如增加同一位歌手的数字音乐消费，消费者一定不会为第二件同样的产品付半分钱的费用，但如果是在音质上有更大的改善，消费者就愿意为之支付更高昂的费用，因为给其带来的效用更大。

所以，边际效用递增还是递减其实与数字经济没有多大关系，与传统产品和数字产品也没有多大关系，关键是看消费者消费的产品是在质量性能上同质还是更优，其目的是满足有限的物质与生理需求还是满足无限的精神或社会需求，是知识与技术含量较低的简单产品还是知识与技术含量更高的复杂产品。

2. 传统经济学的边际成本递增与数字经济学的边际成本递减

不论是传统经济学的边际成本递增还是数字经济学的边际成本递减规律，都是从供给侧的角度分析厂商如何供应产品，进而达到利润最大化的行为，但二者仍有差别。

传统经济学中的边际成本递增，是指假定生产产品只有两种要素，当其中一种要素固定，增加另一种要素，在两种要素达到最佳配比之前，每多增加一单位要素的边际产出是递增的，但增加到两种要素达到最佳配比之后，再增加该种要素的边际产出就是递减的，因厂商实现利润最大化都处在边际收益递减阶段，所以就把此规律叫作边际收益递减或边际成本递增规律。

数字经济下的边际成本递减。在数字经济下，与厂商供给相关的成本，一是数字基础设施的建设成本，二是富含信息和知识的数据传输成本，这两者与使用人数没有关系，并不存在边际成本的问题。只有数据收集、处理、加工、提取成本随使用人数的增加、数据量增大，总成本才会不断递增，但边际成本是递减的，随着产品产量的不断增加，从综合设施建设、数据传输与数据加工成本来看，数字经济下，平均成本与边际成本会随着用户与产量的不断增加呈现边际递减的趋势。特别是软件、芯片等数字产品，第一个生产成本可能较高，之后就可以以近乎零边际成本无限制地复制粘贴。

3. 传统经济下的按劳分配与数字经济下按知识和信息分配

不同于农业经济与工业经济时代的繁荣直接取决于土地、资本、劳动力和企业家才能这四大生产要素的数量与质量，在数字经济时代，富含更多信息和知识的数据成为关键的生产要素，这些数据成为数字经济直接的内驱动力。更轻资产、更重信息即知识的一些高科技公司之所以能在短短几年内创造财富神话，更多的功劳应归于软盘和软盘中储存的知识与信息，随着知识和信息的价值在社会生产过程中越来越得到充分的发挥，附加值将越来越多地向知识、智力密集型产业转移，国民收入及社会财富的分配也将更多地以知识和信息的含量为标准，传统经济下的按劳分配、取得的职务工资等要素报酬将更多转变为数字经济下按数据分配的知识拥有者的报酬与数字技能工资，知识就是财富，数据为王在数字经济时代将得到最完美的证明。

4. 传统经济中的正反馈与数字经济中的正反馈

传统经济中的正反馈来自供应方或生产商的规模经济，既指大公司与小企业相比规模更大，进而成本更低，更易达到规模经济，也指原有企业因新加入企业的增加形成企业集聚而导致的效益提高，使整体的供应效率提升。传统经济不同产业在早期都会经过正反馈，在达到规模经济以后，负反馈就会起引导作用。

在数字经济下的正反馈更多来自需求方的规模经济，而不仅仅是供应方。其具体是指消费者的效用会随着消费该产品的消费者数量增加而增大。例如，微信、今日头条等使用者认为其有价值是因为其被广泛使用，随着使用的人越来越多，既增加了不同人群的交流范围，同时也方便来自四面八方的形形色色资讯的获得。

传统经济理论认为，各式各类企业只有达到一定的规模上限，才能实现规模经济，加深资源配置的优化程度，从而降低生产成本，提高生产效率。然而，数字经济条件下开始涌现出一些新型企业甚至是个人，这些企业和个人的核心竞争力是利用其拥有的技术与数据，实现持续不断的快速创新，虽然规模较小，但其创新能力和竞争能力却优于同行业中的大企业，且常出现"以小搏大"的局面。因此在数字经济时代，由于要素的变化，之前所说的劳动力、资本规模扩大表现出的规模经济越来越被拥有更多知识和信息表现出的规模经济所取代。此外，在数字经济下的正反馈，供求双方有相互促进的作用，不管是供给还是需求增加，都会使另一方增加，形成供求双方相互促进的形势。

5. 传统经济下的市场均衡与数字经济下的反均衡

（1）数字经济的外部性

数字经济中的网络效应具体是指商品的价值取决于用户的规模，消费者从使用某一商品中得到的效益依赖于其他用户的数量，当某一消费者因其他使用者的增加导致其消费某一商品的效用增加而又不需要支付额外的报酬或补偿时，就存在正的外部性。

在网络外部性作用下，市场的效率可能遭到破坏，其主要分为以下两种情况。

第一，与传统经济一样，实际产出小于有效产出。当存在正外部性时，因其他使用者增多，消费者就消费某一商品得到的效用增加，因此他们愿意为之支付更高的价格，但生产者不能要求消费者因他们所得到的外部性收益而支付报酬，此时商品的价格低于消费者愿意支付的价格，生产者的供给小于消费者的需求，进而导致实际产出低于有效产出，没达到市场均衡，破坏了市场效率。

第二，与传统经济区分，次优技术占据市场。在数字经济下，一旦由于某个因素使行业内某个厂商出现了外部性，使用其产品的消费者就会不断增加，这时哪怕有更优的同类产品出现，由于消费者使用的路径依赖、锁定效应及转换成本，其也不可能在现在使用的次优产品与新出现的最优产品之间进行转换，从而导致次优产品与技术占据整个市场，这就扭曲了传统经济下的市场竞争机制，使市场失灵，降低市场效率，对传统经济学的一般均衡理论提出挑战。

数字经济在网络外部性与正反馈的作用下，使得市场变得不稳定，这种次优产品或技术占据整个市场的局面不一定能一直维持，虽然数字技术下实物流、资金流、数据流的方便快捷传递进一步促进了外部性和正反馈的形成，但同时新的标准、新的产品、新的技术也可能会更容易被传播与接受，这样就会减少消费者的路径依赖、锁定效应与转换成本，进而使原来产品的外部性大为降低，打破原来的均衡状态，正因为数字经济下均衡状态失去了唯一性，才加剧了市场的不稳定性。

（2）传统经济下的负反馈与数字经济下的正反馈

传统经济的负反馈是指随着厂商产品供应的增加，特别是当市场上该产品供过于求时，产品的价格就会下降，消费者的需求增加，而厂商产量降低，直至市场上出现供不应求，厂商价格就会提高，进而再增加产量，消费者需求减少，直至最后实现供求相等，这就是传统经济下的价格调节机制。

而价格调节市场供求均衡机制在数字经济下失去了效力。数字经济下的正反馈是基于需求方的正反馈，而非供应方。由于数字经济外部性的存在，如阿里巴巴电商平台，随着市场占有率与市场份额的增加，用户对其竞争力更有信心，进而引起市场占有率进一步增加。相反，如果某一数字平台用户较少，使用其的消费者就会进一步减少，导致强者更强、弱者更弱的马太效应，进而出现垄断，这样数字经济下市场的供求关系就不会在价格机制的调节下实现均衡，甚至完全就是反均衡的。

只要市场上产量在临界点以上，供方规模越大，用户越多；则供应产品越多，边际成本也越低。越有竞争力，其规模越大，消费者对其产品的需求就越大，愿意为其支付的价格就越高，厂商就会越增加产量，进而获得巨大的超额利润，实现爆炸式增长。这样厂商的边际成本和消费者愿意支付的价格就会出现矛盾，供给曲线和需求曲线就不会有交点，整个市场就找不到合适的均衡点。

相反，在市场上产量处于临界点以下，当企业规模小，产品边际成本高，而消费者因对缺乏竞争力的商品不愿意支付高价格，导致需求减少，厂商产量减少，规模越来越小，边际成本越来越高，消费者愿意为其支付的价格却越来越低，一旦消费者愿意为其支付的价格与边际成本背离，厂商就得亏损直至消失。这样只要偏离均衡点，就不会出现供求曲线的相交，不会实现供求均衡。

二、对微观经济理论的影响

（一）数字经济下消费者行为理论的变化

传统经济下是生产决定消费或以产定销。数字经济下，随着移动互联、大数据、人工智能等数字技术的不断进步，消费者借助数字平台即可实现快速消费，甚至为了实现效用最大化，得到更加适合自己需求的个性化产品，可以参与厂商从产品的研发设计到生产加工的全过程，为厂商的产品生产实践提出自己个性化的修改建议。所以传统经济下消费者只是产品的消费者而已，数字经济下消费者是发挥一部分生产者作用的产销者，传统经济下的消费者行为理论会因此发生变化。

（二）数字产品不能再按边际成本定价

由于受要素资源稀缺性的影响，传统经济下厂商的规模经济难以持续，其在生产过程中呈现边际成本递增规律，故厂商为了利润最大化可以根据边际成本定价。数字经济下生产数字产品呈现出高固定成本、低边际成本的特性，厂商为了收回固定成本，不能再按边际成本定价。

虽然数字产品定价还没有形成如传统价格理论那样简洁、普适的分析模型，但有以下几点仍值得关注：首先，数字产品和传统产品一样，其价格也会或多或少受到自身价值、生产成本甚至市场供求等因素的影响，如数字产品生产厂商，虽不能按边际成本定价，但可按边际收益和平均成本相等定价，收回固定成本，数字产品价格与传统产品的价格有相同的影响因素。其次，数字产品为知识、技术密集型产品，如研发产品，不单具有高固定成本的特性，能不能研发成功具有很大的偶然性，研发出来能不能受到青睐，受消费者主观心理评价影响较大。所以，数字产品定价时也要更多考虑研发风险、产品生命周期、长尾产品特性、营销方式、消费者偏好及大众精神与心理评价的差异性等。最后，由于数字产品与传统产品相比，消费者的主观偏好存在更大的差异，再加上数字产品具有较大的网络外部性特征，不同消费者愿意为其支付的最高价格存在较大差异，所以具有不同特性的数字产品应该采取差别化的定价策略，每种不同的产品也应依据企业市场占有策略、长期发展目标及其风险承受能力等确定自身产品的"定价规则"。

（三）数字经济下边际分析与均衡理论不再完全适用

消费者的主观效用和生产者客观成本相等的时候，也即边际效用和边际成本都等于产品价格的时候，厂商边际收益和边际成本相等便可实现利润最大化，消费者边际效用和边际成本相等可实现效用最大化，从而供求达到均衡，均衡价格也得以确立。在数字经济下，由于受需求方规模经济与供给方规模经济的共同影响，随着数字产品用户规模的不断扩大，数字产品的协同价值越来越高，最后一个加入的消费者愿意为数字产品支付的价格也越来越高，而厂商的边际成本越来越低甚至为零，平均成本也在不断降低，所以数字经济下的均衡点不止一个，更不能通过边际收益与边际成本相等来找唯一的均衡点，一些学者提出要借助新兴古典经济学的超边际分析法求得多态均衡。所以，边际分析与均衡理论在数字经济下变得不再完全适用。

（四）数字经济下交易成本大幅降低

数字技术的发展突破了现实世界的时空限制，可降低市场主体之间信息不对称程度，降低社会资源配置的成本，提高社会资源配置的效率。借助数字技术，信息流可以被低成本地无限复制和传递。实物流在大数据与云计算等数字技术支持下，可以大为简化交易流程，突破时空限制，实现24小时从厂商直接把物品交予消费者，实现买全球、卖全球完全无障碍。资金流借助数字技术，如移动支付更是会突破繁杂手续的制约，降低传统经济下汇率波动等风险，使交易成本大为降低。

（五）数字经济下企业管理理论大幅变化

数字经济时代，企业管理的计划、组织、领导与控制等环节都会受到影响，所以数字经济下企业管理理论与传统经济下有很大的不同。首先，数字经济的发展更多强调企业与企业之间的合作，企业的经营思想与管理理念开始从单纯强调竞争向合作竞争转变。其次，因数字技术下信息获取的极大便利，不再需要更多的中间层级，企业组织结构从等级严明的科层制管理向松散的网络化管理组织转变，沟通渠道也更加顺畅，企业高管可以随时直接与普通员工对话。最后，营销方式也由传统的批发再经层层代理的分销体系向厂家依靠大数据精准营销转变，产品可直接送达消费者手中。

三、对中观产业组织理论的挑战

（一）制造业效率高于服务业不再成立

传统服务业，如教育医疗、餐饮娱乐等服务过程要求服务创造和消费同时同地，服务既不能跨时间储存，也不可远距离跨区域交易，不仅受时空限制较大，而且不能借助更高效的先进设备，还不容易达到规模经济，所以服务业的劳动生产率远低于制造业的生产效率，并长期维持在一个较低的水平。但数字经济下数字技术不仅改变了服务的提供方式，甚至服务的性质也随之发生了改变。传统经济下将看电影、听音乐会这些"乐"文化消费视为中高收入者的奢侈行为，但在数字经济下，尤其是随着短视频的兴起，中低收入消费者也可以用极低成本产生大量的娱乐消费，如就有网友评论自从有了短视频平台，每天有人献歌献舞，还可以一一评论，表达自己的看法。娱乐提供方也形成了以大规模"点击率"为基础，赚取更多打赏甚至广告费的商业模式，给予服务供给者充足的激励。数字经济下，文字、语音信息、视频节目等丰富多样的娱乐方式促使大量需求的迸发，关键这些各式各样的娱乐产品创新可以以极低的成本被复制无数次，效益递增几乎没有界线，规模经济效应极为显著，生产率也显著提高。通过采用数字技术手段，其他的传统服务，如医疗与教育等以往必须在现场以面对面方式、低生产率提供的服务变为在线视频会议、远程教育与医疗等可以大规模、跨时间、远距离甚至跨国提供的高效服务，任何制造业产品都无法与之相比。

（二）传统的垄断原则不再适用于数字经济

虽然传统经济下先进入市场者达到规模经济，可抑制其他潜在成本低的成员进入，造成一定的垄断，传统经济下的垄断没有数字经济下的垄断波及范围广。

20世纪90年代开始，随着互联网、大数据中心等这些具有自然垄断特征的数字基础设施类产业的迅猛发展，其他依存于这些基础设施提供增值服务的竞争行为、盈利模式等成为研究的核心问题。不同于之前传统物理基础设施网络如电信、铁路等封闭性的网络，由于互联网等数字基础设施是开放性的，依托数字基础设施的数字经济体或网络平台会随着规模的扩大、用户的增多不断增值。某一平台的用户越多，商业机会越多，使用的人就会不断增多，随着使用的人越来越多，成本就会越来越低，平台收益自然会不断增加。当平台形成一定规模，就会凸显出巨大的规模经济优势，后来者就算比其做得更好，巨大的一次性固定成本以及数字产品的路径依赖与锁定效应存在，导致的较大获客成本，与先加入者几乎为零的边际成本相比也会相形见绌，很难进入同样的市场，这样就会导致最先进入市场的先驱者，抓住市场机遇，利用先发优势，不断拓展用户规模，其市场占有率也越来越大，潜在加入者与在位的成功企业相比进入市场的难度却越来越大，这样整个市场竞争结果更倾向于一家或少数几家企业主宰市场，形成寡头垄断，甚至形成先入为主、一家独大、赢者通吃的垄断局面。例如，在个人电脑系统市场中，虽然技术功能相近的类似企业很多，但微软最先争取到更多的用户，并通过正反馈过程最后占据整个市场。这是一种先入为主的现象，甚至次优产品先进入者就可拥有锁定市场的能力，进而拥有主导市场的可能性。可见，数字经济时代市场垄断力量更为强大，而且大者越大、强者越强、富者越富，这就是数字经济时代产业组织问题的特殊性。

由此可见，数字平台在需求方规模经济、路径依赖、锁定与正反馈的作用机制下，聚集的用户规模越来越大，最终必然产生巨型平台，进而必定会形成垄断。但由于数字经济下垄断表现为竞争与垄断同时存在的特征，平台之间一定存在更大的竞争。例如，消费者可以在多个不同的数字平台跨境消费，也可以通过不同的搜索引擎搜寻信息。虽然短期内在激烈的竞争中胜者垄断全局，输者满盘退出市场，但在长期高利润引诱下，存在着更大的竞争，包括在位垄断厂商的技术升级换代与潜在进入者的技术创新的竞争。数字经济下垄断越突出，竞争就越激烈，在竞争与垄断此消彼长的作用下，实现技术的不断进步与创新。所以与传统经济下垄断消除竞争和阻碍技术进步不同，数字经济下的垄断会激化竞争，并在更激烈的竞争作用下促进技术的不断进步与创新，所以传统工业经济下的反垄断原则就不完全适用于数字经济下的垄断治理了。

四、对宏观经济理论的影响

（一）对传统经济周期理论的挑战

传统的经济周期理论认为，在市场经济条件下经济周期一般都要经历繁荣、衰退、萧条、复苏四个阶段，而且这些现象会循环往复出现。随着发达国家在政治、经济、技术等领域出现的一系列新变化，各国宏观经济政策和反危机措施也出现了较大的调整，随后出现了衰退与高涨交替的简化经济周期。到了 20 世纪 90 年代，随着数字经济的兴起，各种数字技术创新突飞猛进，产品升级换代日新月异，使经济发展过程当中一旦出现衰退的苗头，就会被新的产品创新与技术升级活动拉起，整个经济周期不会出现大起大落，而只是微小波动，甚至呈现出持续的繁荣景象。

（二）对传统经济增长理论的挑战

在传统经济增长理论中，一般将经济增长因素分为土地、资本等生产要素的投入和技术进步或全要素生产率两类，侧重于研究生产要素投入对经济增长的影响，而其中不能被解释的部分，则归为全要素生产率的贡献。在数字经济条件下，反映信息网络扩张效应的梅特卡夫法则显示其对经济系统的外溢效应明显。另外，数字平台的正反馈机制与正外部性、几乎低至零的边际成本、边际报酬递增、数字技术创新的深化均构成经济增长新的动力，与传统的经济增长理论有很大的不同。

（三）对传统收入分配理论的挑战

数字经济属于创新型经济，数字经济下国民收入增长的渠道、来源和方式更加多元，收入增长的规模更大、速度更快，但由于数字经济与传统经济相比生产要素发生了变化，所以数字经济下的收入分配更多是由传统经济下的按劳分配、按资分配，变为现在的按富含信息和知识的数据要素分配、按数字技术分配、按管理分配。与此同时，在收入分配过程中，那些具有数字技能、拥有丰富管理经验、拥有丰富知识的专业技术人员、管理人员及知识工作者的收入将快速提高，数字经济下不同人群、不同行业、不同地域之间的收入分配差距可能会不断加大，所以才有必要缩小数字鸿沟，提升全民的数字经济素养。

由此可见，数字经济的不断发展，不仅对人们的生产、生活方式产生着深刻的影响，也在一定程度上对传统经济理论造成了冲击，所以有必要进一步完善数字经济的相关理论，以便更好地分析、解决数字经济下出现的新问题。

第二节　传统理论解释数字经济的适用性

一、现有市场供求机制的适用性

随着数字技术的不断发展，数字经济下也出现了较多的新现象与新问题，将数字经济时代的新现象纳入现有的传统经济学分析框架之中，并对其进行补充与修正，设计出更有效率的市场机制，以此来优化数字经济下市场的资源配置功能也已成为学者们研究的热点问题。如传统经济学认为，只要企业产品价格远高于其成本，而消费者又别无选择时，就存在垄断。但同时也有另一种判断标准：即使存在所谓的垄断，价格收取高出成本再多，但如果企业为客户带来的价值，或者客户得到的效用远大于支付给企业的价格，那平台就增加了消费者剩余，提升了消费者的整体福利。这个思路也被用于判断数字经济下平台企业的行为。商场如果支持银行卡付费，就需额外支付相关的手续费，但如果不支持银行卡付费，就会损失一部分消费者，貌似商场只能接受银行卡付费，这存在一定的垄断，但如果因支持银行卡付费而获得的收益大于支付的额外费用，对商场来说就是自愿选择行为而不是处于垄断下的别无选择。

二、新制度经济学的产权理论的适用性

传统经济下的产品，有的具有较强的外部性，特别是公共产品外部性更显著。由于享受到消费产品的效用却不需为之支付成本即正的外部性，所以更多人愿意搭便车。也有人因福利受到损失，却不能获得相应补偿，即受到负的外部性的影响。为了规避外部性的影响，通过确定明晰的产权，享受正外部性的消费者会为之支付一定的额外成本，而福利受损的消费者也能获得一定的补偿，从而使外部性的影响大大降低。数字经济下的产品，由于具有较强的网络外部性，随着用户规模的越来越大，产品的协同价值也越来越大。其表现为随着用户规模的越来越大，消费产品给消费者带来的效用也越来越大。消费者愿意为产品本身支付更高的价格却没有支付，即所谓直接外部性；同时，该产品互补品的供给也

会越来越多，从而使互补品的价格也随之不断降低，使人们享受到互补品低价的效用，即为间接外部性。但不管是直接外部性还是间接外部性，均可通过明晰的产权界定使外部性得以内化、大为降低甚至消失。可见，传统经济下的产权理论在数字经济下仍然适用。

三、信息经济学的信息不对称理论的适用性

传统经济学下存在着信息不全面的问题，不论是厂商之间、消费者之间还是厂商与消费者之间，都存在着信息不对称，特别是厂商与消费者之间存在着信息不对称。数字经济下，虽然消费者获取产品信息的渠道更加畅通，获取产品信息的成本更加低廉，甚至消费者可以借助数字平台为产品的设计、生产、加工提出自己的建议，参与产品生产的全过程，但不可否认的是，由于专业技术要求以及对繁杂信息鉴别能力的要求，与生产者相比消费者仍然不可能像生产者那样获得与产品相关的所有准确信息，所以数字经济下仍存在着信息不完全的现象，所以信息不对称理论在数字经济下仍然适用。

四、现有博弈论方法的适用性

在各类传统经济理论中，博弈论可算作最适宜用来分析数字经济下的经济问题的理论了，因为数字经济下人们的决策同样不仅取决于自身，也会受到相关的其他人所做出的选择的影响，这点与传统经济无异。当决策者的选择结果会受到其他人的决策影响时，博弈论就可大显身手。在高度互联互通的数字经济下，不同经济人之间的相互影响更加广泛与深远，数字经济下大量现实问题的解决仍然有赖于博弈论提供的理论分析框架和决策思路。

第三节　数字经济下的新问题与理论创新

数字经济时代，随着人工智能、3D打印等数字技术的不断发展，其在提高生产效率和生活质量方面凸显出巨大潜力，不但催生出更多的新技术、新产品与新业态，更好地满足人类不断提升的物质与精神生活需求，甚至可能颠覆人类工作、生产、生活、消费等旧的经济活动方式，对整个经济结构演进与社会秩序的提升产生积极的推动作用。与此同时，这些数字技术的不断迭代与创新也将为各国数字经济发展以及人类社会发展进程带来更大的挑战，并引发更多新的理论、政策和伦理道德问题，有的问题可以通过简单判断直接取舍，但更多复杂问题需要在理论层面加以分析研究与权衡解决。例如，数字技术对劳动技能、工作岗位、工作环境、收入水平、就业结构、代际差距甚至人类生存都产生了深远影响，如何通过理论研究，制定相关的政策予以及时引导，如何通过分析研究做好前期的规划、做好风险的规避工作等都是我们要面对的问题。由此人们在享受数字技术红利的同时，

如何应对数字技术发展带来的挑战也应纳入基础理论研究考虑范畴之内。

一、就业结构的变化

无论是蒸汽革命、电气革命还是自动化革命都导致对劳动力、土地等传统生产要素的替代与社会效率的提升，数字技术革命也必然引发大量工人被资本与技术取代。尤其是人工智能等数字技术的发展在使一些单一特定领域的重复性工作以及思考模式可以被机器模拟与理性推算的工作，如话务咨询、客服代表、司机、保安等大量消失的同时，也在创造更多新的岗位，如数据分析科学家、自动化监控与维修工程师等，特别是未来就业领域对高数字素养与高数字技能工人的需求大量增加，不仅导致人类社会就业结构发生巨大变化，也会对人类教育方式、社会保障机制等领域的变革提出更多新的要求，只有适时做好相关的理论创新与机制设计才能不断满足新要求、适应新变化。

二、就业市场的变化

随着数字技术的广泛运用，未来不只商品、服务、数据流动日益向全球化发展，不同国家的人口也会不同程度地在全球范围内实现自由流动，到时本国劳动力市场的竞争将更为激烈，本国民众不单要应付本国劳动力的竞争，还要面对外国劳动力的竞争。

三、工作环境与收入水平的变化

数字经济时代下，数字技术在创造一些新兴职业的同时，取代了原来一部分的传统岗位与职业，但也有一部分岗位与职业是数字技术无法替代的，需要人工完成，如清洁工、卫生员等，所以数字经济下可能也会出现正式就业与非正式就业并存的局面。各行各业会不同程度地出现"铁饭碗"被打破的局面，可能会导致那些从事知识技能与数据筛选、分析等工作的正规就业或正式专业技术工人，其工作环境安全性、舒适度会不断提升，工资标准与收入水平也会不断提高。如原来依靠纯人力的加工装配工作，现在只需在维修工程师操作下通过机器操作以更舒适、更省力的动作完成，甚至依靠人工智能就可自动化装配，专业技术人员只需充当运维人员。

四、代际差距的变化

数字技术本身并不能解决温饱问题，也不会自动提升民众的生活质量。一些年轻人因传统行业的数字化、自动化、智能化改造升级遭到解雇后，由于他们头脑灵活，更容易学会与接受、使用数字技术，如通过接受在线教育等方式，经过进一步的数字素养与数字技能培训，很快就能找到适合其发展的就业岗位。其实，数字经济时代，年轻人与老年人之间的冲突不但体现在工作方面，就是在日常生活中也有体现。年轻人可快速适应移动支付、网上购物、数字问诊等现代生活节奏与方式。当数字技术已经走进、融入年轻人的生活，成为年轻人必不可少的一部分时，老年人在数字技术面前，尤其是面对更多的要求数字技能的工作就会显得力不从心，甚至无所适从，这又会导致更大的代际不公平。

五、个人隐私数据被窃取的风险

每一种技术的进步和变革在给人类带来更大便利的同时，也会给民众带来危机与挑战。特别是在大数据时代，我们每个人每敲击一下键盘或是点击一下手机屏幕就会自动上传成为互联网海量信息的一部分，与此同时也存在个人隐私数据被窃取的风险。这不但包括随着数字技术的不断进步，一些 APP 的安装强制用户授权获取相关的位置、通信录、个人信息等隐私数据，更为严重的是绝大多数民众因为个人隐私数据保护意识淡薄与缺乏，会不自觉地泄露自己的一些个人信息，如通过微信扫码主动提供身份证信息换礼品、大量电商包裹上的个人信息单不经处理就直接丢弃等。

总之，数字经济时代，大数据、云计算、物联网、人工智能、区块链、3D 打印等数字技术的不断发展，在给人们的工作、生产和生活带来更多便利的同时，也会对就业结构产生冲击，这必将深刻影响未来数字经济发展趋势。只有在深入了解这些数字技术带来的机遇和挑战的基础上做好数字经济相关基础理论研究，并深入突破创新，才能更好地积极利用数字技术的优势，规避数字技术带来的风险，把数字技术的价值与作用无限放大。

第四节　数字经济理论及运行机理

一、数字经济相关理论

从 20 世纪 90 年代开始到现在，数字经济与传统农业经济和工业经济最主要的区别就是关键生产要素的不同。不同于传统农业经济与工业经济下土地、资本、劳动力等关键生产要素不可复制、相对独立、不可多人同时使用的特性，数字经济下关键的生产要素数据，却具有可重复、可复制、可多人同时反复甚至永久使用等特性，其决定了数字经济与传统农业经济和工业经济的基本规律与相关理论一定会存在着较大的差异。

（一）数据爆炸式增长与摩尔定律

数字经济下，随着互联网、大数据、云计算、物联网等数字技术突飞迅猛的发展，人类进入人与人、人与物、物与物万物互联的时代，在万物互联时代下，人类的任何行为都会变成相关的数据，成为相关数字平台上海量信息的一部分，所以数据越来越呈现出爆炸式增长的特征。

与以往农业经济和工业经济时代下传统技术的变迁更多受到线性约束不同，数字经济下，数字技术的进步与变迁速度甚至数字经济的规模增长速度都呈现出指数变化特征：数字技术综合计算能力每隔18个月就提高1倍，而存储与带宽的价格即相关成本却下降一半。因此，随着摩尔预言的影响力持续扩大，摩尔的预言也成了预测数字经济增长趋势的摩尔定律。

（二）网络互动与梅特卡夫法则

数字经济下，基于数字技术的万物互联平台，传统一对一、一对多式的数据与信息传播模式更多变成了依托数字平台的多对多传播模式，而随着接入数字平台的设备数量越来越多，参与平台互动的人与物数量也不断增多，随着更多的人与设备参与同一个数字平台中，通过数字平台创造的数据就会呈指数增长，而此时整个网络或数字平台本身的价值也会成倍增加，这就是梅特卡夫法则。该法则指的是随着联入网络与接入数字平台的用户和设备的数量不断增多，整个数字平台或整个网络的经济价值也呈现指数型增长趋势。具体原因就是数字经济的正外部性，接入数字平台的人与设备不断增加，会带给平台比原来更多的数据与信息，已接入平台的既有成员就会获得比原来高得多的价值，从而就会不断吸引更多的成员与设备加入，这样每个成员与设备的加入不单会使其自身获得更大的价值，也能使其他成员的价值乃至整个网络或数字平台的价值得到进一步提升，而且提升幅度也大于接入成员与设备本身的价值，这样就会形成个人或设备与平台之间的价值螺旋式增长，这也是数字经济下的边际收益递增原则，即随着接入成员与设备数量的增加，整个平台的价值呈指数增长，而平台价值的增长又由接入平台的人员与设备共同分享，这又进一步推动了数字经济的快速成长。

在梅特卡夫法则的指引下，随着接入数字平台的人员与设备的数量不断增长，相关的个人行为数据呈爆炸式增长，这些数据通过大数据等数字技术筛选、过滤、加工、处理、分析就可得到更有用的价值，不仅可用于指导更科学与精准的决策，如可用来精准营销、快速授权甚至识别诈骗与犯罪等，也可在数字技术的作用下变为数字化的生产要素，不断降低全球一体化生产的管理与沟通成本，促进国际一体化生产与国际贸易规模的进一步增长。但与此同时，在梅特卡夫法则下，数字平台价值的正外部性也可能会带来更多的负面影响，如掌握相关数据的较有竞争力的数字平台的规模在正强化作用下会像滚雪球式地扩大，甚至形成自然的垄断，从而获得更多的竞争优势，而其他稍弱的数字平台则因人员与接入设备的数量限制会越来越衰弱，导致赢者通吃的局面，这样就不利于整个社会福利水平的提高，当然这也有赖于相关数字治理规则的进一步约束。

（三）达维多定律与持续性创新

在数字经济发展进程中，在摩尔定律与梅特卡夫法则等规律下，数字平台企业由于边际成本的不断降低，伴随着数据量和数字平台价值的指数增长，其创新竞争力不断增强。近年来，公司市值排名靠前的位置基本被谷歌、亚马逊、苹果等数字平台企业占据，而之前一度占据前列的传统企业则不断由榜首的位置逐渐下滑，甚至整个传统的商业模式都发生了颠覆性变化。

数字经济下，数据的可复制性、可重复利用性以及边际成本递减、边际收益递增的特性导致最先进入市场的企业由于能够获得更多的先发优势与正外部性，可自动获得50%的市场份额，在整个市场竞争格局下占据主导地位。那些更多采用跟随战略的后进入者，不论是在规模上还是在所获得的利润上，都远远落后于第一家进入市场的企业，这就是数字经济时代的达维多定律。依据达维多定律，随着原来最先进入市场的产品生产技术逐渐成熟，产品市场日趋饱和，如果最先进入市场的企业不自主革新，不主动淘汰自己的旧产品，生产那些技术更先进的产品，就会被后进入者开发出的新产品淘汰甚至驱逐出整个市场，所以在数字经济时代达维多定律的指导下，市场领导者只有不断突破创新，才能继续掌握新市场的规则和主动权。放在国家层面，哪个国家能够在数字经济领域及数字经济的发展进程中不断突破创新，哪个国家就能在世界经济的舞台上持续获取更大的规则制定权与控制权。

二、数字经济运行机理

借助数字技术，数字经济可降低经济社会运行成本、提升经济社会运行效率，创建出更多的新产品、新模式与新业态，驱动传统的经济模式得以重塑，推动传统经济形态向分工更为细化、成本更为低廉、模式更为独特、投入产出更为高效的更高经济形态转变。

（一）促进经济社会运行成本不断降低

首先，信息获取与管理的成本降低。数字技术不仅使传统农业、工业经济下消费者、生产者、政府等不同经济主体获取信息的渠道、手段和方式发生了根本性改变，也使其获取相关信息的费用与管理成本大幅降低，获取相关信息的便利性也有了极大的提高。其次，经济社会资源优化配置成本的降低。在数字技术作用下，不但线上线下、人类物理世界与网络虚拟空间实现互联互通，未来随着物联网的发展，万物都可实现互联互通，不同的数据可借助数字平台在不同经济主体间实现自由流动，不同经济主体间信息不对称问题得以解决，在充分信息的引导下，不同的经济主体之间的资源将以比传统经济下更低的成本实现合理匹配与优化配置。再次，要素专用性成本的不断降低。传统经济下资本、劳动力、土地等要素不仅不可重复使用，各种要素还普遍存在资产专用性的问题，不同要素退出旧领域进入新领域具有较大的门槛或成本限制。数字经济下，富含知识与信息的数据成为最主要的因素，但由于其可以被多人同时使用，甚至可以反复使用，要素专用性成本可大幅降低。最后，导致制度性成本的降低。数字经济下，各级各地政府为提高公共服务的供给能力，都在借助数字技术加强电子政府、一站式政府与数字政府建设，为企业、民众办理各种手续提供更为方便有效的手段和更为可行的途径安排，与传统经济相比，制度性交易成本将得以大幅降低。

（二）促进经济社会运行效率不断提升

首先，借助数字技术可实现市场供需的精准匹配。借助数字技术，需求侧消费者相关信息可以实时被供给侧厂商掌握，与此同时，依托数字平台，消费者也可以方便快捷地适时了解到其需求商品的有关信息，特别是个性化定制生产方式更可实现线上线下、物理世界与网络世界供需的精准匹配。其次，专业化分工日益明确。数字经济下随着沟通、交流等交易成本的大幅降低，传统生产的专业化分工程度日趋深化，原来价值链上的研发设计、生产制造、营销与售后环节可能分化出更为精细与精准的相关环节，分工效率会进一步提升。最后，不同参与主体协同生产效率得以提升。不同于传统经济的下上游供应商、中游竞争者与下游分销商、消费者之间，是层层利益剥分的直接竞争关系，不同主体之间是零和博弈，存在着竞争，数字经济下依托数字平台的不同企业甚至不同数字平台之间是相互依存、互利共生的关系，共同创造价值、共同分享，协同生产的效率也会大幅提升。

（三）促进传统经济社会的转型升级

首先，传统产业加快向数字平台转型。不同于传统农业经济与工业经济时代，为降低交易效率和达到规模经济需构建科层化与一体化的组织，数字经济下的组织更多呈现网络化、扁平化与柔性化的特征，国内外传统大型企业为实现向数字化转型升级，纷纷构筑起工业互联网平台。其次，新模式、新业态持续涌现。随着数字技术的不断迭代创新，传统的商业模式可能被直接颠覆，共享经济、众创、众包、众筹等新模式、新业态持续涌现。最后，数字经济推动传统经济发展模式的变革与重塑。数字经济下，数字化的知识和信息作为关键的生产要素，不仅可以不断放大资本、土地、劳动力等传统生产要素的生产力，使传统产业的生产率得以不断提高，而且其本身可以被多人同时利用、反复利用，甚至会颠覆传统的经济增长方式，使传统经济发展模式也得以重塑，进而促进整个经济社会的转型升级。

总之，随着数字经济不断向前发展，未来会有更多的数字技术、数字产品和数字服务逐渐走进并融入我们生产与生活的各个层面，在给我们带来更多便利的同时也一定会面临更多新的问题，届时也将有更多的人参与到数字经济的基础理论研究当中，并突破性地构建起数字经济学的理论研究体系框架，指导数字经济发展的具体实践。

三、数字经济对就业生态的影响

数字经济下，以互联网、云计算、大数据、物联网、人工智能等为代表的数字技术已被公认为第四次产业革命的重要驱动因素。数字技术不但会成为各国经济增长的新动能，广泛融入各行各业，也会给传统行业的商业逻辑、组织形态和运行方式带来深刻变革，从而改变各行业对人才的需求，进而给各行业的就业领域、就业形式、就业人群乃至整个就业生态带来革命性变革。

第三章 数字经济的发展研究

发展数字经济需要相应的技术支持和产业支撑。我国数字经济增长不能过度依赖发达国家的技术，应培养我国自身的技术与产业基础。因此，我国必须加快与数字经济相关的前沿技术领域的革新能力建设，同时夯实相关产业对数字经济发展的支撑根基。

第一节 数字经济的基础产业

一、电子商务产业

（一）电子商务产业概述

电子商务是指借助电子手段进行的商务活动，具体而言是指经济活动主体之间利用现代信息技术基于计算机网络开展的商务活动，实现网上信息搜集、接洽、签约、交易等关键商务活动环节的部分或全部电子化，包括货物交易及服务交易等。电子商务主要的关联产业包括制造业、运输业、仓储业、邮电业、电子信息业等。

1.电子商务基本组成

电子商务（以下简称电商）是应用现代信息技术、数字技术，对企业的各项活动进行不间断优化的过程。在这个过程中包括四个要素，即商城、消费者、产品、物流；三个环节，即买卖、合作、服务。买卖环节是指各大购物网络平台通过为消费者和商家搭建电子交易平台，确保商家可以在平台上销售商品，消费者可以在平台上购买到更多质优价廉商品的交易过程。合作环节包括电商平台与商品提供商建立的合作关系、电商平台与物流公司建立的合作关系以及商品提供商与物流公司建立的合作关系，这些合作关系可以为消费者的购买行为提供保障，也是电商运营的必要条件之一。服务是电商的三个环节之一，包括售前的咨询服务、售中的物流服务以及售后的退货、修补等服务，从而实现再一次的交易。同时，还包括四个方面的关系：①交易平台。第三方电子商务平台是指提供电子商务服务的信息网络系统的总和，这些服务包括撮合交易双方交易以及其他相关服务。②平台经营者。第三方交易平台经营者是指在从事第三方交易平台运营为交易双方提供服务，并在工商、税务等行政管理部门领取了相关执照的自然人、法人或其他组织。③站内经营者。第三方交易平台站内经营者是指在电子商务交易平台上为保障交易的顺利进行提供相关服务的自然人、法人和其他组织。④支付系统。支付系统是指由为买卖双方提供资金支付、清算服务的机构与传送支付指令和进行资金清算的技术手段、工具组成的，旨在实现资金的转移和债券债务清偿的金融安排，又被称为清算系统。电子商务形成了一个从产品信息搜集到物流再到在线支付的完整的产业系统。电子商务不再只是买卖双方之间的交易的简单电子化，其他行业机构如银行、物流、软件、担保、电信等也开始逐渐围绕网络客户的需求进行聚集，通过互联网这一"虚拟园区"交织成庞大的新产业环境，同时进行更广泛的资源整合。电子商务是一系列有密切联系的企业和组合机构以互联网作为沟通合作的工具和相互竞争的平台，通过虚拟合作等形式实现了跨越地理位置界限的资源共享和优势互补，形成的一个有机的系统性产业——电子商务产业。

2. 电子商务的特征

电子商务产业是现代服务业中的重要产业，具有高人力资本含量、高技术和高附加值的"三高"特征以及新技术、新业态和新方式的"三新"特征，素有"朝阳产业""绿色产业"之称。结合电子商务系统的内在机制、关系和性质来看，电子商务还具有四个方面的主要特征。一是广泛的沟通机制。电子商务凭借网络工具，造就了一个真正意义上的无形市场，为企业提供了无形的商机，使交易的参与者、交易的场所、交易的支付结算形式打破了时间和空间的界限，为企业提供了无限的潜在商机。二是信息的及时性、完备性。电子商务应用于互联网，使企业可以及时地发布信息，消费者也可以及时地获取信息。同时，针对企业本身及企业生产的产品质量信息，消费者可以通过搜索引擎对其有一个比较全面的了解。三是信息的动态更新。数字经济下的电子商务产业的各种信息一直在不断持续更新。供求信息不停更新，商品资金不停流动，交易双方也不停地变更。四是形成全球统一的市场。通过国际互联网，地球一端的交易者可以和另一端的交易者进行实时在线交易，资金可通过电子支付客户端在极短的时间内从一端转向另一端，货物也可以通过现代发达的航空、铁路、海运等物流方式在很短的时间内到达购买者的手里。

（二）电子商务产业的发展历程及状况

电子商务是随着计算机技术以及信息技术的发展而发展的，计算机技术及信息技术诞生之初，世界各国就重视其在商务中的应用。电子计算机普及率的迅速提高以及互联网的高速发展，使以互联网为基础的电子信息基础设施成为现代信息传播的主要手段，电子商务产业开始形成。世界电子商务产业的发展大概经历了以下四个阶段。

第一阶段：从19世纪30年代开始的以电子通信工具为基础的初期电子商务。该阶段人类开始使用诸如电报、电话、传真、电视等电子手段进行传递信息、交接商务文件、谈判、支付以及广告等商务活动。在电报发明之后，电子手段首次被人们运用于进行商务活动的实践，电信时代的序幕也由此拉开。用声音传递商务信息则开始于贝尔和华生在19世纪70年代发明的电话。受技术限制，人们只是尽可能地运用一些电子手段来为商务活动带来便利。

第二阶段：兴起于 20 世纪 60 年代，以电子数据交换为基础的电子商务。该阶段主要表现为伴随着个人计算机的诞生以及企业间专用网络的不断发展。作为电子商务应用系统雏形的电子数据交换（EDI）技术和银行间的电子资金转账（EFT）技术开始应用于企业间信息的传递，其可以使商业信息、数据和文件等及时从一台计算机传递到另一台计算机，提高商业的运营效率，降低商业成本。但企业使用专用网络与设备的费用太高，缺乏相关人才，严重影响了电子商务的发展。

第三阶段：开始于 20 世纪 90 年代的以互联网为基础的电子商务。该阶段由于互联网在全球迅速普及和发展，一种以互联网为基础的电子商务运营模式出现。该模式以交易双方为主体，借助网上支付和结算工具，以客户信息数据库为依托，是现代电子商务产业运营模式的雏形。

第四阶段：从 21 世纪开始人们进入 E 概念电子商务阶段。该阶段随着电子商务的深入发展和人们对电子商务认识的深化，使人们对电子商务的内涵有了更新的认识，对电子商务的实质有了更全面的了解，认为电子商务实际上就是将电子信息技术广泛地应用于各种商务活动。现代经济是商业经济，现代的人类社会活动也都或多或少地涉及商务活动，因此现代电子信息技术使电子商务可以更多、更大范围地渗透人类社会活动成为可能，使电子商务活动可以与教育、医疗、金融、军事和政府等相关领域结合，拓展了电子商务的作用领域，E 概念由此形成。比如与教育结合形成的电子教务——远程教育成人高校、与医疗结合衍生出电子医务——远程医疗等。其实质是将电子信息技术应用于社会各个领域，从而扩大电子商务的作用域，使电子商务全面地融入社会各个领域。

现今，随着云计算、物联网、大数据技术的日渐成熟和广泛应用，电子商务产业在 E 概念电子商务阶段进一步发展且发生了很多变化。

一方面是电子商务受物联网影响而产生的变化。一是产品的质量监控得到完善。借助条码技术、二维码技术、射频识别技术和地理信息系统技术等，人们可以对产品生产、运输、存储、销售的全过程进行监控。当进入生产阶段，投入生产的原材料就要嵌入产品电子代码标签，产成品投入市场成为消费品 EPC 标签一直存在，并将记录下产品生产、运输、存储、销售的全过程的所有信息。如此，消费者在购物时，只需查询 EPC 标签即可知道商品的所有信息，从而达到对产品质量的全面监控。二是改善供应管理，物联网主要影响供应链的制造环节、仓储环节、运输环节和销售环节，提升企业和整个供应链对复杂多变的市场的反应能力，加快反应速度。三是提升物流服务质量，其基本原理同以上第一点和第二点一样，利用物联网的感应、辨析、互联技术，实现对商品的查询和实时的追踪监控。物联网对物流的主要影响：①实现自动化管理即获取实时数据、自动分拣等，提高作业效率，改变仓储状况。②降低仓储成本。③提高服务质量，优化整合供应链各个环节。④促进物流信息化等。

另一方面是电子商务受大数据的影响而产生的变化。一是实现渠道优化。大数据的本质就是从海量的数据中分析出全面有效的信息，大数据使电商企业能找到更多的目标客户，优化营销渠道资源的投放量。二是精准营销信息推送。从海量数据中分析出目标客户更多的信息，包括年龄、性别、偏好等，就可以向目标客户发送其感兴趣的营销信息。三是连接线上、线下营销。电商企业可以通过互联网在线上将客户需要的信息发送给客户。如客户对产品持怀疑态度，即可联系线下当面交易。

电子商务整合了商务活动中的人流、物流、资金流、信息流，使四流合一，使电子商务产业更加具有市场全球化、交易连续化、成本低廉化、资源集约化等优势。在现代技术强力推动世界各地区对电子商务产业的重视下，全球电子商务市场高速发展。

在我国，电子商务产业受技术、政策等内外因驱动，电子商务市场规模保持快速增长。

二、信息技术产业

（一）信息技术产业概述

信息技术产业是指运用信息技术工具，搜集、整理、存储和传递信息资源，提供信息服务，提供相应的信息手段、信息技术等服务以及提供与信息服务相关的设备的产业。信息技术产业主要包括三个行业：一是信息设备制造行业，该行业主要从事电子计算机的研究和生产，包括相关机器设备的硬件制造和计算机的软件开发等，如计算机设备和程序开发公司等。二是信息处理与服务行业，该行业主要是利用现代电子计算机设备和信息技术搜集、整理、加工、存储和传递信息资源，为相关产业部门提供所需要的信息服务，如信息咨询公司等。三是信息传递中介行业，该行业主要从事利用现代化的信息传递中介，及时、准确、完整地将信息传递到目的地，如印刷业、出版业、新闻广播业、通信邮电业、广告业等。

1. 信息技术产业的特征

信息技术产业是综合性的信息产业。信息技术应用的广泛性和信息传播的普遍性以及信息技术产业的高渗透性和关联性，使信息工作部门广泛地融入其他产业中。现代信息技术已经渗透社会经济活动的各个模块，从设计的 CAD 应用、产品样品的快速成型，到产品生产过程和控制的自动化、产品仓储的智能化管理、产品营销的数字化（电子商务），当今社会中各个产业的市场价值和产出价值中无不包含着信息技术、信息劳动的价值。在这些部门中越来越多地应用现代信息技术和知识信息，并且实现价值"增值"的部分比重越来越高。信息技术产业以现代科学理论和科学技术为基础，采用了最新的计算机、互联网和通信等电子信息技术，是一门极具科技含量的服务性产业。信息技术产业的发展可以提高国民经济增长率，改善国民经济发展结构，对整个国民经济的发展具有重大意义。信息技术产业借助现代信息技术进行相关产业活动提升了经济信息的传递速度，使经济信息的传递更加及时、可靠和全面，进而提高了各产业的劳动生产率。信息技术产业加快了科学技术的传播速度，缩短了科学技术从发明到应用于生产实践的距离。信息技术产业的发展促进了知识密集型、智力密集型和技术密集型产业的发展，有利于国民经济发展结构的改善。

2.信息技术产业的作用

随着世界科学技术的迅猛发展和产业结构的日益升级，以搜集、整理、存储、生产、销售信息服务商品和提供与信息服务相关设备为主要业务的现代信息技术产业，在世界经济或一国国民经济中成为非常重要的基础性和支柱性产业。

首先，信息作为经济中的基础性资源发挥着越来越重要的作用。信息技术为人们搜集、整理、扩充、使用信息提供了多种便利条件。IT技术及相关制造业的高速发展，使计算机网络系统、光纤等铺设成本大大降低，使与生产、处理和传输信息相关的设备的成本大大降低。现代信息服务企业通过搜集、整理、存储、分析信息转型为海量信息源的提供商，以满足人们生产、生活对信息的需求。各个领域的专家、学者及政府部门得到所需要的信息越多，科学研究、政府决策的效率就会越高。信息资源日益成为物质生产力提高以及社会财富的源泉。

其次，信息技术产业促进社会经济向信息化、数字化的转变。信息技术作为基础商品和服务的领域正不断扩大，而且信息商品以及信息处理作为扩展商品和服务生产领域的重要因素，提高了社会财富的生产效率。信息技术产业的发展在提高社会经济效益的同时已经成为重要的国民经济增长点。

再次，信息是世界共同的"语言"，信息让世界联成一体。世界上从事与信息有关的工作、活动的人越来越多，信息技术产业的规模越来越大，信息技术产业已经成为最能容纳就业人数的产业部门，进而成为国民经济中发展最快的产业。

最后，信息技术是未来经济中具有最大潜在效益的产业。信息技术产业的发展为其他产业销售产品提供了巨大的潜在市场，将强有力地带动相关产业的发展，所以信息技术产业成了社会生产力发展和国民经济增长的新生长点。

20世纪90年代以来，作为现代高新技术基础的信息技术获得了突飞猛进的进展，推动了信息技术与经济活动的高度渗透与融合，使信息技术产业具备极强的渗透性、带动性，在不断地创新与扩散、发展和迭代中，带动了一系列相关产业的发展。信息技术产业是知识密集、智力密集，高投入、高增值、高增长、高就业，省能源、省资源的综合性产业。

（二）信息技术产业的发展历程及现状

在人类诞生的初期，人依靠手势、眼神传递信息，依靠"结绳"记事。语言的形成使人类的信息交流方式取得革命性进展，而文字的出现则使人类文明有了重大转折。文字出现后，最初主要以甲骨、竹简、衣帛等为载体，由于信息载体的制约，信息的传播十分困难，传播范围也十分有限，因而信息业的规模很小，信息业只是处于萌芽初期。真正对信息业的发展起关键作用的是造纸术和印刷术的发明与应用。由于从根本上解决了信息的大批量复制和传播困难的难题，这两项发明不仅促进了信息业的形成，而且有力地推动了人类的文明。以造纸术和印刷术的发明与应用为标志，信息技术产业从形成到发展，先后经历了以下几个阶段。

1. 传统信息产业时代

传统信息产业时代，开始于 16 世纪中叶，是以传统图书为信息传递工具和载体的时代，是图书逐步普及的时代。这一时期信息产业的代表性部门包括传统的图书出版业、造纸业、印刷业、图书发行业。纸的发明，既为当时的经济活动增加了新兴造纸业，同时推动了图书、报纸等出版物的出版发行和邮政业务的发展。图书业的真正诞生是在我国西汉末期。造纸术、印刷术是传统信息产业时代的主要信息技术。这一阶段信息产业发展的特征是：作为信息支撑部门的造纸、印刷技术较落后，信息生产能力与效率较低。这一阶段信息产业的总体规模不大。

2. 大众媒介传播时代

大众媒介传播时代，从 16 世纪中后期到 19 世纪中期。工业革命的开始和近代科学技术的迅猛发展以及民主的普及，人类对信息的需求剧增，促使印刷等信息技术取得重大进步，图书出版业发展迅猛。现代报纸和期刊的出现，使信息产业发展进入大众媒介传播时代。该阶段的特点是：传统的图书出版业规模进一步扩大，现代造纸、印刷技术与产业迅速发展，报纸等媒介的影响迅速扩大。现代报纸和期刊的出现，开创了信息产业发展的新时代——大众媒介传播时代。

3. 现代信息产业时代

从 19 世纪 40 年代人类历史上第一封电报的发出起，信息技术产业的发展迈入了以电信号为传输载体的现代信息产业的新阶段。该阶段，信息技术产业突飞猛进，开始在现代经济中扮演越来越重要的角色。一些革命性的信息技术创新不断出现，如电话的发明、大西洋电缆的成功铺设、世界第一个广播电台——KDKA 广播电台的开播。每一次信息技术的进步都会使信息技术产业的内涵有所改变，规模进一步扩大。图书出版业、印刷和造纸业、大众传媒业继续扩大，广播电视产业和通信产业成为信息技术产业中的代表性产业。

4. 以计算机和互联网为中心的时代

从 20 世纪中叶开始，信息技术产业进入以计算机和互联网为中心的时代。20 世纪 40 年代，世界上第一台计算机——ENIAC 诞生，开创了信息技术产业发展的新纪元。随着计算机技术与通信技术相互交融、互联网的逐渐普及，人类迈入全新的数字经济时代，进入数字化生存时代，信息技术产业被赋予全新的内涵。数字化对传统通信、广播电视产业进行改造，数字通信、移动通信迅猛发展，信息技术产业成为引领时代发展的引擎。在很多发达国家，信息技术产业已成为国民经济中的最大产业。

现今世界正发生着人类社会发展史上从未有过的最迅速、最广泛、最深刻的变化，各国之间激烈的综合国力竞争主要以作为高新技术代表的信息技术和信息化水平及信息产业发展水平为竞争着力点。人类社会的进步和经济的发展已经深受信息化的影响，世界各国对此都十分关注，尤其是发达国家和发展中国家对信息化的发展更是重视，加快推进信息化和信息产业发展已经成为其社会经济发展的国家战略任务。信息化是重要的生产力，信息化包括将信息的数字化、对数字化信息的存储以及信息的网络化传递与共享等。在数字经济体系下，信息化则更加注重数字化，数字技术的广泛应用使整个社会和经济系统数字化，整个经济社会和所有的经济活动信息都可以用"0"和"1"两个数字表示。

（三）信息技术产业的发展前景

20 世纪 90 年代末期，全球经济的年均增长率在 3% 左右，而信息技术产业及相关产业的增长速度是经济增长速度的 2 ~ 3 倍。在很多发达国家，信息技术产业已然成为国民经济的第一大产业。信息技术产业已成为国家竞争力的重要标志。科技的进步和信息技术的产业化促使了信息技术产业的形成，促进了信息技术产业的发展，而且一国的基础设施、市场发展水平、经济开放程度、技术水平和管理水平等的因素都会对信息技术产业的发展程度产生重大影响，使该国的国际竞争力大幅提升。随着数字经济时代的到来，信息技术产业在国民经济发展中的地位越来越重要，在国民经济结构中所占的比例也越来越大。信息技术产业的发展程度已经成为决定一个国家经济发展水平的重要因素和衡量一个国家综合国力和国际竞争力强弱的重要标志。

信息技术产业凭借高渗透性、强关联性，大范围地带动相关产业和基础产业的发展。信息技术产业对传统制造业也在产生着重要影响。价值传递与价值创造是整个经济活动中的两大环节，信息技术产业正在从价值传递到价值创造整个经济活动过程影响着传统制造业，并对传统制造业进行着深度改革。随着互联网的发展，尤其是物联网对互联网进行拓展之后，价值传递中的信息流、资金流和物流被电子商务打通，促使"三流合一"，使数字世界和物质世界充分融合，省去了诸多中间环节，减少了商业交易的摩擦，使整个商业链条更加顺畅。随着物联网技术的日趋成熟，物联网开始由价值传递环节全方位地渗透价值创造环节，包括技术的渗透、研发模式的改变等，比如特斯拉用信息技术和互联网理念打造汽车、用户参与和众包的研发模式。德国提出的"工业 4.0"，甚至希望将互联网技术应用于"工业 4.0"的各个环节，将生产工艺与管理流程进行全面融合，同时将现实社会与数字信息之间的联系可视化，因此制造业将成为信息技术产业的一部分。

（四）中国信息产业的发展现状及未来发展趋势

现代信息技术的迅猛发展促使产业结构优化。信息技术产业已经成为当今中国产业结构中的重点发展产业，且逐步成为各个产业的领导者。信息技术产业的增加值高速增长，推动了其他产业的良性发展和结构升级。如今，信息技术产业已经成为中国经济发展的主要着力点，尤其是计算机软件业。通过通信业和电子信息产业可以看出中国信息技术产业发展概况及趋势。

中国信息技术产业未来的发展趋势有以下几个方面：一是新常态下信息消费助推经济发展。中国信息技术产业基础的规模已经领先全球，各种新兴技术、新兴产品和新兴商业模式密集产生，信息消费的潜在需求越来越多地转化为现实需求，进一步提升了信息消费的战略地位，促进消费结构升级和信息技术产业的转型，同时推动中国经济向低碳化、数字化、智能化迈进。二是"互联网+"加速产业融合。中国的互联网产业处于世界领先地位，拥有阿里巴巴、腾讯、百度、京东等全球互联网企业中排在前面的企业。互联网这一事物渗入世界的各个神经末梢，将世界紧密联系在一起，也使各项产业深度融合，并催生出新的发展空间。比如"互联网+传统产业"催生出了互联网工业、C2B，而其关键基础则在于制造业发展路径的创新和智能制造的构筑；"互联网+金融商贸"催生出了互联网金融、移动支付和O2O，提升了虚拟空间与现实空间的融合度；"互联网+生活服务"催生出了在线教育和网络社交，改变了百姓的生活方式，也使人民的生活质量得以提高。三是云计算、物联网和大数据将由概念炒作走向务实发展，这也将有利于智能制造产业的转型升级、自主信息技术产品的创新和人工智能应用的普及以及产业拓展。

这些发展趋势一方面展现出信息技术产业自身在未来的广阔发展前景，另一方面信息技术革命也带动了社会进步，增强了数字经济体系下信息技术对经济社会的促进作用。

第二节　数字经济的技术前瞻

数字技术是运用信息数字化的技术手段将客观世界中的事物转换成计算机可辨析的语言和信息，从而实现后续一系列的信息加工处理等应用操作的技术。数字经济世界的本质就是数据，而包括物联网、云计算、大数据、人工智能等在内的前沿技术就是为数据做采集、处理、加工、再造服务业等工作而产生的新技术，它们是实现数字经济的手段或工具。在数字经济发展的大趋势中，我们的很多技术理念、管理理念甚至商业模式都要随技术手段的提升而发生巨大的变化，均不可避免地要融入数字经济发展的时代洪流中。

一、云计算

（一）云计算的发展历程及现状

现代信息技术的进步与经济社会的发展对高质量信息需求的相互作用催生出云计算。一方面，互联网技术的进步增加了大众对个性化信息的需求。个性化信息需求产生信息服务，两者相互促进。互联网技术的进步，扩大了互联网的应用领域和用户规模，影响力不断增强。大众信息需求涉及学习、生活、工作和娱乐等方面，从最初的电子邮件服务到现在的搜索引擎、网上购物、网络新闻、数字图书馆、网络游戏等，互联网已经成为社会系统中必不可少的一部分，已经成为重要的基础设施。另一方面，用户对个性化信息需求的增加，促进了更先进的计算的产生。现代社会发展的速度在不断加快，人类对信息的需求激增，需要更多的信息，也需要更先进的加工信息的技术手段来提高信息的质量。

传统的计算方式已不能处理如此大规模的数据，分布式处理模式的云计算应运而生。云计算的发展历程分为五个阶段：第一，前期积累阶段。云计算从计算提出开始，所有前期积累阶段包括图灵计算的提出，虚拟化、网格、分布式并行等技术的成熟，云计算概念的形成、云计算技术和概念的积累等。第二，云计算出现阶段。云计算的出现以Salesforce 成立并推出软件即服务（SaaS）、又成立的 LoudCloud 推出基础架构即服务（IaaS）以及 Amazon 推出 AWS 服务为标志，自此 SaaS 和 IaaS 云服务都出现并被市场接受。第三，云计算形成阶段。云计算的形成阶段是以 Salesforce 发布的 Force.com 也就是平台即服务（PaaS）以及 Google 推出 Google App Engine 等为标志，自此基础架构即服务（IaaS）、平台即服务（PaaS）和软件即服务（SaaS）三种云服务模式全部出现。此时，IT 企业、电信运营商、互联网企业等纷纷推出云服务，云服务形成。第四，云计算快速发展阶段。当前，云计算进入快速发展阶段，云服务功能日趋完善、种类日趋多样，传统企业开始通过自身能力的扩展、收购等模式，纷纷投入云服务中，云服务高速成长。第五，云计算成熟阶段。此后，通过深度竞争，竞争市场逐渐形成主流品牌产品和标准，并且形成了产品功能比较健全的市场格局，云服务进入成熟阶段。

当前，云计算的技术日趋成熟，处于快速发展阶段，云计算的运用也越来越广泛。尤其是云计算为大数据的计算提供了可能，与此同时，大数据的应用也在很大程度上拓展了云计算的应用范围。

（二）云计算的概念

云计算又称云服务，是一种新型的计算和应用服务提供模式，是在通信网、互联网相关服务基础上的拓展，是并行计算、分布式计算和网格计算的发展。云计算是一种新型的计算模式，这种模式能提供可用的、便捷的、根据需要并且按照使用流量付费的网络访问，进入云计算资源共享池，包括网络、服务器、存储、应用软件、服务等资源。只需投入很少的管理工作，或者与服务供应商进行很少的交互，这些资源就能够被快速、及时地提供。一般地，云计算分为三个层次的服务：基础架构即服务（IaaS）、平台即服务（PaaS）和软件即服务（SaaS）。

基础架构即服务（IaaS）是通过互联网提供数据中心、基础架构硬件以及软件资源，还可以提供服务器、数据库、磁盘存储、操作系统和信息资源的云服务模式。平台即服务（PaaS）只提供基础平台，软件开发者可以在这个基础平台上开发自身需要的应用，或者在现有应用的基础上进行拓展，同时不必购买相关的硬件设备，也不必购买或开发基础性的应用或者应用环境。软件即服务（SaaS）是一种应用软件分布模式。在这种模式下，应用软件安装在厂商或者服务供应商那里，用户可以通过某个网络来使用这些软件，不必下载安装，只需通过互联网与应用软件连接即可使用。它也是目前技术更为成熟，应用上也更为广泛的一种云计算模式。人们所获取的云资源大多是基于软件即服务。云计算改变了传统的 IT 商业模式，使消费模式由"购买软硬件产品"逐渐转变为"购买云服务"。

（三）云计算的特点

云计算的基本理念是将诸多复杂的计算程序、设备等资源放进"云"里，通过提高"云"的计算能力，降低应用客户端的负担，使应用客户端简化成一个单纯的输入、输出设备。云计算主要具备以下特点。

虚拟的集中式与现实的分布式处理，动态地对资源进行分离与分配。云计算支持大量用户在任意位置通过客户终端和高速的互联网将分布于各处的云资源虚拟地集中在一起，从而使客户快速地获得从原资源里分离出的服务。"云"将用户所请求的资源从原资源中分离出来，然而分配给用户，无须回收资源，提高了资源的利用率。

降低客户终端设备要求，且通用易扩展。云计算对客户终端设备的要求极低，用户不需要购买高配置的终端设备，也不需要购买或者开发高端的先进应用程序，只需要配备适合获取云资源的基础应用环境即可。比如，用户只需要一部手机，并在浏览器中输入 URL 就可以轻松地获取自己需要的云资源。同时，云计算不针对特定的应用，只需要一般的相关设备即可获得云资源，形成的"云"规模可以动态伸缩，满足应用和用户规模增长的需要。

自动化集中式管理降低了成本和技术门槛。云计算采用特殊的措施和极其廉价的节点构成云资源共享池，通过自动化集中式管理，向用户提供优质的云资源和应用开发环境，从而使很多企业不用再承担高昂的数据、资源等管理成本和研发成本，进而降低了技术开发的门槛，提高了资源的利用率。

按需提供服务，数据安全可靠。通过"云"计算，用户可根据自身需求，向"云"请求所需要的资源，然后获得"云"分配的资源。同时，在云计算的应用模式下，人们可以将自己的资料、应用等上传至云资源池中，用户只需要连接互联网即可访问和使用数据。此外，多副本容错、计算节点同构可互换等措施保障了数据的安全性，从而使数据共享和应用共享变得更加便捷、安全、轻松。对于"云"数据和相关的基础设施，一般会有专业的 IT 人员进行维护，及时地对病毒和各类网络攻击进行防护，用户对客户终端进行日常的管理和维护即可。

（四）云计算的经济价值与社会价值

云计算是创新型的计算、处理和服务模式，为许多行业的营运管理、决策管理和信息数据的计算处理提供了全新的解决方案，突破了使用者的技术障碍，以简单、方便、低成本、随需随取随扩展的方式获取更为优质的计算资源，从而使原本需要使用者自己处理的复杂计算变得简单起来，使用户可以减少对中间计算过程的关注而专注于最终结果，使很多没有技术资源的用户通过云资源共享池获取所需的计算资源。云计算使人类的社会生产分工更加系统化、专业化，优化了资源的配置方式，提高了资源的利用效率。因此，云计算具有高度的经济与社会价值，具体体现在以下几个方面。

第一，整合信息资源与服务，提供专业化的计算服务，优化资源配置，提高资源利用率。云计算整合信息服务与计算服务，同时集中了各类相关资源服务，创建了一个基于互联网的集中式的、开放性的信息与计算服务平台。基于一个平台，云计算可以满足数十亿用户的计算需求，极大地提高整个社会的信息化率。同时，"云"资源根据用户的需求提供相应的云服务，避免了资源的浪费，提高了整个社会的资源配置效率和资源利用率。例如，在云计算模式下，中小企业想要对企业进行信息化改造、信息化管理，不需购买或开发像 ERP 一样的信息管理系统，甚至普通的财务软件都不必购买或开发，企业只需要购买相关的云服务，如云 ERP、云财务等。尤其部分中小企业，它们的技术水平低、经济实力弱、发展速度缓慢，可通过云服务获得技术支持，跨过技术"瓶颈"，促使企业升级。

第二，集中优势，发展规模经济、范围经济、速度经济，降低社会生产成本和投资风险。从供给角度分析，云计算呈现边际收益递增，包括规模报酬递增与范围报酬递增。云计算初始固定成本投入较高，可变成本投入逐渐降低，导致边际成本递减，平均成本降低，甚至在超过一定范围后，边际成本几乎为零，边际收益递增，可以使企业享受规模经济带来的好处。在云计算中，无论是基础设施、平台还是软件，都需要较高的初始固定投入。但是一旦建成，就可以反复使用进而降低成本投入，甚至形成一定规模后，不需要成本投入。从需求角度分析，云计算使原有的自建或购买产品模式转变为租赁服务模式，由于集中优势和规模经济，云服务提供商可以以较低的成本提供服务，根据摩尔定律，摊薄了固定资产投资的同时获得了更加快捷和低价格的服务。这种租赁服务的模式使整个 IT 建设和营运成本降低了 50%，也降低了用户将大量资金投资于 IT 资源基础设施建设而导致资金链条断裂的风险。

第三，降低 IT 技术壁垒，扩展用户规模。现代经济的高速发展，对 IT 的要求越来越高，所要求的 IT 应用也越来越复杂，大多企业面临信息技术壁垒的挑战，尤其是中小型企业。在传统模式下，企业需投入大量的人力、物力、财力和时间去研发符合自身需求的信息化系统，但是很多时候效果并不是很理想，投入无产出，甚至造成公司内部管理的混乱。而通过云服务获取计算资源，企业可以更加专注于核心业务，中小型企业也可以摆脱技术约束，实现技术升级、规模升级。

第四，整合数据资源，挖掘大数据的潜在价值，消除体制障碍。云计算提供了统一的计算和服务平台，使数据资源集中，形成海量的动态数据集合。单台电脑或单一服务器在面对规模庞大、无统一结构、零散的数据集合时，处理能力较低，而云计算的分布式处理平台为大数据的处理、分析提供了可能，增加了大数据的潜在价值。在某些具体的领域，云计算还能消除体制的弊端。例如，电子政务云与公共服务云就打破了部门分割和部门利益，实现了信息共享与业务协同，促进了服务型政府的建设。对于医疗、教育、社保、文化等公共事业单位，在信息化发展到一定程度时将必然遇到信息共享与协同困难的问题。部门内部或小团体为维护自身利益，总会想方设法地阻碍信息共享，因此便形成了"信息孤岛"。电子政务与公共服务引入云计算，将各部门的信息资源整合集中在统一的平台上，既消除了"信息孤岛"、解决了信息冗余带来的存储资源浪费和数据的不一致问题，又使信息资源更大范围地得到利用，充分发挥其效用。企业采用私有云应用，也能很好地解决企业内部各部门之间信息共享的问题，使业务更加趋于协同效率。

第五，增强 IT 资源的综合集成，以此来促进智能管理与服务的实现。集中的 IT 资源，不仅提供了集中计算、统一管理、整合运行的技术支撑，还增强了统筹规划和顶层设计的能力。云计算创新了城市管理与服务，使城市各部分有机地结合在一起，便于实现智能管理。例如，云交通通过云服务平台整合现有资源，统一指挥、高效调度平台里的资源，显著提升了处理交通堵塞、突发事件等问题的能力。

（五）我国云计算发展现状

近年来，我国云计算发展迅速。云计算在我国从概念性阶段逐步进入实质性发展阶段。云计算在我国的发展大致可以分为三个阶段。

第一阶段：云计算萌芽阶段。从市场的角度看，主要是云计算市场的培育阶段。该阶段的特点是云计算的概念模糊，人们对云计算认知度普遍很低以及云计算技术还不成熟。关键在于云计算开发商各自为政，没有形成统一的技术标准。

第二阶段：云计算成长阶段。云计算市场也进入成长阶段。该阶段的特点是云计算应用案例迅速增加，而且云计算也得到了我国 IT 市场比较深入的了解和认可，云计算发展进入实质性阶段，商业应用的概念逐步形成。在此期间，云计算技术得到迅速发展，云计算市场规模也得到迅速扩大。

第三阶段：云计算成熟阶段。云计算市场也进入成熟阶段。该阶段的特点是云计算提供商的竞争格局初步形成，云计算技术更加成熟，对于问题的解决方案更加成熟。此时，云计算市场规模进入稳定发展阶段，SaaS 成为主流应用模式。

二、物联网

（一）物联网的发展历程及现状

物联网还处于概念起步阶段，虽然物联网在很多方面得到应用并且取得了很好的效果，但是还远没有达到人类提出物联网的初衷，或者说还远没有达到人类想要通过物联网促成人类社会的革新的目的。尽管如此，物联网技术的发展仍然受到世界各国的高度重视。

从国内看，我国物联网的研究、开发和应用工作进入了高潮。至今，物联网的应用越来越广泛，与其他技术、其他行业的深度融合在不断加剧。

（二）物联网的概念

物联网就是物品与物品相连，实质是提高物与人联系的能动性和人对物的感知性，具体而言是所有的物品通过射频识别（RFID）、红外感应器、全球定位系统、激光扫描器、气体感应器等智能感知辨析技术与互联网、传统电信网等信息载体连成一个覆盖范围更广的"互联网"，从而实现了物品与互联网和通信网的有机结合，实现了人类社会与物质系统的有机整合，人类可以及时了解自身所需物品的多维信息，如哪里有库存、数量、质量、在途中哪里等。

物联网结构上总体可归纳为三层：感知层、网络层及应用层。物质系统通过感知层、网络层、应用层与人发生联系。物联网通过传感器、RFID等将物质系统纳入网络，而传感器、RFID等则借助自身植入的具有一定感知、计算以及执行能力的嵌入式芯片和软件，使物智能化，通过互联网等通信网络实现信息传输和共享，进而使物与物、人与人和人与物实现全面通信。这包括人与人之间的通信，但如果只考虑人的问题，通信发展是会受到制约的。物与物之间需要通信，而且物与物的通信将会创造价值，从而也为通信的发展提供动力和机会，这就是物联网的价值所在。

（三）物联网的特点

物联网是互联网的拓展，将联系人与人的互联网拓展到了物质世界，它包含传统互联网的所有特征，与过去的互联网相比它也有自己的特点：一是物联网具有全面的感知性。物联网应用多种感知技术，通过部署大量的各种传感器获得信息，每一个传感器就是获取信息的中介，每一个传感器所接收的信息也不同。二是物联网能进行准确、可靠的传输。互联网仍然是物联网的内在基础和核心，物联网借助各种广泛的有线和无线网络实现与互联网的融合，使物的信息能够实时、准确地传递出去，实现物的智能化，进而使传统互联网的覆盖范围得到更加广泛的扩展。物联网可以将终端上的数字化、微型化、智能化的传感器定时采集的信息依靠互联网等通信网络传递出去。因其数据量巨大构成了海量信息集合，为确保信息传输的及时性和可靠性，物联网需要适应不同的异构网络和传输协议，以实现高速且可靠的传输。三是物联网能够实现智能化处理。物联网提供连接传感器的方式和智能化处理的能力，以实现对物智能化控制。传感技术和智能化处理的广泛结合，使物联网可以更加深入、广泛地利用云计算、专家系统、遗传算法和模式辨析等各种智能技术，拓展其应用领域。同时，为满足不同用户的多样化需求以及发现更符合需要的应用模式或应用领域，物联网可以从传感器获取的海量数据信息中分析、提取和加工出所需求的数据信息。

物联网的本质特征归纳起来主要有三个方面：首先，具有互联网特征，即对需要相互联系的物一定要能够形成互联互通的网络。其次，具有自动辨析与通信特征，即纳入物联网的"物"一定要具备自动辨析与物物通信的功能。最后，具有智能化特征，即整个物联网系统应具有自动化辨析、自我反馈与智能控制的特征。

对物联网整个系统进行分析，物联网还具有以下系统性特点：一是即时性、连续性特点。人们借助物联网随时随地、不间断地获得物联网世界中物与人的信息，包括属性以及现实状态等信息。二是加强了物质世界的联系，加强了人与物质世界的联系。物联网使物质世界更加普遍地连接以及更加广泛地联系，因物联网的不断拓展，这种连接和联系还在不断加深、加强，这种连接与联系的加深、加强很大程度上也提升了人类的能动性和物的智能化能力，促使人类世界与物质世界更深度的融合。三是物联网更具系统性。物联网的技术与其他技术的不断融合、与其他行业的不断融合，扩大了物联网覆盖的范围，体现出物联网的系统性特征。物联网为人类社会与物质世界提供了联系的纽带，确保整个世界的发展更具系统性。

（四）物联网的经济价值与社会价值

劳动是价值创造的唯一源泉，复杂的智力劳动创造的价值要比简单的体力劳动多得多。物联网通过一系列的协议、技术措施，实现了物与物的沟通、人与物的沟通，从而实现了物的智能化，使物能够自行"动"起来。在劳动方式上、在生产资料与劳动者结合的方式上，简化了劳动者的具体劳动步骤，改进了物质资料的生产方式，完善了资源的配置方式，提高了资源的利用效率，创造了更多的价值，这就是物联网创造价值的本质。作为智力劳动创新所带来的技术创新的成果，物联网所创造的价值是不可估量的。

物联网一经提出即被"嗅觉敏锐"的企业嗅到其价值，而且对于物联网价值创造的研究也是从商业模式、商业价值等角度展开的。从商业模式的角度，物联网的价值创造是信息采集、传输促使管理和交易模式创新的结果，是新技术革命推动生产方式的改变引发生产效率提升的过程，实现了高效、节能的目标。从商业价值角度看，物联网通过改变物质世界的信息沟通方式、物质世界与人的世界的信息沟通方式，使信息更加多维、全面地积累价值。物联网在经济生活中的应用主要体现在以下几个方面。

第一，物联网对电子商务的推动作用。商家在自己的产品上植入数据信息传感的电子芯片，使消费者在购物网站选择商品的时候就比较方便。物品从生产厂家制造和包装到运输的整个过程的具体配送情况都可以通过物联网查询到。因为这些信息与地理信息系统和全球定位系统是实时连接的，所以这样的信息集合在一起能够构成一个庞大的物流信息网络。通过扫描在物品上植入的射频识别标签，管理人员可以获得该物品的相关信息，即可进行生产、包装的管理，质量的检查以及物流信息的检索等。

第二，物联网在交通方面的应用。汽车上植入物联网电子设备之后，就可以实现对汽车的远程控制，比如汽车的自动解锁、导航的启动、车门的开关、意外情况的自动呼叫等，这样的功能使汽车可以被更好地远程监控。在高速公路收费站采用 ETC 通道收费，与其他现金通道相比，一条 ETC 车道约相当于 8 条人工收费车道的通行能力，有效减少了车辆停车收费所导致的空气污染、燃油浪费等问题。ETC 车道的广泛应用可以大大缩短司机通过收费站的等待时间，缓解了车流量过大排队停车导致的高速公路堵塞的问题，极大地便利了人们的出行，也降低了长时间行车的成本，ETC成为交通畅通的重要保障。随着物联网的发展，许多地区逐渐出现了跨多个城市都能使用的一卡通，为人们的长距离出行提供了便利，如为人们出行搭乘地铁、公共汽车等交通工具提供了极大的便利，也从侧面鼓励人们多搭乘公共交通工具，减少环境污染。

第三，物联网在数字图书馆、数字档案馆以及文物保护和数字博物馆等方面的应用。在数字图书馆的管理方面，相对于条码辨析数据或者档案来说，使用无线传输的RFID能够使各种文献或者文档的管理更加高效、可靠。应用RFID设备进行管理的时候，RFID标签和阅读器将替代条码辨析，自动地定位导航相关文献、档案和书架，智能地对不同的文献、档案进行分拣，可以让图书的借还呈现全自动化操作，通过物联网可以查询具体图书和其位置，借书、还书都实现自动化。物联网在文物保护方面更具重要意义，文物的保存对于其环境因素要求很高，其所在环境的光照强度、空气湿度、粉尘比例和气体等都会影响文物的储藏，而物联网可以对这些环境进行长期监控，为文物营造最好的保存环境。

第四，物联网在卫生、医疗领域方面的应用。以RFID为代表的自动辨析技术使医疗设备和药品等物品能够得到从生产到使用过程的全程监控，提高医疗设备和药品等物品的质量，还可对病人在不同时期的会诊情况进行监控，不仅可以提高医院工作人员的工作效率，也使病人能够得到便捷的就诊。

面对物联网技术的不断成熟，物联网的应用范围将越来越广泛。物联网作为新一代信息技术的代表，因其具有普遍链接、联系、整体性、系统性等特点，其对社会发展的影响是全面而深远的。物联网将没有生气的"物"与个人、企业、市场、政府等有机地整合在一起，将各个国家、地区、民族有机地整合在一起，使全球经济、社会发展趋同，形成了一个全球共享经济体，形成了一个真正的"地球村"。

物联网将"物"与"人"（包括个人、企业、政府等）有机整合，使"人"能够感知到"物"更全、更多维的信息，甚至通过"物"感知和获得更全、更多维的其他"人"的信息；同时也增强了信息的流动性，在很大程度上，对于传统市场的信息不完全、信息不完备的情况起到了很好的完善、补充作用。市场主体可以通过多方位、多渠道获得其他市场主体的相关信息，从而很大程度上避免了由信息不对称造成的逆向选择、道德风险等现象。如保险市场、保险公司对于投保客户的情况调查便可通过物联网获得信息，通过大数据技术分析信息，对客户进行准确定位。与此同时，物联网推动了全球一体化的进程，使企业可整合资源趋于全球化，使关联企业、关联产业的联系更加紧密。

社会生产的总过程是由生产、分配、交换、消费四个环节组成的，它们相互联系、相互制约。在实际的生产全过程中，生产关系、分配关系、交换关系、消费关系可能存在严重的失衡，从而造成一系列的经济矛盾、社会矛盾，而物联网可以促使这四个环节的关系更加协同，使这四个环节的关系在动态中达到平衡，促成和谐。

（五）我国物联网发展现状

我国物联网的发展阶段历经学习研究阶段、政府推动阶段以及应用推广阶段。随着我国物联网政策的日益完善，物联网逐步产业化。政府对物联网的发展在政策及资金方面都提供了大力支持，物联网技术迅速进步，物联网产业规模也逐渐扩大，尤其是应用领域不断扩大使相关产业的资源整合不断优化。随着物联网技术的进步、应用领域的不断扩大以及与相关产业融合的不断深入，我国物联网的发展除了具备世界物联网发展的共同特点外，还具备以下特点。

一是多层次的政策驱动是现阶段我国物联网发展的主要动力，同时政府积极参与，推动物联网不断发展。随着世界物联网的不断发展以及物联网给世界带来的变化不断凸显，我国政府越来越意识到发展物联网的紧迫性。同时，我国物联网发展取得的阶段性进展，推进了我国政府发展物联网的信息化。我国政府对物联网的支持力度持续加强，物联网的发展逐步成为推进我国信息化工作的重点。尤其是工业化与信息化的深入融合，推动了经济结构的转型，促进了经济的发展，于是各地政府纷纷响应政策的号召，高度重视物联网的发展。

二是我国物联网各层面技术成熟度不同，传感器技术是攻关重点。总体来看，物联网的技术门槛似乎不高，但核心环节、关键技术的成熟度参差不齐，导致物联网产业的标准制定和应用发展迟缓。

三是物联网产业链逐步形成，物联网应用领域逐渐明朗。经过业界的共同努力，国内物联网产业链和产业体系逐渐形成，产业规模快速扩大。安防、交通和医疗三大领域，有望在物联网发展中率先受益，成为物联网产业中市场容量大、增长显著的领域。

三、大数据

（一）大数据的发展历程及现状

随着互联网等技术的成熟以及云计算、物联网技术的迅速发展，大数据作为一种创新型的数据处理方式、处理技术由此诞生。

总体上，大数据的发展状况是，作为创新型的数据处理技术，大数据与云计算、物联网的融合程度正在不断加深。作为创新型的信息分析工具，大数据与物理学、生物学、环境生态学等领域以及军事、金融、通信等各类行业产业的融合程度也在不断加深。大数据分析的强大作用，使大数据从商业领域跨到了公共服务、外交等各个领域。大数据已成为一个国家竞争力强弱的核心要素以及引领人类社会未来的指南针。

大数据发展规模的不断扩大，正是由大数据技术与越来越多的产业不断融合以及相关技术的进步从而推动大数据技术的不断创新引起的。

（二）大数据的概念

随着计算机、互联网全面地融入社会生活以及信息技术的高速发展，人类已经进入信息爆炸的时代。当信息量累积到一定程度的时候，就产生了"大数据"这个概念。数据作为重要的生产要素已渗透当今的每一个行业，对海量数据的挖掘效率和运用效率将直接影响新一轮生产力的增长。大数据是指数据量的大小超出常规的数据库工具的获取、存储、管理和分析能力的数据集合。一般认为，大数据即指海量的、结构复杂的、类型众多的数据构成的集合，其本质为所反映的信息是多维的，能够对现实做比较精确的描述，能够对未来情况做比较精准的预测。

（三）大数据的特点

大数据的特点并非固定不变的，随着现代信息技术、数字技术的高速发展，大数据的特点也是发展变化的，或者可以这么说，大数据本身具有的特点，随着技术的发展会凸显出来。大数据发展至今，人们对大数据的认识也在不断加深，一般认为大数据的主要特点为：①数据量大。传统数据的处理大多是基于样本统计推断，所能搜集到的样本量也是极小的，所以搜集、存储、处理的数据都是非常少的。而进入大数据时代，各种各样的现代信息技术设备和网络正在飞速产生和承载大量数据，使数据的增加呈现大规模的数据集合形态。②数据类型多样。传统的数据大多是结构化的数据，如调查表等自制的统计表，也有部分的半结构化数据，如针对所需要的目标统计资料而搜集的需要加工改造的其他统计资料。总的来说，数据类型较为单一。而进入大数据时代，数据的结构极为复杂，数据的类型也极其繁多。不仅包括传统的结构化文本数据，而且包括半结构化和非结构化的语音、视频等数据，还包括静态数据与动态数据。③数据搜集速度快。大数据内在要求使其对数据的搜集、存储、处理速度必须非常快。大数据是以数据流的形式存在的，快速产生，具有很强的时效性。如何更快、更高效、更及时地从海量数据中搜集所需要的数据并及时处理，是从大数据中获取价值的关键之一。④数据价值。虽然大数据具有海量的资料，但是对于具体数据的需求主体，其真正有价值的部分还是有限的，即大数据的价值密度是极小的，但是较基于样本统计推断的传统数据而言，大数据中有价值的部分也是接近总体的，所以大数据必然是极具商业价值的。⑤数据真实，即数据的质量真实、可靠。传统数据下，官员为政绩、学界为交差、商界为名利，注水性数据导致硬数据软化特别严重，传统数据的质量是深受怀疑的。大数据情况下，虽然为了既定目标经过处理后的大数据可能会掺水造假，但是原始的数据资料是造不了假的。当对处理后的数据产生怀疑时，大可以对原始大数据进行复核，大数据具有真实性的特点。⑥数据是在线的。数据是永远在线的，其是随时能调用和计算的，这是大数据区别于传统数据的最大特点。数据的在线性也为数据的共享提供了可能，数据又具有共享性。⑦数据的可变性。海量的数据并不都是所需要的，所以要将数据处理改造成自身所需要的。不同的个人、企业等主体对数据的需求是不同的，但是可以从相同的数据池中取得数据源处理成自身所需要的数据，所以大数据具有可变性。

⑧数据的高渗透性。越来越多的行业对信息的数量、质量需求越来越高。随着大数据与各个行业、产业的结合，与社会、经济、生活的融合，大数据将具有更多与具体的技术、行业、产业融合而产生的新特点。

对大数据的特点进行全面认识和分析后，发现大数据的主要特点是海量的数据，而海量数据的本质是包含多维的信息、全面的信息。相较于传统的大数据特点，从海量的数据中获得所需要的信息更为重要。一般来说，大数据处理的基本流程包括数据源、数据采集、数据处理与集成、数据分析、数据解释五个步骤。

（四）大数据的经济价值和社会价值

近年来，在以云计算、Hadoop 为代表的数据分析技术、分布式存储技术的帮助下，对积累的数据进行全面的分析成为可能，各行各业纷纷以构建大数据的解决方案作为未来战略的主要方向。大数据的价值点就在于海量的数据、全面的信息，更准确地模拟现实世界，从而精准地预测未来。大数据的经济价值和社会价值主要体现在大数据对企业、政府、产业三个方面的促进上。

第一，大数据促进企业创新，优化企业资源配置。首先，大数据促进企业更深入地了解客户的需求。传统的了解客户的途径主要是通过调查问卷、电话访谈、街头随机问话等方式，这些传统的方式所获得的数据量是极少的，受调查区域的制约，所调查的数据也缺乏代表性。但是应用大数据，通过互联网技术可以追踪到大量的对本企业感兴趣的客户，运用相关性分析客户的偏好，对客户进行精准分类，从而生产或提供客户满意的商品或服务。其次，大数据促进企业更准确地锁定资源。应用大数据技术，企业可以精准地锁定自身发展所需要的资源。企业可以对搜集的海量数据进行分析，了解到这些资源的储备数量和分布情况，使这些资源的分布如同在电子地图上一样，可以具体地展现出来。与此同时，大数据促进企业更好地规划生产。传统方式下的企业生产具有很大的盲目性，企业依据市场价格的涨落并结合自身的经验，推测市场是供不应求还是供过于求，以此确定企业生产什么、生产多少，但是通过应用大数据来规划生产框架和流程，不仅能帮助企业发掘传统数据中难以得知的价值组合方式，而且能够对组合生产的细节问题提供相关的一对一的解决方案，为企业生产提供有力保障。此外，大数据能够促使企业更好地运营。传统企业的营销大多依靠自身资源、公共关系和以往的案例来进行分析和判断，得到的数据不仅模糊、不可靠，而且由于市场是动态变化的，得到的数据可能有很大偏差。对应用大数据的相关性进行分析，企业的营运方向将更加的直观且更容易辨析，在品牌推广、地区选择、整体规划方面更能从容应对。最后，大数据能够促进企业更好地开展服务。对于提供服务或需要提供售后服务的企业，服务不能满足客户而造成客户流失是一个不得不面对的困难。可面对规模庞大、地域分布散乱和风俗习惯各异的客户，企业在如何改进服务、怎么完善服务方面总是显得力不从心，甚至有时候精心设计提升的服务却不是客户所需要的。但是大数据可以针对顾客群体细分，然后对每个群体量体裁衣般采取独特的行动，同时根据客户的属性，从不同角度深层次分析客户、了解客户，以此增加新的客户、提高客户的忠诚度、降低客户流失率、提高客户消费等。

第二，优化社会公共服务，提升政府决策能力，以此来促进政府管理创新。大数据能够提高社会管理与服务水平，推动政府相关工作的开展，提高相关部门的决策水平、服务效率和社会管理水平，实现巨大的社会价值。大数据也有利于政务信息的公开。数据开放是趋势，大数据的应用可以助推云计算打破"信息孤岛"，实现信息共享，促进政府部门之间信息的衔接。应用大数据技术可以检验政务部门在云计算平台上共享数据的真伪，从而在一定程度上监督政务部门公开真实信息，形成用数据说话、用数据管理、用数据创新的政务管理模式。

第三，助推传统产业升级，优化市场结构。大数据具有科学、专业、精准的分析和预测功能，有利于推动经济结构的转型、产业的升级。大数据能够促使经济增长方式由高投入、高消耗、高污染、低效益的粗放型经济增长方式转变为"集约型"、"精益型"的经济增长方式。利用大数据分析，每一个企业规划生产都能做到科学生产、精益生产、低碳生产。同时，在分析需求时，又能准确地分析出各个阶层、性别、年龄段等不同类别的消费者需要什么、需要多少，甚至什么时候需要，即C2B的商业模式，这样的模式降低了行业内部盲目竞争的程度，提升了商品生产的能力。大数据还能增加市场的透明度，使市场主体能得到更多的信息，使市场主体的经济行为更趋于理性。同时，信息透明度提升，市场主体之间信息共享度提升，尤其是诚信信息，这将增强市场主体诚信经营的意识，促进市场信用机制的完善。大数据能够解决市场的滞后性。大数据的精准预测能力增强了市场主体对市场变化的了解。针对市场的变化，市场主体可以提前做好采取相应的某种对策的准备，且由于大数据所搜集的信息的多维性、全面性，市场主体可以考虑市场多方面的变化，预先制定应对不同变化的策略，减少其市场行为的滞后性和盲目性。

一方面，大数据推动了政府对市场的了解，以便政府更好地处理与市场的关系，更好地发挥政府的作用。另一方面，大数据使市场这只"看不见的手"越发的透明化，使市场存在的诸如外部性等问题能及时暴露出来，政府这只"看得见的手"便能通过制定相应的规则规范市场或者及时出手干预，以保证市场的良好运行。

（五）我国大数据发展现状

大数据作为一门新兴产业，在我国的发展还处于市场初级阶段。从结构上看，我国大数据市场与其他市场存在一定的区别，在我国大数据市场中，软件比重较大，而服务比重较小。我国大数据发展的问题大体有以下三个方面。

一是大数据商业应用程度还比较低，大数据产业发展结构不均衡。大数据产业处于割地而立的阶段，各企业只占领大数据中一块小的细分领域，很难变大变强。部分领域又存在激烈竞争，如舆情监控。总而言之，我国大数据产业还处在极度分散的状态，优秀的人才分布在不同企业，很难形成人才合力。各家企业规模小，很难做深做大，很难利用大数据帮助企业实现业务提升。大多数企业的工具和数据很难满足企业整体的数据要求，我国的数据挖掘和产品分析也很难和国外的产品进行竞争。

二是我国大数据相关的政策法规存在滞后性。政策法规的滞后性是我国大数据应用面临的最大"瓶颈"，如隐私问题、数据开发和数据的共享与保护。大数据要形成海量的数据库，必然会涉及数据的共享，在共享中又要注意保护数据的隐私以及数据提供企业的相关权利。

三是在我国大数据企业里，大部分企业还是应用的结构化数据，非结构化数据应用较少，这就使我国很难形成真正意义上的"大数据"。从云计算的方式来看，大部分企业选择自建大数据平台，很少有企业通过云计算实现，这也约束了我国大数据产业的发展。

四、人工智能

（一）人工智能的发展历程及现状

人类社会的生产创新大致分为三个阶段。第一阶段是引入机器提升农业产量。农业一直是人类经济增长的支柱，而引进的机器标志着思想和机器之间的关系的根本转变——技术可以用来减少工作量。第二阶段是工业革命，开始制造单一动作能力更强大的机器以发展工业，此后不断推动和拓展工业生产走向自动化道路。在第一和第二阶段中，人类使用机器来替代人类从事的一些较为困难和烦琐的工作，机械器具忠实地执行着人类的判断和意志，这也是上述两个阶段与第三阶段的本质差别。

同时，在过去的很长一段时期，人类认为工业革命是生产力飞速增长的唯一方式。然而，我相信我们现在正处于这一进化过程的第三阶段，人类正在帮助机器获得思维能力，获得更高的精度和更快的速度，以超越人类在智力和控制方面的极限，第二次获得生产效率的长足突破。这一突破将开启人类发展史上一个全新的维度，也因此会产生另一个加速经济增长的重大爆发。

多数人仍然低估了第三阶段（人工智能阶段）的经济潜能。实际上，除经济发展的固有周期性因素外，还因为我们正处于人工智能创新阶段的初期，我们正在经历全球经济体系的"自疗"过程。从微观角度来看，由于电子商务模式的挤压，制造企业的利润一再下滑，第三阶段的实质是制造业创新的积极性受到打击，人类社会中实物产品的品质并没有得到本质提高。从宏观视角来看，全球性金融危机和经济衰退并没有好转，包括中国在内的部分地区的经济再次出现下行走向。上述宏观、微观的现象恰恰是全球产业调整、生产工艺革新、生产组织方式革新的必然周期规律。历次技术革命都会给传统产业以及以此为生的人群带来巨大冲击，同时也会改造和提升传统行业，如果不积极主动转型，就会在后一个时期"落后挨打"。因此，地方行政管理者与企业家不能被市场的悲观情绪所左右，而应积极寻找新型工业经济的机会。

人工智能的主要研究路径包括：一是符号计算，或称代数运算。这是一种以符号为处理对象的智能化计算，符号可以代表整数、有理数、实数和复数，也可以代表多项式、函数、集合等。二是模式辨析。模式辨析就是借助计算机应用数学方法来研究模式的自动处理和判读。计算机技术的发展为人类研究复杂信息的处理过程奠定了技术基础，也为计算机实现对文字、声音、物体、人等的自动辨析提供了技术可能。三是专家系统。专家系统就是通过搜集各领域专家的知识和经验以及进行推理和判断的数据，融合计算机技术和人工智能技术开发出来的模拟人类专家解决专业领域问题的计算机程序系统。借助该系统可以模拟出人类专家的决策过程，以实现复杂问题都能得到专家处理的理想境况。四是人工神经网络和机器情感，即以现代神经科学的研究成果为基础，模拟神经元的处理方式，构造出来的由大量人工神经元互联组成的非线性、自我学习的信息处理系统。该系统试图让机器、计算机等通过模拟人脑神经网络记忆和处理信息的方式进行信息处理，使机器、计算机等具有"人"的感情和思想。

数据催生出模型，模型又催生出模拟，模拟可使人工智能成为可能，人工智能又带来智能社会。随着云计算、物联网和大数据等技术的不断深入发展，人工智能与这些技术的融合也在不断加深，人工智能将使这个社会趋向广泛的智能化。云计算、物联网、大数据和人工智能对数字经济的技术性基础支撑作用将越来越重要，全面的数字经济社会即将到来。

（二）人工智能的概念

人工智能是计算机科学、控制论、信息论、语言学等多种学科互相渗透而发展起来的一门综合性学科。它是研究如何开发智能机器、智能设备和智能应用系统来模拟人类智能活动，模拟人的行为、意识等，模仿、延伸和扩展人类的智能思维。人工智能的基本目标是使机器设备和应用系统具有类似人的智能行为，确保它们可以思考。

（三）人工智能的特点

人工智能出现以来，其应用领域越来越广泛，包括专家系统、智能控制、语言和图像理解、机器人学、机器人工厂、遗传编程等方面。这些应用领域虽有很大不同，但都体现出人工智能的以下特点。

首先，人工智能既综合又极具开放性。人工智能涉及认知科学、哲学、数学、计算机科学、信息论、控制论、不定性论等学科，并且随着这些学科的发展而发展。人工智能在随多门学科发展而发展的同时还能及时汲取当下的先进技术，及时与各方面技术有机融合，促成人工智能的更新换代升级，可使人工智能更具时代特点。如人工智能与时下热门的云计算、物联网、大数据等技术的融合，使我们的智能系统、智能领域范围不断扩大，由智能交通、智能城市扩展到智能社会、智能时代。

其次，人工智能既应用广泛又极具实践性。人工智能是一门对人进行模拟的学科，我们的目标是让机器或组合形成的系统能完成人的工作，甚至在计算、处理速度等方面超越人，所以人所从事的工作领域都是人工智能正在或潜在的设计领域，包括从低层的操作到高层的决策，人工智能都能得到充分的应用。同时，当其在某个领域内得到应用后，就逐渐转化为该领域内的问题，即人工智能具有外向性。

最后，人工智能是知识型、智力型的科学技术。人工智能的发展速度极快，在发展中总有很多创新型的技术成果出现。人工智能对于现代技术，包括计算机技术、电子元件制造技术及信息技术等要求是很高的，这势必要使大量的、具有丰富知识的和极高智力的技术性人才参与其中。

（四）人工智能对人类社会的影响

人工智能的发展正在深度影响和改变着人类社会，它对人类社会的影响涉及人类的经济利益、社会作用和文化生活的个方面。

第一，人工智能对经济利益的影响。计算机等硬件设备价格的持续下降为人工智能技术的广泛应用提供了可能，进而带来更可观的经济效益。比如将人工智能应用于专家系统的构造。专家系统通过模拟各领域专家的知识和经验来执行任务，成功的专家系统带来的执行结果如同专家亲临一样并且可以反复利用，可以大规模地减少培养费用和劳务开支，为它的开发者和拥有者及用户带来可观的经济收益。

此外，人工智能还能推动计算机技术的深入发展。人工智能的研究正在对计算机技术的各个方面产生着重大影响。人工智能的应用对计算提出了更高的要求，要求计算机必须能够胜任繁重的计算任务，这在一定程度上促进了并行处理技术和专用机成片开发技术的进步，促使自动程序设计技术、算法发生器和灵活的数据结构开始应用于软件开发。所有这些在人工智能的研究过程中开发出来的新技术，都推动了计算机技术的发展，同时也提高了计算机对人类社会经济发展的贡献率，为人类带来了更多的经济利益。

第二，人工智能对人类社会的影响。一方面人工智能改变传统的就业方式。因为人工智能可以替代人类执行各种体力和脑力劳动，促使社会经济结构和就业结构发生重大变化，从而造成大量的摩擦，甚至造成部分人口永久性失业。人工智能广泛应用于科学技术和工程项目，会造成部分从事信息处理活动的人丧失机会，从而不得不对原有的工作方式做出重大改变。另一方面人工智能促进社会结构的改变。随着技术的进步，人工智能以及一些智能机器设备正在逐步替代人类从事各种社会劳动。事实上，人类社会结构随着人工智能近年来的发展，也受到潜移默化的影响，由"人—机器"的社会结构逐步变为"人—智能机器—机器"的社会结构。此外，人工智能还促进人们思维方式与观念的改变。人工智能的进步以及应用的推广，对人类的思维方式和传统观念产生重大影响，甚至促使这些思维方式和传统观念发生重大改变。例如，人工智能系统的知识数据库对库存知识可以自我辨析、自我修改及自我扩充和更新，这是对印在书本、报纸和杂志上的传统知识的重大改变。作为一种高新技术的人工智能是一把双刃剑，它的高速发展使一部分社会成员从心理上感觉受到威胁。人类与冰冷的机器之间的重大区别是只有人类才有感知精神。在人工智能的实际应用领域中有自动规划和智能搜索，人类可以用人工智能来规划自己的明天。例如，用神经网络去逼近现实和预测明天，根据预测的结果，机器自动做出规划，这就是人工智能的观点。很多事可以让人工智能去做，从而把人类从繁忙的工作中解放出来。

第三，人工智能对文化的影响。人工智能改善人类语言模式。根据语言学的观点，思维需要语言这个工具来具体表现，语言学的研究方法可以用来研究思维规律，但是人的某些潜在的意识往往是"只能意会，不可言传"。而人工智能技术的应用，结合语法、语义和形式的知识表示方法，使知识更加便于用自然语言来表示，同时，也更加适合用人工智能的形式来表示。人工智能还能改善文化生活。人工智能技术拓宽了人类文化生活的视野，打开了更多全新的窗口。例如，人工智能中的图像辨析和处理技术势必影响到涉及图形广告、艺术和社会教育的部门，还将影响到智能游戏机的发展，使其成为更高级、更智能的文化娱乐手段。

第四，人工智能发挥作用的漫长过程。人工智能将重塑产业格局，引领新一轮工业革命。人工智能将在国防、医疗、工业、农业、金融、商业、教育、公共安全等领域取得广泛应用，催生新的业态和商业模式，引发产业结构的深刻变革，对传统产业产生重大的颠覆性影响。未来人工智能将在大多数领域替换掉人类烦冗而复杂的工作，将人类解脱出来，同时这拨创新也将是一个漫长而又多产的过程。

（五）我国人工智能发展现状

我国成立了以"学术研究、学术交流、学术教育、学术咨询、学术评价"为基本任务的"中国人工智能学会"。在未来的很长时间里，我国除了加强人工智能的理论研究工作外，还需要进一步提高我国的工业基础能力，加强对科技人员的教育，提高对应用技术的自觉性，进一步推进"产学研"相结合的体制和机制的改革。

第四章　数字经济与区块链

也许我们还在追忆被称为"人类最后的希望"的柯洁与 AlphaGo 鏖战三轮，最终总比分 0：3，柯洁败于 AlphaGo——这个难忘的人工智能元年的代表作。2017 年末至 2018 年初，各大媒体都开始把目光投向了来年的热点。

区块链离我们原来越近，我们需要追根寻源。

当今，生产、生活、消费等各个领域都已经离不开互联网，说互联网是这些领域的"标配"恐怕不会有人反对。例如，移动终端的普及，使用户生成内容（User Generated Content，UGC）成为司空见惯的事。当我们遇见美不胜收的景色时，总是想到与朋友分享，于是留下了记录这一瞬间的图片、视频包括声音，并上传到云端（Cloud）——互联网使这一切轻易实现。业余队如是，商机乍现，于是，专业队也会涉足进来，产生了专业生产内容（Professionally-Generated Content，PGC，或 Professionally-Produced Content，PPC）。进一步，有了职业生产内容（Occupationally-Generated Content，OGC）。众多的内容生产渠道，通过互联网进行传播，循环往复，产生了大量的信息，随之而来的大数据相关领域也应运而生。大数据时代的到来，使互联网的信息传播更加具有穿透性。

第一节　产业数字化

互联网（Internet）对现实世界的影响不言而喻，但是我们对互联网的认识可以从互联网这个词说起。

首先，"互"代表互通，指的是可连接特性，但还不是"完成时态"，原子世界如果不具备可连接性，也就根本谈不上连接了。

一个城市中的立交桥，使城市能够四通八达。假如我们从 a 经过立交桥到达 b，而从 b 想返回到 a 非常困难，那么这样的设计一定是失败的。这里可以比喻为互联网世界的可连接性是非常重要的，即使因为当时的某些因素不能进行实际的连接（如安全的要求），如果这些因素消除后，就能够快速建立起连接关系，信息的传递也就很容易流动起来，提升了竞争过程获胜的优势。

其次，"联"，指的是连接的状态，代表了协同、自律，是一种生态，不单指狭义的人与人、机器与机器、人与机器的连接。广义的联，包括联盟、协会等社会组织。正在连接的有效路径越多，可以获取的资源也就越多，在竞争的过程中获胜的概率就越大。

最后，"网"，指的是网络，泛指包括网络在内的物理及物质资源，包含物质的、精神的内容（当然也包括法律、法规等体系）。在连接中传递的内容和效率，形成了自身的商业模式，这也是最后形成价值链的关键。

因此，在物质世界提到的互联网，应该是"互""联""网"三个层次的叠加，缺一不可。

人们通过这个开放的环境进行协作，通过娱乐、交流和交易，形成的一种新型关系，而这样一种新型关系潜在的、巨大的社会价值是我们所忽略的，去挖掘这里的"金矿"，就是维基（WiKIT）的内涵。这些都是互联网发展带来的变化，有的变化其实是在革命，把我们带入了"共享主义"，这里的共享，是一种开放，而且是一种有序开放，只有有序的开放，才会产生价值。

WiKIT 提供较好的用户体验（实际上是包容了个体的欲望），同时支持着自适应（协同、分享）。一切适合于这样特质的创新，都会得到成长或疯抢。这样，它的边际成本将会大大降低。

前些年，在地方推进智慧城市的过程中，出现了一些问题，用"产业扩张分离、学界人才不济、研究不接地气、投资不成体系、地方难控大局、应用都难满意"来形容应该说不过分。怎么会出现这样的状况呢？

以 IT 项目建设为出发点推进智慧城市形成了产业扩张分离，当然这在当时解决有和无的问题时也许是一个较快出业绩的形式。随着智慧城市的深化，它的弊端已经显现出来。现在的创新太快，人才的培养自然滞后，却没有找到一种较好的方式，因而人才不济；许多公司在获得项目权后，顶层设计与实际实施落差较大，也是系统性问题。

如今的应用效果是，建设者较难获利、使用体验差、地方政府进退两难——因而常常会有人问："帮我推荐一下，哪里智慧城市做得好点？"其实这个问题很难回答。

早在党的十八大报告中就明确提出，坚持走中国特色新型工业化、信息化、城镇化、农业现代化道路。未来的城镇化进展不再是房地产式的"城市化"，而更强调消费结构升级、信息化城市、智能化城市。于是，建设智慧城市就成为推进新型城镇化、建设新农村的重要工作。从这里就可以看到，智慧城市已经不是从前的概念了。城镇化是一个复杂的系统工程，会给经济和社会带来深刻的变化，需要各项配套改革去推进。

为此，我们来看看地方政府智慧城市的顶层设计。压力、状态、响应（Pressure-State-Response，PSR）最初是由加拿大统计学家 David J.Rapport 和 Tony Friend 于 1979 年提出的。基于此模型，根据我国实际，提出了大数据的反馈经济模型活动、感知、智慧（Working-Sensing-Smart，WSS），这就是智慧城市的顶层模型。

如图 4–1 所示，人类的各种活动对环境和资源产生了各种压力，通过信息的形式被各类机构感知（有形和无形的机构），然后这些机构会对环境及资源进行重新配置，进而影响各类活动，形成了一种共享形态下的反馈经济。

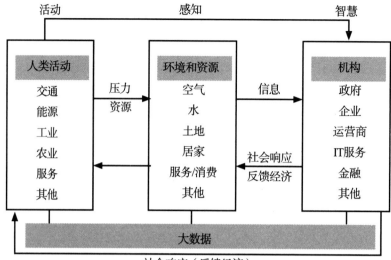

图 4-1 共享形态下的反馈经济

从我国近些年城市信息推进的状况看，许多城市已经基本完成行业的信息化（数字化的初级阶段），以前的问题是这三条垂直块（运行、感知、智慧）沉淀下的数据（在智慧城市领域当然是大数据）没法打通。

那么有什么破解智慧城市的办法呢？（详见后面的内容）那就是要向数字产业化推进——向大数据的产业化方向发展。

第二节　数字产业化

如图 4-2 所示，消费领域的创新早已经进入了"红海"，其特点是"社群经济"，可以通过小众的力量口碑相传，利用特定的场景体验，靠流量实现变现。然而，在图 4-2 左边的农业、工业中，其商业模式变为怎么将非标准的产品通过数据"细化"工艺、流程、销售等各个环节，实现个性化定制、网络化的协作实现社会化生产。这个将生活性服务业转移到生产性服务业，逐渐改写了传统的服务业，去中介化的特征十分明显，这样崛起的生产性服务业，不太可能从原来的传统企业内部去进行改造，因为新业态的产业边界已经模糊化、生产的各个环节已经分解、组织形态已经完全区别于此前的公司形态而形成了网络化、平台化的生产形式，我们称它为生态运营平台（Ecosystem Operating Platform，EOP，）。这时我们称其为数字产业化时代。

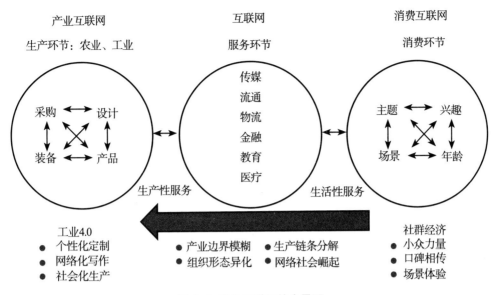

图4-2 产业互联网的全景图

如图4-3所示，展示了大数据全生命周期过程中与各个领域的交错关系。从技术的角度来讲，数字化产业包括数据采集（含物联网等）、数据存储（含云计算、数据清洗等）、数据处理（包括数据脱敏、数据迁移、预处理等）、数据分析（包括数据挖掘、数据建模、数据预测等）、数据可视化（包括 VR、AR、MR 等）直到数据决策与数据服务。数据生命周期的各个节点形成了大数据技术市场的各个细分领域。当这些细分领域与各个行业（例如图4-3中的几类行业）叠加后，就助推了数字化产业的发展。

前几年在推进数字产业化的过程中存在的误区是重数字轻产业。在物联网、云计算到大数据的演进过程中，依据结果来看，经营得较好的公司居然是那些靠项目承揽型的公司，表面上看我们似乎又回到了产业数字化的时代——信息化项目至上，实际原因是什么呢？主要包括七个方面：①服务提供的惠民化（竞争模式）。②享用服务的"傻瓜"化。③（地方）政府职能的社交化。④生态链的分布化（零边际成本共享经济）。⑤数据开放化。⑥金融的普惠化。⑦试错、容错的常态化（政策）。

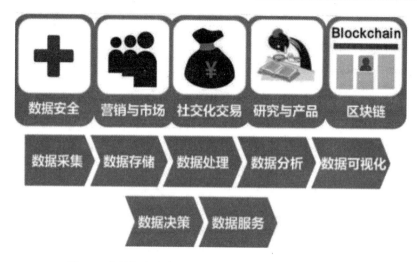

图 4-3 大数据全生命周期过程中与各个领域的交错关系

具体诠释如下。

（一）服务提供的惠民化（竞争模式）

服务提供的惠民化要学习打车软件的精髓。智慧城市平台设计中提供的服务不能都由用户来找，而要让服务方去"抢"，是一种服务竞争模式。这才是真正的以用户为中心，就像出租车司机的服务一样。但是这里面也有市场调节的技巧，如补贴、奖励等。

（二）享用服务的"傻瓜"化

享用服务的"傻瓜"化这也就是常说的用户体验（有互联网公司的人告诉笔者，他们公司设立了用户体验官）。

用户方的"傻瓜"化，决定了平台的市场空间。我们最近接触到了一个"陪伴机器人"（隐去公司名），子女（家长）可以用APP直接控制这个机器人观察老人（小孩）的情况并与老人（小孩）对话，把稍微复杂的操作放在了APP端，而小孩或老人可以直接通过与机器人语音对话得到一些服务。原理虽然很简单，但这样的家居服务市场有生存空间。

（三）（地方）政府职能的社交化

地方政府的职能转变也对引领智慧城市向新型城镇化升级有很大的推动作用。按传统的行政职能权属去推进智慧城市，很难适应上述共享经济时代的要求。

只有把此前的行政管理职能逐步向"社交化、服务运营型职能转变"，才能提升政府的管理效率和社会满意度，也才能真正塑造生产性服务业在区域经济市场中的地位。

（四）生态链的分布化（零边际成本共享经济）

平台化的发展也让很多人尝到了甜头。生态链的做法像是从农耕时代过渡到了圈地运动，过度的圈地有悖于上面提到的WiKIT的趋势。因此，生态链的发展也会出现分布化的趋势。

能源互联网的发展，使将来每家每户都可以把太阳能、风能纳入新的能源生态中。大而全的圈地形态可能会发生转变，大大地降低了边际成本。

（五）数据开放化

数据开放化问题倒是各个方面都认识到了，但怎么开放从思想到行动再到效果还有一个过程。按照前面提出的 WSS 模型，在智慧城市推进中，必须实现数据开放，才能真正地把大数据利用起来。如果符合前面四点，不开放数据也难。大数据交易市场也是一种解决的方式，这点不在这里赘述。

（六）金融的普惠化

前面提到了前几年有个别的企业来找金融企业合作，是很有远见的。金融的普惠化要求我们在智慧城市的推进中，需要有全面的投、融资战略。

这点可以用前不久笔者向国家部委汇报的《大数据投资战略》借鉴。

智慧城市投、融资的核心问题是将相对完整的社会资本引进智慧城市战略涉及的各个领域及各个环节，采用市场机制运用于投（资）、融（资）、退（出）、建（设）、运（营）、管（理）等方面，形成全社会资源对于智慧城市战略支撑上的有效配置。具体包括发行专项政府债券，智慧城市引导基金，地方投、融资平台转型，通过建立大数据交易市场推进共享经济的发展等。

但是，在投、融资的策略上，由于角度、环境、阶段的不同，存在很大的分歧，只有用时间来证明了。

（七）试错、容错的常态化（政策）

智慧城市向新型城镇化服务转型，必须创新，创新过程难免会涉及相关者的利益，同时会对一些旧的体系形成冲击。

在不违背国家法律、法规的红线（底线）的大原则下，如果再去设定创新的上限，创新实际上就失去了意义。比如最近热议的"网约专车"问题，很多人都不苟同。打车市场挑战了管理的权威，同时专车市场也对出租车市场形成了挑战，但这个形态的出现在新型城镇化中降低了边际成本，适应了共享经济的发展，把平台、汽车拥有者与驾驶员打造成了一个新的生态，相应的管理法规推进有了挑战。

"两害相权取其轻，两利相权取其重。"创新中的试错与容错应该常态化。堵的方式只会加大边际成本，杀伤创新动力。

前面提到的那些能够承揽地方智慧城市项目、城市级云计算及大数据项目的企业，它们胜出的原因一个是自身企业能够与时俱进，同时也是上面七个方面造就的，因此我们看到数字产业化的大格局已经到来。

第三节　数字经济时代

中共中央政治局于2017年12月8日下午就实施国家大数据战略进行第二次集体学习。在学习时，习近平总书记强调，大数据发展日新月异，我们应该审时度势、精心谋划、超前布局、力争主动，深入了解大数据的发展现状和趋势及其对经济社会发展的影响，分析我国大数据发展取得的成绩和存在的问题，推动实施国家大数据战略，加快完善数字基础设施，推进数据资源整合和开放共享，保障数据安全，加快建设数字中国，更好服务我国经济社会发展和人民生活改善。

"数字中国"是一个宏大的目标。由此可见，数字经济如在今我国社会发展的阶段何等重要。从媒体的相关报道中也可看出产业数字化、数字产业化，最后达到数据资产化、资源化的路径。

按照百度百科的定义，数字经济是指一个经济系统，在这个系统中，数字技术被广泛使用并由此带来了整个经济环境和经济活动的根本变化。这与我们在产业数字化中提出的WSS模型的运行机制是一致的，也是与社会经济的基础理论吻合的。

在社会经济中，存在三个基本要素。

（1）生产资料：生产资料也指生产手段，是劳动者进行生产时所使用的资源与工具，包括土地、厂房、机器设备、工具、原料等。生产资料是生产过程中的劳动资料和劳动对象的总和，是进行物质生产所必备的物质条件。在比特世界，我们认为小到服务器，大到物联网及前面提到的WSS模型下的大数据，都可以看作是生产资料。

（2）生产力：按照恩格斯的观点，生产力是具有劳动能力的人和生产资料相结合而形成的改造自然的能力。人工智能的出现，使人的能力就像从前有了各种工具一样得以提升，因此，我们可以把人工智能当作生产力。

（3）生产关系：生产关系是指人们在物质资料的生产过程中形成的社会关系。它是生产方式的社会形式，包括生产资料所有制的形式、人们在生产中的地位和相互关系、产品分配的形式等。其中，生产资料所有制的形式是最基本的、起决定作用的。

区块链的本质是一个账本，当一个商品、一个行为、一个交易开始时，可以产生一个区块（Block），它的整个生命周期被详细地记录下来形成了一个链（Chain）。这个账本是在互联网上进行多方复制的，所以叫作分布式账本，已不只属于任何个人、组织或机构。因此比特世界中的"大数据"的所有制形式就被有效地保护和继承。

网约车的出现，其初衷解决的是打车难的问题，参与方涉及乘客、司机与平台三方。它实际上是提供两种价值的平台：一是基于大数据自动生成乘客和司机的匹配关系；二是提供一个大家信得过又必须尊重的支付系统。这样带来的变化是，此前的司机与出租车公司的关系变为了与平台的关系，并且乘客还可以转换为司机（这里可以称为 Prosumer，既是消费者又是生产者），而且乘客的体验成为最好的传播，这样的生产关系的变化，带来了出租车行业的颠覆性改变。

但是在实际的运营过程中出现了很多问题，比如网约车司机利用外挂进行刷单欺诈等，使许多乘客得不到应该得到的服务，同时平台由于经营的压力（前期花钱补贴，规模化后技术、营销、风控的支撑成本等），最终这个钱其实是由消费者埋单的（平台方从交易额中抽取提成）。于是当新的生产关系与快速发展的生产力不匹配时，这个中间环节又会面临变革，这个变革能否交给区块链来完成呢？首先，网约车生态链的形成，不再属于一个独立的公司、机构实体，而是整个的互联网（公链）。其次，它的信用来自区块链协议本身，而且在互联网上达成共识。于是，这样的中介服务费（平台交易额的提成）也将不复存在。一个最大的变化是，新的生产关系已经变成了点对点的连接关系。

当然，这样的状态是个理想的终态，中间的演变过程，可能有多个不同的中心，当不同的中心相互融合后，才会逐渐去掉部分中心。这样改变带来的好处非常明显：第一，降低了交易成本。第二，降低了作弊的风险。第三，去中心化的方式也提高了技术的可能性并且保护了数据的隐私。

通过上述生产关系的逐步迭代，产生了我们在前述"产业互联网的全景图"中提到的真正的生产性服务业业态——产业边界模糊、生产链条分解、组织形态异化、网络社会崛起。这也是我们前面提出的 WiKIT 中的"共享主义"——有序、开放、共享。通过这样的"共享主义"，建立了 EOP。

我们知道，数字经济是指使用数字化的知识和信息作为关键生产要素，以现代信息网络作为重要载体，以信息通信技术的有效使用作为效率提升和经济结构优化的重要推动力的一系列经济活动。其中，互联网、云计算、人工智能、物联网、金融科技、区块链等技术应用在经济活动中，达到灵活、敏捷、智慧和高效。

以网约车的案例来说，我们从数字经济的角度看这样一个现象，大量的异质企业借助互联网、大数据已经通过区块链融合在一起，形成了一种强相关但又不是此前公司意义的控制关系的融合体，按照一种共识的机制协同运行，成为一种新型的产业生态。

从农耕时代的个体经营，到工业时代的规模化、专业化直到公司化，其着眼点是在一家公司的经营潜力的挖掘上，即使到了企业结构化的改造，进行区域化的扩张，再到跨行业的产业重组，也还是为了本企业（或集团）的利益。在企业的发展方面，存在股权的控制、话语权的争夺，增大了企业的摩擦成本。即使以一个核心企业打造一个生态平台（就像前面提到的网约车平台），重塑一个供应链，要么仍然解决不了这样的摩擦成本，同时企业间的协同也是因为参与感、存在感，由于中心化的原因也将会降低运营效率。

解决的办法如图 4-4 所示

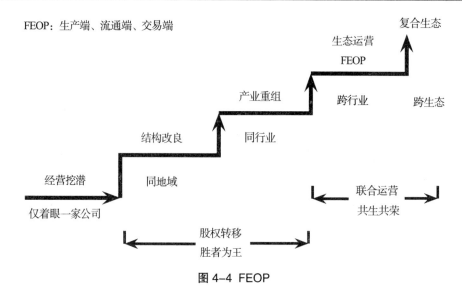

FEOP: 生产端、流通端、交易端

图 4-4 FEOP

（1）生产端：生产端是将互联网、大数据、人工智能、物联网等技术用于产业中，实现产业的数字化，使数据资源能够在企业之间流动起来，协同效率提升，进而按照产业互联网全景图描述的那样，将非标的生产过程和产品部分或全部实现标准化，然后实现个性化定制和社会化大生产。

（2）流通端：对于传统产业在流通领域的创新，人们的视野不约而同地转向了电商销售，然而这样的一个"红海"已经很少有成功的空间。生产端与流通端的联动，加上互联网金融和金融科技的手段植入进去，加速了从生产端到消费端的快速转化，同时也使相关企业、组织、个人的诉求得以满足。

例1：某电子产品制造商，将生产的电子产品与个性化的金融理财产品结合起来，用户购买某种电子产品支付全款后，可以得到全款按照一定期限返还，刺激了消费者的购买欲望。这种方式有点类似于产品众筹的变种，大大提高了流通过程对"粉丝"的吸引力并提高了转化率。

例2：某上市公司孵化的"猪联网"项目，在生产端包括养猪场和农户，他们将生猪出售后获得"货币基金"的份额，而这个份额是可以在这个"猪联网"的平台上流通的，包括用其去购买种猪、饲料、兽医服务等，当然如果需要现金，可以很容易地赎回变现。其实按照使用的方便性和另外一些激励手段，如增加信用积分等，这些受众还不愿意赎回，于是这个份额池越滚越大。有行业人士称这是一个"猪"银行。看看这样的模式，"猪联网"平台上参与者的黏性与传统方式相比有了较大的提高。

（3）交易端：要实现从生产端到消费端的快速、高效的转换，只靠上述的方法还不够。我们知道生产端的产品的生产周期与我们需求方的需求周期可能不完全吻合，这需要通过"交易中心（所）"实现对接，将不同生产周期的产品打包以后在交易中心进行大宗交易，化解了不连续的、离散的生产周期的风险。

因此，生产端、流通端、交易端聚合形成的产业运营平台就是EOP，也是我们前面提到的 WiKIT 的落地版。这里面金融科技起着很重要的作用，我们也可称其为 FEOP。

当各个细分行业的 FEOP 都成熟后，就可以将各个中心化的 FEOP 进行整合，形成 CFEOP（复合 FEOP）。这是一个完美的生态。

如果利用区块链的技术将 FEOP 结合起来，形成协同方点对点的智能合约交易，并将 Token（时间戳）植入其中，就可以将现有的货币基金交换模式进行扩展，在当前的法律、法规要求的范围内，升级激励机制，而且可以简化交易端的交易成本。

第五章　数字经济下的产业变革

当前，我国数字经济与经济社会各领域融合的广度和深度不断拓展，数字经济正在成为引领各地区（区域）培育现代化经济体系新动能和推动实体经济转型升级的重要新兴力量。

第一节　数字经济下制造业的变革

数字经济时代给制造业带来的变革，就是新制造将兴起。数字经济是新实体经济，最突出的表现就是数字经济所带来的"新制造"。

一、制造业的未来是智能化

新制造是指应用互联网、IoT（物联网）、云计算和大数据等新一代信息技术，以用户需求为出发点提供个性化、定制化的产品和服务的生产制造模式。通俗地讲，就是用新的制造方式生产新的产品提供新的服务。

（一）新的制造方式

用 IoT、移动互联网、机器人等技术配合精益管理方法实现智能制造、个性化定制和柔性化生产。例如，家具企业索菲亚通过引入德国豪迈柔性生产线，配合 3D 设计、条码应用技术、数据库等软件技术建设了亚洲最大的柔性化生产线，实现了订单自动拆解、自动开料、封边和装配。东莞的共创服装厂是一家小型企业，主要通过精益生产、单元式生产、供应商协同等管理方式变革实现了小批量、多款式、快速生产的提升。

（二）新的产品，即智能化的产品

新的智能化产品嵌入传感器等数据采集装置，不断采集用户的使用信息、设备的运行数据到云端，实现对用户行为和设备运行情况的管理。例如，阿里巴巴与上汽携手打造的互联网汽车——荣威 RX5，搭载了 YunOS 操作系统并实时联网。用车过程中产生的驾驶行为、个人喜好、车况等其他数据，通过网络上传到云端，通过算法优化再对用户进行相关推荐。汽车账号体系与支付宝账号打通，成为后者的一个新入口，其方式可以是"汽车＋保险""汽车＋销售""汽车＋维修"等。

（三）新的服务

新的制造方式催生出研发、设计、软件服务等生产性服务；智能产品采集的数据会形成数据服务，包括远程设备管理维护、用户数据服务等。

新制造是嵌套在整个 C2B 商业模式中的，与新零售是紧密联系在一起的。没有新零售就没有新制造。C2B 包括客户定义价值 + 个性化营销 + 拉动式配销体系 + 柔性化生产四个部分，如图 5-1 所示。

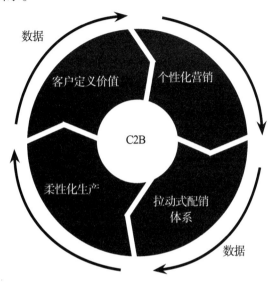

图 5-1　C2B 商业模式的内容

其中，新制造以客户驱动、数据全流程贯通、个性化定制、柔性化生产为主要特征。

二、数字经济推动新制造的出现

新制造的出现有两大背景。其一，消费者主权崛起、个性化需求越来越旺盛。如《商业周刊》的一篇报道所述："在 20 世纪五六十年代，整个美国都是一幅千篇一律的景象，不仅背景大同小异，人们的愿望也大同小异。美国人最大的理想就是与同一层次的人看齐：不仅仅是赶上同层次的人，还要与同层次的人一模一样——拥有同样的汽车、同样的洗碗机、同样的割草机。而产品丰裕度在 20 世纪七八十年代显著上升后，情况彻底改变了。我们从'我想做正常人'转向了'想与众不同'。"这种个性化消费的浪潮，近年来在中国也已经大量出现。今天的中国，不仅是一个消费快速升级的社会，也是一个消费需求日益多样化的社会。比如，时装要求体现自己的个性，家具要匹配主人的喜好和户型，汽车要按照自己的需求来配置。个性化需求的大规模崛起要求供给侧能够给予满足。

其二，互联网、IoT、网络协同等技术的普及，首先使设备之间、工序之间，甚至工厂之间、市场和工厂之间的联网轻而易举。其次市场需求、生产、物流数据可以非常便捷地在市场主体之间自由流动。数据的自由流动和产业链上下游紧密合作是产业变革的基础。例如,在大部分的工厂内部,ERP(企业资源计划)与 MES(制造执行系统)都是两套系统,各自为政。产能情况、订单进度和生产库存对 ERP 来说只是"黑箱"作业。

三、"新制造"与传统制造的区别

(一)商业模式不同

传统制造局限在 B2C(厂商主导)的模式之下,生产什么、生产多少、何时生产都是由厂家决定的,追求的是标准化、规模化、低成本。

"新制造"是 C2B 模式的其中一环,生产什么、生产多少、何时生产,全部由市场需求决定,追求个性化、高价值。"新制造"的生产体系能适应多品种、小批量、快速反应的生产要求。

(二)技术基础不同

传统制造是第二次工业革命的产物,以公用电力为主要能源,以自动化设备的流水线生产为主要特征。

"新制造"以 IoT 为主要技术基础,以数据为主要供给能源,以柔性化的智能制造为主要特征。以一支高尔夫球杆为例,如果我们在球杆中加入传感器,就能够记录下消费者的每一次挥杆的力度、击球的位置等。成千上万的数据汇聚在云端做深度分析,来帮助工厂改善它们的生产制造和开发新的产品;同时,我们可以针对这位消费者进行智能化的服务,帮助他训练和纠正不好的使用习惯,提升球技。

(三)价值不同

传统制造和研发、营销、服务分离,位于价值链的底端。

"新制造"将研发、营销和服务融为一体,通过生产服务化、产品智能化、服务数据化,大大提高了生产制造的价值含量,改变了微笑曲线的形状。

四、制造业变革

(一)数据驱动的制造业变革

大数据、云计算等新一代信息技术的崛起,使人类社会从 IT 时代向 DT 时代转变。大数据在深刻改变生产生活的同时,也促使制造企业的经营管理发生了重大变革。

和 IT 时代的传统制造业不同的是,DT 时代的制造业更加注重创新、创造,人类智慧的作用能够得到进一步的体现,利润获取回归到价值创造本质。DT 时代将涌现大量的新模式、新业态,机器将被赋予和人一样的思考与决策能力,成为人类生产生活的绝佳伙伴。

随着互联网、物联网、云计算等信息技术迅猛发展,很多行业都涌现出大量数据,对于身处其中的企业来说,这既是机遇,也是挑战。近年来,由于智能化技术的迅速迭代,制造业企业的日常运营活动对大数据产生了较强的依赖，如图5-2所示。当前，制造业的整个价值链、产品的整个生命周期都会产生大量数据，同时，制造业企业的数据量仍在迅猛增长。

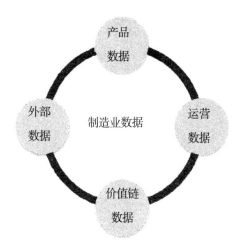

图 5-2　制造业数据的主要来源

制造企业需要管理各种各样的数据，其中包括很多结构化数据和非结构化数据。

（1）产品数据：产品数据具体包括产品设计、建模、生产工艺、产品加工、产品测试、维护数据、产品结构、零部件配置关系、变更记录等数据。

（2）运营数据：运营数据具体包括组织结构、业务管理、生产设备、市场营销、质量控制、生产、采购、库存、目标计划、电子商务等数据。

（3）价值链数据：价值链数据具体包括客户、供应商、合作伙伴等数据。

（4）外部数据：外部数据具体包括经济运行、行业数据、市场数据、竞争对手数据等。

在网络协同环境下，企业在推出大规模定制之后需要实时从网上获取消费者的个性化定制数据，发挥网络的协同作用，对各方资源进行优化配置，对各类数据进行有效管理。

1. 数据驱动的大规模定制

对于制造业来说，大数据是其实现大规模定制的基础，其在制造业大规模定制中的应用包括数据采集、数据管理、智能化制造、订单管理、定制平台等，其中定制平台是核心。定制数据达到一定规模就能实现大数据的应用。企业通过对大数据进行挖掘、分析，可对流行趋势进行有效预测，实现精准匹配、社交管理、营销推送多种应用。同时，通过大数据挖掘，制造业企业还能开展精准营销，使物流成本、库存成本、资源投入风险均得以下降。

大数据分析可提升企业的仓储、配送及销售效率，减少库存，降低成本，优化供应链。同时，制造业企业还能利用销售数据、传感器收集到的数据、供应商数据对不同市场上的商品需求做出精准预测。企业可通过这种方式实时监控商品库存与产品销售价格，因此可以在很大程度上降低成本。

从本质上看，工业 4.0 利用信息物理系统（CPS）构建智能工厂，让智能设备利用经过处理的信息自我调整，自行驱动组织生产，直到将产品真正生产出来。由此可见，智能工厂让制造业大规模定制有了落地实现的可能。

为了满足消费者的个性化需求，一方面，制造企业要为消费者提供符合其需求的产品或服务；另一方面，制造企业要为消费者提供个性化的定制服务。因为消费者数量比较多，且需求各有不同，再加上需求不断改变，这些数据汇聚在一起就形成了产品需求大数据。

消费者与制造企业之间的交互行为也会产生大量数据，对这些数据进行挖掘和分析，可以让消费者参与到产品需求分析、产品设计等活动中来，真正实现产品创新。企业只有做好数据处理，将处理之后的数据传输给智能设备，然后对数据进行挖掘、分析，指导设备进行优化调整，才能真正实现定制化生产，生产出能满足消费者个性化需求的产品。

2. 新一代智能工厂

为了满足消费者的个性化需求，传统制造业必须改变现有的生产方式与制造模式，对消费过程中产生的数据与信息进行充分挖掘。同时，非标的产品在生产过程中也会产生大量数据，企业需要对这些数据及时进行收集、处理、分析，用处理结果对生产活动进行指导。

以互联网为媒介，这两类大数据信息在智能设备间流通，企业利用智能设备进行分析、判断、决策、调控，然后组织开展智能生产，最终生产出能够满足消费者个性化需求的产品。从这方面来说，智能工厂是在大数据的基础上建立起来的。

智能工厂中的大数据是在信息与物理世界的交互作用下产生的。

在引入大数据之后，制造业迎来了一个全新的变革时代。以过去制造业生产管理的信息数据为基础，以物联网为依托实现物理数据感知，企业建成生产数据私有云，推动制造业在研发、生产、运营、销售、管理等方面均发生了巨大变革，加快了制造业的发展速度，提升了生产效率，增强了自身的感知力、洞察力。

（二）基于新制造理念的模式创新

"新制造"还有巨大潜力尚未被挖掘出来，正是基于这一点，如果将制造企业所有设备、生产线的数据全部打通，让它们全部实现智能化，就能使制造企业的价值创造模式发生根本性变革。除此之外，"新制造"的竞争力来源于其背后蕴藏的创造思想、体验、服务能力，而不是制造本身。

1. 按需定制

传统制造业是由厂商根据往期的订单情况制订销售计划。在这种模式下，厂商和消费者之间存在大量的中间环节，很难了解用户的真正需求。随着生产力的不断提升，以及越来越多的创业者与企业进入制造业领域，行业面临严重的产能过剩问题。而"新制造"将由用户主导，从 B2C 模式转变为 C2B 模式，让厂商能够和用户实现无缝对接，基于用户需求与数据分析按单生产，在满足用户个性化需求的同时，为自身创造更多的利润。

2. 云上大数据

未来的制造业是由数据驱动的，数据将成为不可或缺的重要生产资源。当然，想要充分发掘数据的潜在价值，就要将大数据与云计算技术充分结合起来。企业要充分利用数据来推动制造流程的精细化管理，促进生产线的柔性化、数字化、智能化。

对企业而言，发展"新制造"，打破数据孤岛是关键。传统制造企业内部以及上下游企业之间各系统处于封闭状态，缺乏统一的数据采集、存储、分析及应用标准，难以实现数据资源的高度整合与共享，不能实时了解生产线设备的运行状况、库存信息、销售状况等，无法及时制定科学合理的经营管理决策，增加了企业经营的风险。

而转型"新制造"后，制造产业链中的商流、物流、资金流、信息流能够实现自由高效流通；MES、ERP、PLM 等信息化软件的应用，将有效解决信息孤岛问题；装备操作信息、运行状态、环境参数等将被实时上传至云端数据库；同时，企业将结合 PLM、ERP 等数据，对生产过程不断优化、完善。

以大数据技术为核心的智能应用将有力促进企业的流程、组织模式及商业模式创新，是建设智能制造云端的核心组成部分。具体来看，以大数据技术为核心的智能应用主要包括以下几点：

（1）生产过程的持续优化。

（2）产品的全生命周期管理。

（3）企业管理决策的优化完善。

（4）资源的匹配协同。

未来，制造业设备的全面物联化以及业务系统的无缝对接，将使从制造生产到客户交付的整个过程实现数据化、智能化；而对过程数据进行深入分析，将为企业的经营管理决策提供强有力支持，催生一系列全新的管理方式、商业模式。

3. 柔性制造

柔性制造是个性需求崛起时代出现的一种新型制造理念，由于企业面临的市场环境与用户需求具有较高的不确定性，且技术更新迭代使产品生命周期越来越短，因此企业必须提高自身的灵活供给能力，力求在满足用户个性需求的同时，将成本与交付周期控制在合理范围内。

柔性制造未来趋势包括以下几点：

（1）生产线日渐缩短，设备投资占比不断降低。

（2）中间库存明显减少，厂房等资源得到充分利用。

（3）交付周期越来越短，用户体验逐步提升。

（4）成本损耗不断降低，生产效率明显提升。

（5）制造过程用户可参与，为其创造独特价值。

制造业服务化是"新制造"的典型特征，其价值创造并不局限于制造本身，更为关键的是用户获得的极致服务与独特体验。长期来看，世界经济的低迷状态仍将持续一段较长的时间，中国制造业从传统制造向"新制造"转型也并非一件短时间内可以完成的事情，广大制造企业要做好打持久战、攻坚战的准备，加强服务与创新意识，不断提高自身的盈利能力。

"新制造"给制造行业带来了新的发展机遇。行业头部的制造企业在智能化转型这条道路上没有停留在基础的感知阶段，而是努力地向"新制造"的高级阶段迈进，探索更多可能性。正因如此，那些迟迟不能坚定信心、做出决策的企业与那些积极拥抱"新制造"的企业之间的差距会越来越大。为避免被淘汰，接下来，制造企业要积极拥抱变化，主动改革，向"新制造"转型升级。

五、发展"新制造"的意义

在互联网条件下，制造业的转型升级不是独立发生的，而是呈现营销—零售—批发—制造的一个倒逼过程。在这个过程中，制造业出现由需求驱动生产的 C2B 模式，而柔性化是制造端的主要转型方向。实际上，在互联网出现之前，很多大型企业已经在探索大规模个性化定制、拉动式供应链，并取得了卓越的成绩，比如戴尔、Zara 和丰田。但是互联网和电子商务的出现加速了这种进程，更多的中小企业也可以进行变革，并从中受益。

"新制造"的上半身是新零售，下半身是柔性生产，而中国作为全球最大的网络消费市场和制造大国，具备别国不具有的双重优势。互联网带来了新的竞争空间和新的竞争规则，如果政策得当，中国在制造业领域完全可以走出一条独特的道路。

第二节　数字经济下金融领域的变革

随着移动互联网、云计算、大数据、人工智能、物联网、区块链、网络安全等先进信息技术应用的迅速发展，全球信息化进入全面渗透、跨界融合、加速创新、引领发展的新阶段。金融与科技融合创新，催生金融科技（Fintech）浪潮席卷全球。传统金融机构积极利用金融技术推动业务创新和经营转型，一大批新兴科技企业、互联网金融服务企业积极融入金融领域，迅速发展壮大。传统金融机构、监管机构与新兴金融科技企业等共同构成一个金融生态体系，共同推动着我国金融业的创新、变革与发展。

一、数字经济背景下的金融业

金融业是比农业更加古老的行业，每一次技术进步都推动金融业随之发生变化。数字经济将给金融业带来最大变革，将推动科技在金融中的应用和金融的普惠化。尽管在数字经济时代，金融的本质不会发生改变，但智能技术将能够帮助降低金融交易的成本，扩大交易范围，帮助金融业的普惠化。

（一）金融与好的社会

金融的本质没变，还是交易各方的跨期价值交换，是信用的交换。耶鲁大学金融经济学终身教授陈志武认为，互联网的出现改变了金融交易的范围、人数、金额和环境，但没有改变金融交易的本质。

人们的日常生活中充满了各种不确定性、各种风险事件，因此，对于金融服务的需求，可以说是每一个人的基本需求，但是，在传统金融下，由于技术的约束，针对大多数人的金融产品成本过高，金融机构无法实现盈利。因此，整个社会中只有少部分人能够享受到金融服务。随着数字经济的发展，这一状况正在发生改变。

普华永道中国金融科技服务合伙人张俊贤说："中国的金融科技，尤其在大数据、人工智能和区块链实际应用上，量与质均领先全球。我们相信在政府鼓励创新的大环境中，以及在金融机构和金融科技公司的合作推动下，金融科技将继续快速发展，普罗大众将能获得更便捷的金融服务。"

普华永道发布的《2017年全球金融科技调查中国概要》认为，零售银行、投资及财富管理和资金转移支付将是未来五年被金融科技颠覆程度最高的领域，电商平台、大型科技公司和传统金融机构是这场变革中最具颠覆性的力量。

1997年，诺贝尔经济学奖得主、哈佛大学荣誉退休教授罗伯特·默顿说："仅仅依靠技术本身很难对金融体系中'内在不透明'的服务和产品带来颠覆，金融科技能在某些金融服务领域带来巨大变革，几乎无须人工判断的任何金融业务都将面临巨大的变革挑战。但金融科技本身不能产生信任。"需要信任关系的是人和人之间，是金融企业和它们的客户之间。

数字经济的发展，将使金融变得更加普惠，服务于那些处于原有金融体系之外的群体，推动一个更加美好的社会的到来。

（二）数字经济催生新金融

新金融与传统金融相比是一种新的金融服务体系——它以技术和数据为驱动力，以信用体系为基石，降低金融服务成本、提升金融服务效率，使所有社会阶层和群体平等地享有金融服务，并且它与日常生活和生产紧密结合，促进所有消费者在改善生活，所有企业在未来发展中分享平等的机会。

这一定位包含四层意义：

1. 新金融以技术为生产力，以数据为生产资料

技术和数据相结合对新金融产生的核心作用在于降低金融服务成本，提升金融服务效率：一方面缓解传统金融在触达获客、系统运营、风险甄别、风险化解等环节中的成本问题，极大地降低单客边际成本；另一方面以高效的算力和智能的算法，结合广谱多维的数

据，帮助在金融服务中实现决策，极大地缩短从前人工方式需要数天甚至数月的服务周期，甚至达到实时水平，同时避免人为判断失误等原因，达到更精准、科学的决策。而金融服务成本降低和效率提升，将最终体现为两个方面：一是拓展金融服务的边界，服务于更多人、更多生活和生产场景；二是提升金融服务的体验，让消费者享受安全、便捷、丰富的金融服务。

2. 信用体系不只是新金融的基础，也是整个新商业文明的基石

信用体系的作用在于消除信息不对称，建立互信关系，它不只是金融服务的基础，更是整个商业文明的基石。但传统信用体系存在数据来源单一、更新频率低、用户覆盖不足等问题，新金融基于广谱多维、实时鲜活的数据来源，通过高效的算力和智能的算法，建立健全大数据征信，极大地补充了传统信用体系，并且不只用于信贷、保险等传统金融领域，更将其拓展至出行、住宿、教育、就业等更多与日常生活息息相关的领域，成为整个商业文明的基石，推动诚信社会的建立。

3. 新金融通过提供平等的金融服务促进包容性经济增长

首先，新金融为所有社会阶层和群体提供平等的金融服务，尤其是普通消费者和小微企业，保障社会所有群体共享普惠金融的红利。其次，新金融作为新商业文明的重要一环，进一步发挥金融在资源优化、匹配新供需关系上的作用，让所有社会阶层和群体在公平的环境中共享未来发展机会。

4. 新金融服务于实体经济，与日常生活和生产紧密结合

真正将金融与生活和生产融为一体，对普通消费者而言，金融不再是冷冰冰的金融产品，而是支付宝、余额宝、花呗、借呗、退货运费险、芝麻信用分等已成为"家常便饭"的生活方式的改变；对企业，尤其是小微企业而言，支付服务解决零售服务"最后一公里"触达问题，基于大数据的企业征信和小微贷款解决"融资难"问题，低门槛、低成本的金融服务成为"大众创业、万众创新"的保障。总之，新金融融入日常生活和生产，与新零售和"新制造"等新商业文明有机结合，能更好地服务于实体经济。

二、数字经济改变金融业

新金融出现的背后有两个方面原因：一是数字经济时代下数字技术大发展为新金融提供驱动力降低成本、提高效率；二是新经济需要以普惠为核心的新金融的有力支撑匹配供需两侧优化。

（一）数字经济时代下数字技术大发展为新金融提供驱动力，降低成本、提高效率

技术驱动是新金融发展的驱动力，也是新金融最鲜明的特色，通过数字技术发展，有效解决金融服务的触达、认证、风控、运营、审计等环节的难题。数字技术的核心作用在

于降低成本和提高效率，最终目的在于：一是拓展金融服务边界，让金融能服务更多人、更多商业场景；二是提升金融服务体验，让所有人能平等地享受便捷、安全、可信的金融服务。

具体来说，移动互联技术有效缓解过去金融获客成本高、用户体验不便的问题，让金融以低成本的方式便捷、有效地触达社会各个群体。大数据极大地消弭金融服务的最核心问题——信息不对称性，有效甄别风险，保障消费者权益不受侵害，同时让金融服务风险损失可控、可持续发展。生物识别通过交叉使用人脸、眼纹、虹膜、指纹、掌纹多个生物特征，已实现比人眼更精准的远程识别，解决"如何证明你是你"的难题，尤其是为边远地区传统金融服务难以触达的地方提供便捷的金融触达。人工智能技术提升大数据处理效率，并能够通过深度学习的方式不断迭代升级，模拟人类的思考方式，用技术拓展金融服务的边界。云计算通过低成本、高扩展性的运算集群极大地降低金融服务运营和创新成本，并提升其服务效能。区块链技术让资金和信息流动可审计、可追溯，保障金融服务透明、可信。相信未来还有更多的数字技术被用于新金融服务，为其发展拓展更多想象空间。

（二）新经济需要以普惠为核心的新金融有力支撑，匹配供需两侧优化

过去五年，中国人口红利所带来的传统动能正在逐步减弱，取而代之的是不断发展以创新驱动的新动能，生产要素通过供给侧改革正在逐步实现结构性优化，生产小型化、智能化、专业化将成为产业组织新特征，这其中，生产更灵活、更富有创新活力的小微企业作用日渐凸显。另外，从需求侧角度来看，传统由投资和出口拉动的"三驾马车"正转变为消费驱动。一方面消费需求规模正在快速增长；另一方面消费方式也正在升级，模仿型、排浪式消费阶段基本结束，个性化、多样化消费渐成主流。

英国经济学家、诺贝尔奖获得者约翰·希克斯曾以"工业革命不得不等待金融革命"指出经济与金融相伴而生的发展关系。如何匹配供给侧改革，为小型化、智能化、专业化的生产提供金融动力？如何促进需求侧优化，为不断增长的个性化、多样化、便捷化的消费提供金融支持？其核心问题在于有效解决"普惠"难题，即改变过去金融服务围绕大企业和高净值客户的"二八定律"，为千万家小微企业和十多亿普通消费者提供平等的金融服务。

从供给侧角度看，小微企业无法获得服务的主要原因在于单体服务成本高、风险甄别难度高两个方面，而这正是新金融的优势所在：一方面，通过移动互联、大数据、云计算、人工智能等技术不断降低获客和运营所带来的可变成本，单个小微企业的服务边际成本已趋于极低，为包括小微企业在内的所有企业提供平等的金融服务已成为可能；另一方面，技术和数据驱动的不断完善的社会信用体系已成为新金融的基石，企业信用数据覆盖面的提升也降低了甄别风险的难度，让更多的小微企业可被纳入金融服务范畴。

案例：网商银行的小微贷款基于大数据和云计算技术，为小微企业提供"310"贷款

服务（三分钟申请、一秒钟到账、零人工干预），已经为超过 400 万的小微企业提供超过 7000 亿元的贷款，户均贷款余额不到 3 万元，为全社会"双创"发展提供金融支持。从需求侧角度看，传统金融服务具有一定门槛，使普通消费者难以获得足够的金融服务；同时金融产品化在公众心目中更趋于冷冰冰、难以理解的形象，普通消费者接受程度较低，在日常生活中难以享受金融服务的红利。新金融与传统金融相比，在这两个方面有极大的改善：一是通过技术驱动降低金融服务门槛；二是通过与日常生活场景紧密结合，为客户在生活中提供便捷、丰富、实用的金融服务。

例如，芝麻信用为上亿信用记录缺失而被金融服务拒之门外的用户提供大数据征信服务，并提供不断丰富的征信应用场景，如租车和租房免押金、办理出国签证、申办信用卡等；余额宝将理财门槛降低至一元起，普通大众在通过互联网理财享受一定收益的同时还可以方便地用于日常消费；场景保险中的典型代表退货运费险，解决了消费者和小商户间的互信问题，减少了因交易摩擦而产生的成本，其中大数据技术有效解决了保险中的"逆选择"难题；支付宝为消费者提供快捷、安全的支付体验，即使在偏远的农村地区，也可通过互联网或移动互联网方便地购买和城市居民一样品质的货物。

三、金融业新形态

（一）服务实体经济

新金融的价值意义在于它能促进社会向更好的方向发展，包括一个更公平的社会、一个更高效的社会、一个更诚信的社会、一个可持续发展的社会，同时，新金融及其价值在全球都可复制。

（1）更公平的社会——普惠金融体系促进包容性经济增长，金融民主化为所有个体提供未来发展机会上的公平性（普惠）。

借助数据和技术，新金融致力于消除由于金融服务成本、风险和效率问题带来的不平等，让每个用户都享有平等的权利，自由获取所需要的金融服务，进而促进整个社会获取生活改善与未来发展机会上的公平性。

数字普惠金融作为可持续与包容性增长的有效实践，其作用在 G20 杭州峰会期间被世界各国所认可，并通过《数字普惠金融高级原则》向全球推广，大力推动整个金融体制改革。

（2）更高效的社会——重构资源组织、供需匹配，以便捷高效的金融服务满足经济发展需求（新供需关系），提高资源配置效率、优化供给和需求两侧的匹配关系是经济学的核心问题。新金融依托技术和数据，在服务上不断创新，既满足小型化、智能化、专业化的生产供给，也满足个性化、多样化、便捷化的日常消费。

新金融对消费型经济的促进已初露端倪。以网络支付为例，作为电子商务发展的底盘，激发消费潜力，在世界范围内换道超车，取得领先地位。其他包括消费金融、大数据征信、消费场景保险等金融服务也成为结合生活场景提升消费便利性和安全性，进一步刺激消费的有益创新。

（3）更诚信的社会——完善商业文明的信用基础设施，推动诚信社会的建设（信用社会）。

信用体系不只是金融服务的基础设施，也是整个社会经济发展的基础设施。"车无辕而不行，人无信而不立。"信用本质是甄别风险，解决各个场景中的信息不对称问题，在不同场景下具有灵活多变的特性，如在金融领域，可成为风控手段，应用于反欺诈和信用卡、信贷审核等，提高准确率和覆盖率；而在生活领域，则可解决商户与人、人与人之间的信任问题，在出行、住宿、签证、招聘等一系列生活场景中提高双方的便捷性和可靠性。

但是传统征信体系并不能覆盖全社会企业和个人。根据 BCG 报告，美国个人征信覆盖率为 92%，中国这一数字仅为 35%。央行主导的中心化征信体系负担过重，需要更多市场化的力量加入，共同促进个人征信产业的发展。

在用户授权的前提下，大数据征信依据用户的各维度数据，运用云计算及机器学习等技术，为个人或企业提供信用肖像的刻画，成为传统征信体系的有机补充。与传统征信体系相比，大数据征信具有数据源广谱多维和实时鲜活的特点。

同时，个人良好信用积累所带来的更便捷的生活方式，将对消费者和企业有良好的示范作用，助力推动诚信社会的建设。

（4）可持续发展的社会——推动绿色金融发展，以可持续发展的方式建设节能低碳社会（绿色金融）。

中国人民银行在金融改革与发展"十三五"规划中强调绿色金融体系的建设，通过金融服务促进社会经济可持续发展。新金融通过数字技术触达用户，天然具有低碳环保的基因。蚂蚁金服所有金融服务都在线上完成，没有线下网点，包括水、电和煤气等便民缴费让广大百姓减少了许多奔波，初步测算 1 年至少减少 80000 吨碳排放。取代纸质票据的电子票据，经测算 1 年可至少减少 720000 棵树的砍伐量。

另外，新金融基于生活场景，调动普通民众参与低碳消费生活的积极性，推动绿色消费意识的普及。蚂蚁金服计划为每个用户建立一个碳账户，用于度量其消费、出行、生活等领域的碳减排。鼓励用户步行、自行车出行、乘坐公共交通工具出行等低碳生活方式，同时希望一些公共交通、环保交通企业能加入自愿碳减排交易（Voluntary Emission Reduction，VER）或者中国核证减排量（Chinese Certified Emission Reduction，CCER）减排机制中，将碳资产在减排企业与使用用户之间进行合理比例分配，鼓励全民主动选择低碳生活方式。同时，支付宝还可以通过秀碳积分、点赞、贴低碳标签等方式，推动低碳、绿色兴趣社交和社群建立，促进各种新生活网络社区形成，积极推广、普及低碳意识和绿色生活方式。

（5）可复制——新金融的发展模式及社会价值可推广至全球，为世界所共享（全球化）。

新金融实践不仅在中国获得成功，在世界范围内，尤其是发展中国家，也被证实是可行的。2015年初，蚂蚁金服投资印度电子支付平台Paytm，并为其提供"金融云"服务等技术支持，助力Paytm在一年间突破业务"瓶颈"，根据2016年4月12日发布的数据，活跃用户数已达1.22亿人次，是2015年初的近5.6倍，跻身世界前四的电子钱包服务提供商。"新金融"模式被证实不只"成于中国"，更可"享于世界"。

（二）数字普惠金融

根据国务院2016年印发的《推进普惠金融发展规划（2016—2020年）》，普惠金融指立足机会平等要求和商业可持续性原则，以可负担的成本为有金融服务需求的社会各阶层和群体提供适当、有效的金融服务。近年来，尽管普惠金融发展迅速，但仍然面临着成本高、效率低、"最后一公里"难以打通、商业可持续性不强等一系列全球性难题。随着数字化时代的到来，普惠金融与数字技术加速融合创新，为解决上述难题提供了一条可行的路径。

根据2016年杭州G20峰会提出的《G20数字普惠金融高级原则》（以下简称《高级原则》），数字普惠金融泛指运用数字技术来促进金融普惠。它具体包括：运用数字技术为原先无法获得或者缺乏金融服务的人群提供一系列正规金融服务，所提供金融服务对于被服务对象而言必须是适当的、负责任的、成本可负担的，同时对于金融服务者而言是可持续的。

《高级原则》同时指出，数字普惠金融服务涵盖金融产品和服务，具体包括支付、转账、储蓄、信贷、保险、证券、理财、对账等。这些产品和服务通过电子货币、支付卡或传统银行账户等数字技术得以实现。

数字普惠金融在概念上可以看作数字金融与普惠金融的交集，其中也包含部分互联网金融业务，如网络借贷、互联网支付、网络众筹等，如图5-3所示。

1.数字技术提高普惠金融服务的可获得性

数字普惠金融依托（移动）互联网、云计算等技术，突破传统金融服务的时间和地域的限制，提高了金融服务的可获得性。用户可以通过数字化的交易平台进行支付、转账、投资等业务，由此产生的交易数据可以为相关的征信机构提供征信依据，以便为用户提供更好的金融服务。此外，民间资金可以通过金融机构，在基于网络和移动通信技术的基础上实现"面对面"融资。加大金融市场的供给，提高农户、特殊人群和中小企业融资的可获得性。

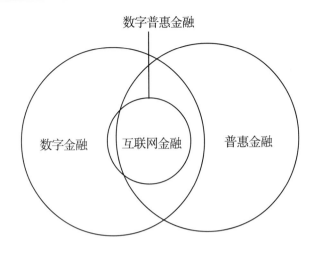

图 5-3　数字金融概念示意

2. 数字技术提高普惠金融服务的覆盖面

数字普惠金融通过电脑、手机及其他移动终端等设备提供金融服务，扩大金融服务覆盖范围，尤其是在农村地区。数字普惠金融改变了原有的服务提供方式，不论用户在偏远地区还是在大城市，只要有电脑或者手机就可以获得金融服务，而不再需要通过固定的营业网点。以信贷为例，P2P 网贷平台可以实现在线信用贷款，不需要用户提交纸质资料，并且审核时间较短，通过平台审核后，客户就可以在线获得借款，并且在线完成还款。

3. 数字技术降低普惠金融服务的成本

传统的金融机构的服务范围依赖于其分支机构的数量和分布位置，服务范围的扩大必然伴随着营业网点的增多，办公场地、人工服务等都需要成本支出。如果为农村和偏远地区人口提供金融服务，则成本和难度都会增加。数字普惠金融改变了传统金融服务所依赖的基础设施，不需要物理网点，通过互联网、手机等就可以获得金融服务，成本支出明显下降。

数字普惠金融改变了风险管理的方式，通过互联网、云计算等对数据进行挖掘分析，如腾讯征信数据来源主要是社交网络上的海量信息，比如利用支付、社交、游戏等情况为用户建立基于互联网信息的征信报告。电子商务平台（阿里、京东、苏宁）征信数据来源主要是大量的消费者和平台商户及供应商的交易数据、退换货数据等，对这些数据进行分析，能够准确衡量个人和企业的信用等级，从而降低信息收集、线下审核和风险管理的成本。

中国正在形成以消费为主导的经济增长新格局，超大城市居民消费水平已接近日韩，主要具有以下升级特征：一是消费新内容。居民的消费结构随收入增长呈现"先商品后服务"的阶段性特征，未来将是医疗护理、娱乐、金融服务保险占比不断攀升的时代，与闲暇生活相关的服务、娱乐、体验式消费刚刚起步，虚拟形式的内容及服务，如直播等形式将拥有更为广阔的发展空间。二是新一代消费。伴随着互联网长大的"数字原住民"（1980—

2000 年出生的人口，目前约占中国总人口的 30%），他们身上聚集了两代人的财富，具有较高的消费倾向和超前消费意愿，追求在产品形成和消费中的参与感，并乐于分享。三是个性多样的消费。中国城镇化进程的差异、居民收入阶层的多样性、年龄的层级分布等决定了中国未来消费的阶梯特征，如农民工消费普及和中产阶层消费升级并存，二、三线城市复制一线城市的消费潮流之后再向低线城市扩散。"80 后"成为消费主体的同时伴随"银发"消费的崛起，女性消费特性在互联网时代被放大。四是消费新主张。与炫耀性消费不同，消费新价值主张以鲜明、年轻、时尚和自由为特征，消费更加回归理性，主要目的是"愉悦自己"，那些给消费者带来差异化终极体验的商品和服务将凸显竞争力，博得溢价成为赢家。

第三节　数字经济下零售业的变革

在数字经济时代，数字化转型已成为零售业高质量发展的必然趋势。近年来，我国零售企业纷纷进行数字化转型，呈现出从技术应用向数字赋能转变、从渠道线上化向线上线下一体化转变、从业务数据化向数据业务化转变、从营销数字化向全面数字化转变以及从大企业主导向大中小企业协同转变的特征，整体上处于探索阶段，存在着全面数字化战略规划缺失、数字化基础和能力较弱、需求驱动型供应链支撑不足和企业组织架构改革相对滞后等问题。零售业数字化转型的内在机理是数字化技术驱动的以消费需求为核心的生产供给体系和流通供给体系的变革，即以消费者需求为出发点，通过线上线下多维立体场景打造、供应链逆向整合、数据资源积累和数据分析能力构建、业务流程再造与组织架构变革构建数字化商业生态系统，打破商品生产与消费之间的时间与空间限制，重构人、货、场的关系，提升生产与流通体系供给质量和供给效率。

一、新零售满足个人主观效用

效用是经济学中最常用的概念之一。一般而言，效用是指对于消费者消费或者享受闲暇等，使自己的需求、欲望等得到满足的一个度量。经济学家用它来解释理性的消费者如何把他们有限的资源分配在能给他们带来最大满足的商品上。经济活动的价值，正是帮助消费者实现效用最大化。

理解新零售，需要重新回到上述判断经济活动价值的标准。在市场经济条件下，我们用来判断经济活动价值的标准在于，最终接受某项商品或服务的用户对这些商品和服务的主观评价。这也意味着，并非投入的成本或服务决定商品的价值，只有这些商品和服务最终满足了使用者的需求，这一经济活动才实现了其价值，否则，只是在摧毁价值。从这一角度出发，年复一年不能消化掉的库存只是在摧毁价值，而不是为社会创造价值。因为这些资源本来可以投入其他的生产领域,去满足社会的其他需求。

在消费者收入低的时候,需求结构相对单一,主要是一些生活必需品,随着收入的增加,消费者的需求越来越多样化、个性化,而且随时发生着变化。如何更好地满足消费者的需求,需要利用不同技术的比较优势。通过线上线下优势互补,更好地满足消费者需求,实现经济活动的价值。

所谓新零售,就是以消费者体验为中心的数据驱动的泛零售形态。新零售的本质在于,无时无刻地始终为消费者提供超出期望的"内容"。传统零售当然也希望以消费者体验为中心,但实现这一目标的代价过于昂贵,除了少数价值极高的产品和服务,比如私人飞机、定制跑车等,产品的生产和销售者才会花大量的时间和精力去了解客户的需求,对于大众产品,零售商和生产者可以说是有心无力。随着数字经济时代的到来,实现这一目标正在成为现实。在新零售时代,了解消费者需求的成本急速下降,而随着人工智能的广泛应用,零售商将能够更好地了解消费者的需求,这些汇集的信息也将帮助生产者、流通行业更好地配置资源,生产出更能满足消费者需求的产品,减少不必要的物流成本。

区别于以往任何一次零售变革,新零售将通过数据与商业逻辑的深度结合,真正实现消费方式逆向牵引生产变革。它将为传统零售业态插上数据的翅膀,优化资产配置,孵化新型零售物种,重塑价值链,创造高效企业,引领消费升级,催生新型服务商并形成零售新生态,是中国零售大发展的新契机。

二、新零售产生的原因

新零售产生的原因包括技术变革、消费者认知变化和行业变革三个方面。

在技术层面,新商业基础设施初具规模:大数据、云计算、移动互联网端;智慧物流、互联网金融;平台化统一市场。互联网发展逐步释放经济与社会价值,推动全球化3.0进程。

在消费者认知变化层面,消费者数字化程度高,认知全方位,购物路径全渠道;中国消费升级引领全球消费增长,新一代价值主张,从活下去到活得更好。收入水平低的时候,消费水平很单一,主要是要生存,最重要的需求是卡路里。但随着收入水平不断提升,消费需求的多样化和个性化迅速增加,如何活得更好成为最主要的关注点。

在行业变革方面,全球实体零售发展放缓,亟待寻找新的增长动力。中国实体零售发展处于初级阶段,流通效率整体偏低,缺乏顶级零售品牌。多元零售形态涌现。

三、新零售与传统零售的区别和联系

传统零售业面临着改造升级,新技术、新产业、新业态、新模式不断出现。信息化、数字化、云计算是数字化转型的核心。新零售将最大化地提升全社会流通零售业运转效率,与传统零售业的区别主要体现在以下几个方面:

（一）智慧零售系统

智慧零售系统是将全球领先的 SaaS 模式导入门店，利用移动互联网、云计算、大数据技术，聚焦于"智能化管理＋数字化营销"两大核心价值，专注于构建智慧零售云平台，专门为实体商家打造的门店新系统。

1. 以消费者为中心

智慧门店系统重构实体门店"人、钱、货、客、场"的传统运营方式，对珠宝 ERP 薪酬绩效、OA 财务收银、SCRM（链接式会员管理）、场（创造客户、保留客户、打造自媒体）等传统运营环节进行全方位改造升级。

2. 依托移动互联网智能数字云科技

致力于为传统门店打造全新的"顾客终身价值体系"。全面为零售企业品牌升级、技术创新、渠道融合、会员管理、数据分析、精准营销提供云解决方案，达成"管理减负、营销增效"两大客户核心价值。总之，智慧门店系统是一套集合各种现代"黑科技"的智能系统。通过智慧系统，商家能重塑实体店的商业价值，解决实体店经营的难题，下面我们将从"人、钱、货、客、场"来介绍智慧系统为商家带来的革新。

（1）零距离智慧云管人。

如果把实体店铺比作一个家庭，拥有智慧门店系统，就如一个大家庭拥有了一个靠谱的管家。

传统商店销售人员属于销售行业薪酬较高的人群，但销售人员随行业周期流失大、变动大，至今都是门店人员管理上周期性的难题。

一个店长往往要管理数十个销售人员，还要不断地重复培训新的员工，管理实体店铺不仅劳累，而且效率低下，相信所有实体店铺管理人员对此都深有体会。

如今，一个智慧系统就能管理和服务数百名甚至上千名销售人员。

智慧绩效管理系统正是针对实体店人员管理难题而开发的系统，此系统是基于多年的零售绩效管理研究实践经验转化成的互联网数字化工具。将这样一套系统植入实体店日常管理，不仅能极大地便利实体店的人员管理，还能为员工提供一套智能化、数据化、人性化的绩效服务。

科学的绩效管理能够最大化调动员工的主动性和积极性。

通过智慧绩效管理系统，商家可将自身的业绩目标逐级分解并关联到每一个员工身上，使门店目标从上到下更加有效地传导。商家可将店铺的目标计划根据实际工作分解成任务，并通过系统后台实时跟踪效益与员工销售动态。

使用智慧绩效管理系统，门店管理人员可以在后台设置奖金提成、任务激励机制，并为员工自动排班，员工打开手机就能知道自己的工作目标和绩效。

同时，云管人还专门为门店研发了线上移动商学院，现在首批上线的是智慧系统功能的教材，接下来会逐渐增加其他内容板块，如产品终端专业知识、销售技巧、会员服务等。

门店可以自主上传企业的培训教材和资料。以 PPT、视频、直播教育等形式，全面解决终端门店培训成本高、培训难度大的问题。云管人系统还开发出了员工培训后的考核机制，随时随地深化知识掌握，方便门店对员工进行考核分级。

（2）零误差智慧云管钱。

对商家来说，传统的财务系统主要靠专业会计的人力、脑力，不仅费时，而且人工成本高，容易出差错，建立属于实体店自己的智慧财务管理系统迫在眉睫。

对客户来说，新时代的顾客们都逐渐适应了用移动端口支付的模式，传统的现金收银模式渐渐退出历史舞台。

智慧财务管理系统正是赋能实体店大部分财务管理工作的系统，用系统取代财务管理中的事务性工作，减少财务管理中不必要的环节，能大大提高商家财务管理的效率，并对传统收银系统进行数字化的升级，不仅收银功能更强大，而且集粉丝录入、会员营销、门店财报分析等功能于一身。

通过智慧收银系统，商家可以随时随地秒速开单，并支持多种支付方式。开单之后，客户可以看到实名认证的店铺信息，这为店家增添了更加可靠的信誉。同时，收银商品也可以进行挂单，不耽误任何客户的埋单时间，埋单客户也可在挂单结束后再提取商品，更加方便安全。收银结束后，手机客户端会收到快速反应的消息提醒，第一时间了解支付成功情况。

相对传统的收银和埋单，智慧系统让商家收银无烦恼，也能让买家的埋单体验更加轻松愉悦。不仅如此，强大的收银系统还能绑定买家，将埋单的客户变成粉丝，成为商家流量池的一部分。

在客户购物成功后，即可在手机端领取电子会员卡，免去传统会员卡需随身携带的麻烦，而商家通过收银就能将客户纳入商家的流量池，为客户提供相应的积分服务、礼品服务、现金充值服务等，方便会员进一步了解商家信息，也方便商家对会员进行二次营销。

除了收银的便利外，智慧系统还为商家提供管理和数据上的全面服务。商家可对收银进行抹分、抹角、四舍五入等设置，让数据更加清晰明了。同一个店铺，可以同时入驻多个收银员，店长可以对收银员进行统一管理，查看收银员的收银，针对每天收银支出情况，店长可以对收银账单进行核对，看清每天的实际消费情况，进一步便利实体店铺的管理。

在智慧云管钱系统的协助下，商家通过手机就可以在线实时了解店铺的营业额、当日盈利，以及查询每个店铺的日、月、季度、年报表，时刻了解店铺的经营情况，这是传统财务管理系统很难做到的事情，然而智慧财务管理系统能提供最及时、最快、最精准的财务报表。

总之，拥有一套专门的智慧财务管理系统，商家能在营收数据分析、实时登记会员、一键购物结算、兼容各类系统、多元营销对接、云端操作应用上节省不少开支，并将商家的财务系统（如金蝶财务系统）与其他系统联通，实现商家全方位一体化经营的目标。

（3）零压力智慧云管货。

了解智慧云管货系统，我们需要先了解 ERP。ERP 是现代企业管理的运行模式，它是一个在全公司范围内应用的、高度集成的系统，覆盖了客户、项目、库存和采购等管理工作，通过优化企业资源实现资源效益最大化。

为什么商家也需要 ERP？传统的商家拼优质货源、拼优质渠道，注重货品的量与质，但一直缺乏对货品的有效管理。

综观整个珠宝行业管理历史，珠宝商家存在着专卖店柜台盘点、库存管理、周转率分析、品类分析等难题。

一个普通商店的产品盘点工作，繁杂且低效，相信开过珠宝店的人都有这样的痛苦经历。低效率的盘点工作不仅增加了员工的负担，而且会影响商家进出货的货品统计和销售计划。

在这种情况下，对产品的高效管理显得尤为关键。商店迫切需要一种有效的技术手段，能快速、准确、简便可行地完成对货品的盘点工作，帮助企业及时了解各种品类产品的销售情况，完成公司管理层对各类产品市场接受的数据分析，并能对货品的状态进行实时监控，最大限度地降低货品丢失的可能，并提高产品的销量。

传统 ERP 其实是在做记录和流程，它是把所有的货品进、销、存记录下来，然后按一个流程去做事。而今天零成本科技的智慧 ERP 是在做创新和升级，是在做消费者的增长、数字的增长的统计，一方面是帮助实体店提升获取潜在客户的能力，另一方面提升转化的运营能力。

智慧 ERP 可以完全解决管理难题，帮助商家没有误差地管理货品。智慧系统可以创新打通、全面链接门店所有的运营系统，构建店铺智能大数据云平台，对每件货品的销售做到精准监控与优化设置，从而实现对所有商品进行有效把控，并方便各分店之间货品调换，提高周转率，降低无效库存成本。

运用智慧 ERP，支持集团、总部、门店等多层级将每件珠宝数据化、电子标签化，商家可以随时随地通过系统后台了解每件珠宝的销售情况和产品信息，更加方便安全，销售人员再也不用担心不熟悉产品，智能化的电子货柜可对门店货品进行实时管理和自动盘点，成为店铺老板和员工最得力的管理助手。

不仅如此，智慧 ERP 还可以方便商家实时查询热卖爆款，有效分析库存结构，智能计算货品周转率、补货周期、资金占用等，达到真正的智能配货。门店库存还能智能预警，自动生成补货计划，优化库存，减少无效库存成本，完全解放了商家和销售人员的双手和大脑。

可见，智慧 ERP 的运作流程是硬件设备融合所有业务并采集精准数据，线上后台对该类数据进行挖掘与智能分析，最后商家通过大数据分析结果进行有效的智能管理运用。

总之，智慧 ERP 系统覆盖了客户、项目、库存和采购供应等管理工作，通过优化公司资源达到资源效益最大化，并为商家进行多店连锁管理提供了最大的便利，实现商家零误差智慧云管货的目标。

（4）个性化智慧云管客。

客人关乎着实体店铺的盈利，因此管客就显得尤为重要了。过去，实体店传统管客的手段非常低效，店家很少有效保存客户的个人信息，大都依靠销售人员个人的关系维持。这种管客手段依托销售人员的个人营销能力与交流能力，多用人情会客、管客，不仅无法有效地利用客户资源，而且如果销售人员离职，就会带走个人客户，造成客户资源的流失。

当今的消费者更注重隐私，很少主动去留下个人信息，并且注重个性化服务，尤其是年轻客户，我们用传统的人情方式很难维系住。同时，当下的流行风潮变化快，客户的喜好让商家难以捉摸，商家难以将客户资源有效转化，智慧 SCRM 可以完美地解决这些问题。

SCRM 是管理学术语，意思就是链接式客户关系管理。企业为提高核心竞争力，利用相应的信息和互联网技术手段协调企业与顾客间在销售、营销和服务上的关系，通过一种更加稳定可靠的管理方式，为客户提供创新式的个性化的服务。管理的最终目的是为商家保存更多老客户，吸引更多新客户，同时，不断地将保留下来的老客户转变为忠实客户，增加可持续性的销售。

智慧门店 SCRM 涵盖了客户管理、销售管理、客户服务、商业智能等各项功能板块，可为商家提供移动超级会员、用户数据画像、智能消费表单、关联引流工具、销售漏斗部署、营销数据反馈、多元服务支持、会员自动营销、情感维系等技术服务，帮助商家更好地管理店铺，并提升客户的满意度。

过去，实体店管理客户就是保留一个电话或者地址，不仅不利于保存，而且除非客户主动上门，否则很难对客户进行二次营销。智慧 SCRM 能将顾客的消费路径、消费行为、会员信息、消费足迹等数据收集在系统后台，将客户信息进行数据化管理，并利用大数据整合能力，将数据进一步分析整理，标签式精准管理顾客，这些信息不仅方便珠宝商对客户进行管理服务和二次营销，通过生成客户数据和市场数据，还能对商家的营销活动加以计划、执行、监视、分析，为商家创造更合理的营销手段，为客户带来更多个性化的服务，实现智能运营、营销、服务体验等方面的优化升级。

过去，实体店用人管客，现在在智慧 SCRM 的技术手段支持下，可以说是用客人管理自己。我们用"今日头条"的例子来分析，现在的人们都爱使用"今日头条"，因为用户越使用它，它就越能为用户推荐有价值的、个性化的信息，这就是数据化下的完美客商关系，了解客户的喜好，精准营销。

未来，智慧 SCRM 将关乎每一个珠宝店铺的命脉，因为它直接影响着实体店铺的销售业绩，它能为珠宝店的销售额、用户满意度、用户忠诚度、市场份额等硬核的提升创造更多的成绩。

（5）互动化智慧云造场。

造场造势是打通实体店营销的金钥匙。每到周末和节假日，所有的实体店都想尽办法为其造场造势，希望在一些固定的时间节点、客流高峰期打开销售的大门，为门店带来更多的人流量。

实体店传统的造场方式主要依托在实体店铺内和商场内，依靠店铺和商场的客流量，很难让造场营销真正地传播出去，吸引更多潜在的客户。而且造场模式太过单一，主要依靠变着花样地搞优惠活动。这种方式也许可以吸引部分有需求的中老年消费者，却很难吸引年轻人。同时，如今消费者的消费观念与过去不同，更注重体验和个性化服务，优惠活动不一定能满足消费者的需求。

总而言之，依靠传统的造场模式，实体店铺本身无法真正有效地触达消费者。

智慧云场景营销系统致力于为商家打造一套线上线下结合紧密、功能强大、划分精细的营销服务体系，为珠宝实体店的营销紧密布局，打破场地限制，打破时间、空间的间隔，为实体店铺实现"人与人、人与货、人与场、货与货、货与场、场与场"之间的无缝衔接和精准匹配，为实体店营销提供全面赋能的服务和方案。

智慧云场景营销系统为商家提供超级引流解决方案、顾客召回解决方案、成交变现解决方案、销售倍增解决方案、会员唤醒解决方案、裂变拓客解决方案，是商家进行营销的得力助手。

智慧系统能为实体店搭建专属的智慧云场景营销体系，并将定制的互动营销产品工具植入实体店自有微信服务号，让顾客一秒变粉丝，形成黏性互动关系，提升进店率、成交率、连带率和复购率，解决全店引流、老顾客会员激活等终端运营问题，全方位实现智能数字化运营。过去的实体店铺就是一个固定的店铺，很难将营销辐射出去，有了智慧云场景营销系统，微信将成为商家另一个购物入口和引流工具。

依托于微信这个社交平台，定位买家用户人群，将所有的店铺粉丝进行数据化管理和分析，打造线上流量库和数据库。全方位地布局挖掘、社交渠道的价值，为商家提供全面的营销服务，最终通过个性化的精准营销手段直击买家的内心，真正实现分层营销。

（二）有科技感的线下实体门店

拥有了智慧门店系统，实体门店也需要进行一番"装修"，打造出符合现代消费者时尚观念和消费习惯的科技感实体门店，打通实体店铺的线上服务和线下服务，为商家和消费者破冰，让营销最终变为消费者的埋单。

近年来，各行各业的零售门店都开始了智能化改造的进程，就连网店大佬们也开始玩起了智能化的实体店铺，天猫小店、无人超市、智能家居集合店等，都从线上转到线下。

近几年"喜茶""奈雪的茶"等奶茶店打着年轻时尚的口号成为众多年轻人的选择，成为爆款产品和网红产品，这些店最大的成功之处就在于互联网营销做得好。在这些网红店如雨后春笋般冒出来的 2018 年，马云也做起了奶茶店生意，变着花样与这些网红奶茶店竞争，还玩起了"智慧餐厅"的概念。被命名为"未来的茶"的智慧餐厅落地上海，这也是有人一直宣扬的新零售理念在茶饮实体店铺领域的首次落地。

这家智慧化的茶饮店的最大特点就是整个店铺无店员服务，完全依靠机器人智能化作业。顾客来到这家店面后，拿出手机通过扫码可以直接选择奶茶品类、大小杯和口味，并在移动端完成付款。两分钟内，一台机械臂会开始自动调配茶饮，并将做好的奶茶送到取餐柜，方便顾客取用。

这样的智慧茶饮店直接体现了智慧实体店铺的内在本质，移动端口点单，智能 POS 完成客户信息的收集和运营，并在这种智能化的服务中改变和提升消费者的购物体验。

这里我们有两个问题：

第一，为什么如今的电商大佬敢于投资正在走下坡路的实体店铺？第二，传统守旧的实体店如何进行智慧化改造？

关于第一个问题，一众大佬们看到了实体店的前景，实体店侧重于服务，也更有体验感，拥有线上流量的大企业很容易将流量转接到实体店铺上。

随着智能化场景的应用发展，连小小的奶茶店都能进行智能化改造，珠宝行业又有什么不能改变的呢？

第二个问题的答案是，打造有科技感的智慧化的线下实体门店，并不仅仅是在店铺里安装一些智能硬件，更多的是通过智慧系统，集合智能软件和硬件设施，并结合 SCRM 实现店铺消费管理和营销服务上的互联网化、数据化。通过门店的智能化升级，门店可以更好地吸引消费者，并将消费者有效转化，而门店可以更加有效地了解和管理会员资料和喜好，并通过线上的大数据分析实时改变店铺的营销策略和管理，高效运营门店，这就是数据的系统交互应用。

智慧营销系统已不再只是一个软件，它已经成为新时代下零售的刚需，甚至可以说，现在已经是经营应用的"基础设施"。

特别要提出的是，智慧金店的落地解决方案不是一成不变的，而是根据每个金店的经营特点、品牌定位、客户层次、团队执行等来不断进化和改变的。功能、时机、环境、竞争对手等外部因素的变化都会导致落地解决方案发生改变。随着更多功能的开发上线、更丰富的实践总结，落地解决方案是要永远与时俱进的。门店是落地的主体，要从组织、职能、执行、监督各个管理环节进行设置，落地解决方案要从系统功能、活动规则、落地场景、员工激励等各个环节进行思考。只有每个细节、每个步骤都精益求精，才能确保每个落地方案都能成功。也希望有更多的第三方机构和专业人才加入智慧零售的落地实践中来，大家一起推动智慧零售的发展。

四、新零售发展的新契机

（1）中国实体零售业整体处于初级发展阶段，发展相对缓慢，业内尚未产生"顶级"实体零售品牌商。

以美国为例，1840年后的近200年中，伴随着工业化和信息化的技术革新，零售业先后经历了工业化和信息化，形成了成熟、高效的大流通格局。而中国自20世纪90年代后，工业化和信息化交织进行，零售业态紧密相接地出现，用20多年的时间走完了美国超过一个半世纪的零售业态变革，行业整体处于初级发展阶段。

（2）流通链条上批发零售业整体效率偏低，电子商务发展带动"最后一公里"的发展。

中国物流发展现状受制于工业化发展进度，综合大物流体系尚未完成，物流信息化程度偏低，此外，物流标准化程度低使商品周转率停留在较低水平。国内整体批发零售业交易效率偏低，据阿里研究院测算，美国的批发零售业交易效率是中国的1.56倍。近年来，中国电子商务发展带动物流配送发展，两者体量发展呈正相关，特别是"最后一公里物流"的发展，显著高于实体商业基础设施建设发展的速度。

（3）消费升级。中国正在形成以消费为主导的经济增长新格局，超大城市居民消费水平已接近日韩，主要具有以下升级特征：一是消费新内容。二是新一代消费。三是个性多样的消费。"80后"成为消费主体的同时伴随"银发"消费的崛起，女性消费特性在互联网时代被放大。四是消费新主张。与炫耀性消费不同，消费新价值主张以鲜明、年轻、时尚和自由为特征，消费更加回归理性，主要目的是愉悦自己。那些给消费者带来差异化终极体验的商品和服务将凸显竞争力，博得溢价成为赢家。

五、新零售发展展望

不同的商业时代有不同的商业形态。以超市、百货为代表的超级卖场集合了多种品类；以电商、团购为代表的超级平台聚集众多流量；以社交、资讯平台为代表的超级生态多维度地赋能商业；而在新的商业时代，零售商需要深挖超级用户，建立自有流量池。

实体店经历了从传统的物物交换到现在的移动互联网化，而在互联网时代，实体门店又经历了从门户网站到电商、微商，再到自媒体的时代。回顾实体店的商业发展历史，智慧零售就是时代发展的必然产物。

智慧零售的发展，使整个零售行业的效率更高，这是智慧零售的特点。而在这个商业模式不断进步和完善的过程中，我们的零售业态也逐渐发生了改变。电商巨头们纷纷转向线下，线上线下开始从曾经的对立走向互相融合，正如新零售概念提出者马云说的那样："未来十年是新零售的时代，线上线下必须结合起来。"这也预示着智慧零售时代的到来。在未来，商业的竞争已经不是线上线下的竞争，而是全网营销的竞争，拥有智慧零售系统落地的能力最重要。

对此，在这里我们探讨一些未来转型新零售的思路。

（一）流量是零售的本质

流量是一个互联网时代的网络用语，而它的本质所对应的是每一个消费者。生意难做，关键在于客户流量，客户流量分为自然流量和经营流量。大部分靠自然流量的生意都比较难做，因为一旦有竞争生意就下滑。

流量是实体店的血液，没有流量就没有生意。建立可掌控的私域流量池，是实体商店在新的商业模式下，掌握话语权的第一步。而建立流量池最好的互联网工具就是智慧门店系统，这是新营销最重要的"核武器"。

（二）用户至上的理念将更加突出

未来智慧零售，核心是互联网思维，而互联网思维又是以用户为中心。与传统的产品思维不同，转型智慧零售最为重要的一点就是掌握用户思维，学会经营流量池里的"留量"。

经营"留量"的关键在于锁客，一个是利益锁客，另一个是情感锁客。设计工具产品进行利益锁客，设计一个人一生每个不同年龄段的情感需求点进行情感锁客，让"留量"成为"留财"，需要拉长时间周期来看整个战略的价值。

真正属于未来珠宝终端零售的盈利模式是什么？各种迹象表明，"用户思维"在今天是不可忽视的盈利之源。这要求商家从"商品效应"跳转到"群客效应"，在传统零售时代，商家需要大量的顾客来维持生意，通过广开门店、增产商品来实现利润最大化；而在新零售时代的背景下，商家要提升群客的价值，让20%的顾客贡献80%的业绩——这就是用户思维，经营"留量"。

在传统零售时代，由于物资匮乏、技术手段落后等原因，零售市场是围绕着"货、场、人"的次序展开的。在这种经营理念和市场模式下，消费者没有太多选择的余地和权利；而且由于货品短缺，即商品供不应求的状态，决定了商家缺少提升商品品质的原动力。

后来随着新技术、新模式的发展，商品的供给不断加大，商品的品类、数量大幅提高，于是"货、场、人"的布局就开始向"场、货、人"反向演变，销售的渠道成为零售的核心要素，变成"渠道为王"的时代。到了现在，商品、渠道的数量已经不再是核心竞争力，而消费者将作为整个零售的中心，引领零售的方向，也就是"人、货、场"的时代。

这是零售市场竞争更加激烈的必然结果。在商品极大丰富的大背景下，零售的发展，已逐步走出以商品为中心的模式，转向以消费者为中心。商业零售将围绕用户生活需求来进行布局，即如何从内容、形式和体验上更好地满足消费者的需求，将成为未来零售经营的核心。比如2017年出现了零售业大量"餐饮＋零售"等跨界的业态，在零售门店引入咖啡吧、书吧、设置休闲区等，这些跨界融合展现的一个基本业务逻辑是从卖产品转向经营用户，围绕顾客打造有特色的商品与服务。

为了更好地体现用户至上的理念，零售企业需要做到以下几点：

①充分利用数据技术开展用户画像。管理大师德鲁克说过"要知道你的顾客是谁"。这是销售最重要的事情。大数据可以帮助零售商精准掌握消费者的用户画像，比如什么收入水平、什么样的习惯爱好等。借助360°的用户画像就可以为用户提供更精准的商品、服务，来建立消费黏性，形成消费闭环。

②在商品设计方面要体现出4个"好"。"好用"，也就是商品品质要高；"好看"，也就是商品的包装要精美；"好玩"，也就是商品自带融入感，比如具有社交属性；"好拿"，也就是全渠道营销，让消费者能够更加方便地获取商品。

③在商品消费环节要设计"沉浸式"场景。销售的场景将会从以前商品的展示与售卖场地逐步向消费者的生活方式演变，也就是"沉浸式"营销模式。消费者进入商场不再单纯是为了购买商品，而是除了家庭、工作，第三个生活场景的延伸。当消费者融入场景后，就会不自觉地做出购物行为。

（三）无人零售将迎来新一轮发展

无人零售的新型便利店模式成为2017年新零售领域最火爆的关键词，天猫、阿里、京东等大牌纷纷布局新零售，各类资本也先后涌入无人零售领域。虽然得到资本热捧，但是无人零售始终面临营业额不理想的窘境，终于在2018年无人零售开始遇冷。

不过从行业趋势来看，无人零售、自助零售在成本、效率、体验等方面都具有得天独厚的优势，无人零售行业的爆发性发展指日可待。首先，无人零售将打破零售在时间上的限制，将零售轻松延长至24小时，使消费者可以全时段购物；其次，无人零售将打破零售在空间上的限制，通过智能化的设备，购物数据的采集、分析，开店将变得非常容易，未来消费者可以随处购物，而且门店会根据消费者购物行为和购物喜好，不断迭代店内产品，为消费者提供更好的服务；最后，无人零售将极大地提升用户体验，通过数据处理与智能化应用，使消费者可以获得最精准的营销与最贴心的服务，同时，无人零售将去除购物过程中的人为不利因素，比如情绪因素、疲劳因素、出错因素等，使服务更为标准化。消费升级是一个不可逆转的过程，消费者永远都是选择更优质的服务，不可回退，所以在未来，更加智能化、无人化的零售形式必定会成为主流。智能技术将融入购物的各个环节，优化购物体验，革新购物模式。

目前，随着人工成本和门店租金的大幅上涨、网络基础设施的规模化效应和移动支付的普及，尤其是物联网技术和各种识别技术的快速成熟应用、发展，无人零售已经具备加速发展的客观条件，加之资本入局，无人零售将进入快速扩张阶段。自动售货机作为其中重要的业态之一，有望迎来新一轮爆发。比如在自动售货机行业，最新的报告预测，到2022年，全国自动售货机总数将达150万台，比2016年增长近8倍，发展潜力迅猛。

（四）数字化与数据分析应用

零售是世界上就业人口最多、环节最复杂的行业之一，也是最能体现供应链效率的行业之一。从商品下单采购、仓储物流、销售到售后，需要多个团队的协同作战，数字化则是极具效率的指挥棒。

20世纪90年代初期，被称为百货商店之父的美国人约翰·沃纳梅克曾经这样说："我的广告费有一半浪费掉了，可我不知道是哪一半。"约翰·沃纳梅克没有足够的数据去解决哪一半广告费被浪费掉的问题，因为那时搜集数据太困难了，同时也缺少专业的数据处理技术。

在互联网和数据时代，对每一个顾客进行精准分析和对企业本身的管理都需要数据支持。企业决策正由经验决策不断向数据决策的规范转变。

数据本身已经成为企业新的资产，并将大大促进劳动生产率的提高和资产收益率的增加。

（五）全渠道营销将成为零售新常态

智慧零售是打通线上线下的全渠道建设。

首先要实现的是建立"实体渠道"与"电子渠道"之间的连接，打通内部渠道，实现企业内部资源整合，内部全渠道对客户的服务一致。

其次是打通内部渠道与外部渠道，实现内外渠道对客户的衔接，放大全渠道客户入口价值。可以让客户在不同类型渠道之间无缝切换的全渠道，已经成为当前传统企业渠道转型的共同选择。

与此同时，企业要加强内在价值的建设。建设自身的文化价值，优化调整内部组织架构，以集中、统一运营管理为方向，最终，从业务流程、系统支撑、考核激励三个方面，打破各渠道线上线下的资源壁垒，促进营销闭环形成和完善，实现渠道联动。

零售行业的发展历史，可以总结为三个阶段。

（1）产品时代——这个阶段，卖货思维导致产品越来越同质化，获取客户的成本越来越高。

（2）渠道时代——以广告拉动消费人群，抢占货架、卖场的模式，导致转换率越来越低，流量始终走不出渠道。

（3）消费者时代——现在已经进入去中心化的碎片时代，以消费者为核心，以数据驱动运营，实现线上—物流—线下的消费闭环。

零售终将回归本质。未来，主动连接消费者且比竞争对手更快一步的门店能够活得更精彩。

谁能更早让消费者认知、链接、产生互动，谁能为顾客提供更高效的服务和更优质的体验，谁就能掌握C端(客户)。而掌握C端的商家，就能更早地从地面营销走向空中营销，就能在市场竞争中胜出。

"现代管理学之父"彼得·德鲁克说过:"创新是否成功不在于是否新颖、巧妙或具有科学内涵,而在于是否能够赢得市场。"

1.线上线下相互引流将成为常态

未来的零售模式没有线上线下之分。因为技术的进步、移动互联网的普及,以及互联网下成长的年轻一代成为主力消费群后,线上线下的界限越来越模糊了。同一群消费者既会是线下顾客,也会是线上顾客。他们在线上线下是来回穿越的,所以,未来的零售商需要同时具备线上、线下两种能力,并且拥有足够技术能力打通线上线下。

从库存、会员到服务、营销,都将是线上线下高度融合的,零售商必须提供体验更好的商品与服务。经过测算,现在一些大型电商平台获得一个新用户的成本达到了60~700元,这是电商零售必然要往线下延伸的客观要求。未来的零售市场必将是更加充分的二维市场结构空间。市场不会再回到单一的线下市场结构,只有实现二维市场融和规划,协同发展,才能把握市场的全部。

2.电商平台将呈现去中心化流量趋势

流量已经成为零售业中最核心的竞争领域。在流量零售的模式下,所有的顾客一定是注册的、可链接的、可统计的、可管理的、可互动的。

零售的经营将用一切有效的方式影响消费群体,逐步打造成终身价值消费者。电商巨头将继续高举高打,不仅将全渠道落实到更多零售实体业态,还会把电商平台的流量中心化逐渐开始向去中心化演变。

网络社群流量将成为新零售发展的重要方向之一。社交力、社群力正在成为新的零售营销影响力。在网络社群平台,消费者不仅可以获得一个品类丰富、汇聚海量商品的购物平台,而且可以获得一个生活消费分享平台。在开展网络购物的同时,还能享受到网络社群交往的快乐。

3.社区零售将成为一种新的零售业态

社区作为线下主要流量入口的作用将越发重要。通过为消费者带来便利的购物体验,帮助消费者省时省力来吸引消费者,增加用户黏性。

社区消费不仅可以培养线下用户社群,还可以增加销售收入。一般来说,开在社区的超市,售卖的生鲜价格可以做到比大卖场贵10%~15%,因为社区超市为消费者提供了购物便利性价值。消费者愿意为便利和省时来支付更多费用,年轻一代的消费者更是如此。所以,社区消费可以提供更多新的商品形式以满足消费者更多的需求,比如提供易于烹饪的半成品、无须存储更省事的商品包装、餐饮化的体验,以及提供更快速的配送到家服务等。

4. 零售供应链将成行业争夺热点

（1）新零售将重构供应链。

新零售中的供应链，有别于传统供应链和点对点供应链，它更多是基于互联网大数据技术和信息系统，智慧化、数据化、可视化的变革是供应链服务提升的基础，在此基础上才可能衍生出更多的增值服务，零售供应链将变得更加透明和高效。

融合"商品、供应链、大数据"三个重要因素的新零售供应链将会得到重构，不仅将这三者之间的距离越拉越近，而且让"大数据"在"供应链"及"营销"的多种场景下得以应用。

①智能分仓：借助大数据分析预测，针对不同区域提前安排商品的种类和数量。②仓储便利：将门店作为仓库的载体，实现店仓结合。③配送快捷：新零售供应链中，最重要的就是快速响应的能力。例如，目前现有的生鲜类供应链可以实现生鲜最快 30 分钟送货到家，这有时比消费者下楼买菜更方便。

（2）重视零售供应链创新已成为社会共识。

未来国家将大力支持推进供应链创新。2017 年 10 月，国务院办公厅印发了《关于积极推进供应链创新与应用的指导意见》，提出了供应链创新的协同化、服务化、智能化的发展方向，因此在未来新零售供应链还是将以消费者为中心，实现相关应用场景的智能和高效决策。2018 年 9 月 21 日，商务部、工业和信息化部、生态环境部等 8 部门经评审，公示了一批全国供应链创新与应用试点城市和企业。

各大零售巨头纷纷争夺供应链创新制高点。2018 年 3 月，京东携手沃尔玛、唯品会、斯坦福大学、麻省理工学院、中欧国际工商学院等合作伙伴共同发起成立全球供应链创新中心（GSIC）。据报道，该供应链资源平台将集管理洞察与研究、教练式辅导与咨询、运营服务与实施优化、管理技术开发与方案集成等功能于一体，实现供应链最佳实践、供应链场景大数据、供应链管理前沿技术的有机整合。京东成立 GSIC 的举措，展现了其在零售行业供应链方面的强大实力和创新决心。

阿里巴巴集团已经开始零售供应链的全球布局。2018 年初，菜鸟物流在英国、西班牙、马来西亚等 6 个国家的数十个重点城市率先实现了 5 日送达，且送达稳定性超过 98%。截至 2018 年 9 月，菜鸟物流网络的全球合作伙伴已经超过 3000 家，所协同的仓库、转运中心、配送站点总面积超过 3000 万平方米，天猫直送当日达和次日达已经覆盖 1500 多个区县。在 2018 年 6 月召开的全球智慧物流峰会上，阿里巴巴集团董事局主席表示，要全力以赴建设国家智能物流骨干网，一部分是在中国打造 24 小时必达的网络，另外一部分是沿"一带一路"在全球实现 72 小时必达。从行业发展方向来看，重视零售供应链创新已成为社会共识，可以说得供应链者得新零售。

第四节　数字经济下物流的变革

物流业是支撑国民经济发展的基础性、战略性、先导性产业，服务体验升级、供应链协同管理、建设物流强国的内在需求等诸多因素，对物流业发展提出了更高的要求。随着传统物流行业与新兴电子信息的深入融合，数字经济正式到来，当前我国物流业正处于加速转型发展的进程中。如何发展新物流，从传统单一、条块分割的物流业态向联接、联合、联动、共利、共赢、共享的综合物流与一体化物流转变，扶持引导数字物流、智慧物流、共享物流、协同物流、平台物流、末端物流等物流新物种，成为我国物流业面临的一个时代课题。

一、数字经济时代新物流的智能化变革

（一）新零售驱动的物流模式升级

伴随着商业领域的发展，实体商业与虚拟商业之间的界限逐渐模糊，在商业生态方面，也实现了供应链、物流、大数据、金融、场景体验等的结合发展。新零售将取代电商，在用户与产品研发之间搭建桥梁，改革原有的供应链体系，并提出全新的物流服务需求。

1. 品牌企业需求升级

进入新零售时代后，品牌方实现了线上渠道与线下渠道的一体化。运输过程中，需提高物流体系的快速响应能力；另外，物流干线与门店融为一体的配送方式，促使品牌方更加注重对整个物流过程的管控。在物流配送的末端环节，品牌方越来越重视货物追踪，并致力于提高企业的信誉度，建立良好的品牌形象。

在新零售时代，很多企业实现了线上、线下一体化运营，品牌方对物流的反应速度及其运行的灵活性提出了更高要求，物流要完成多批次、少批量的配送任务。在市场需求的驱动作用下，不少物流企业采用O2O众包模式，实现了干线物流、门店集散配送与终端配送的结合发展。

2. 干线物流模式升级

以往，渠道压货模式占据干线物流的主体，主要采用直发模式满足用户需求，有些快消品则通过末端库存补货来保证其正常供应。在数字经济时代，干线物流能够将产品从工厂直接送往消费者所在地，给快速专线物流提供了良好的发展机遇。届时，零担运输将代替整车模式，大包裹将代替集约化的小包裹模式。

在生产环节，部分厂家实践了顾客对工厂（C2M）模式，通过主流干线将商品从工厂

直接提供给终端消费者。在面向终端物流需求时，企业更多地采用大包裹、零担干线物流方式，满足消费者的商品需求。

在新零售时代，公路港能够发挥枢纽的作用，其功能集中体现为越库及物流整合。在后续发展过程中，公路港、空港都应该锁定消费者集散地，并将开发重点从一线城市转移到二、三线城市。随着商业领域的发展，大部分产业链都不会选择在中转园区进行货品存储，因此存货型园区公路港的作用将十分有限。同样的，一线城市的市场也很小。

3.同城配送服务升级

在新零售时代，物流配送的末端环节打通了物流和社区商业，这个环节的物流运作将产生新的变革：整合发展与升级转型。前者体现为"最后一公里"物流配送的整合；后者体现为由物流服务延伸出社区商业服务，如将微店商与微电商融为一体。

城市配送市场是快递企业应该重点开发的领域，如若不然，城市配送企业除了与干线物流结合发展之外，很难拓展其快递业务。

城市配送企业的业务主要由两大部分构成。

（1）物流集散中心面向企业客户，具体如商圈门店、社区店、专业店等。

（2）集散中心面向消费者个人，这类业务与宅配、传统快递存在共性。

在快递和城市物流方面，新零售驱动的物流变革具有多样化特征。以往，城市物流快递主要通过快递员进行推广，采用人工分拣方式。数字经济时代，城市物流通过获取海量的数据资源，能够实施精细化的用户管理，精确掌握用户的地理位置信息，节省分拣环节的时间成本，加快整体运转。对于城市物流，物流企业主要采用2B和2C两种模式：第一种模式是通过将干线物流与终端门店结合，配合O2O众包、快递柜，降低末端配送的成本；第二种模式会强化仓储管理、物流配送的自动化建设，充分发挥网络系统的作用，提高线下推广效果。

金融与数据是相伴相生的，要通过数据分析了解金融的价值，而数据资源就是为金融与商业的发展提供服务的。在新零售时代，物流行业发展的智能化水平不断提高，企业开始用云技术存储数据信息，使数据资产成为物流企业竞争的焦点。传统模式下，企业的竞争力集中体现在物流资产上；如今，企业可通过融资租赁、众包方式获得物流资产。相比之下，数据资产更能体现其竞争实力。大数据将成为企业发展的主要驱动力，并促使物流企业的运营过程在各个方面产生变革。

（二）借助技术实现智慧物流转型

新物流引进并应用了大数据、人工智能、云计算等先进技术手段，这些技术在该领域的深度应用，将促使物流行业向智能化方向转型升级，通过在各个环节进行数字化、智能化建设，提高整体运营的智能化水平。

物流包含的五大物理要素包括人、货、车、节点、线路。实体经济与虚拟经济要通过这五大要素走向融合，为此要发挥物流在两者之间的连接作用。除了这五大要素本身的价值外，其背后潜藏的信息流、资金流、经济关系等，以相互关联的网络化形式表现出来。在进行智慧化改造过程中，物流本身与潜藏的数据网络都能发挥不可替代的作用。

1. 在"人"方面

在对物流进行智慧化改造时，货运司机、分拣人员、园区运营者等，在传统模式下只能通过全球定位系统获取相关数据，如今则可通过智能移动终端收集多方面的用户信息。

2. 在"货"方面

以往多使用条码技术，如今可通过射频识别技术进行货物追踪，并进行高效的信息管理。举例来说，PRADA 在传统模式下主要依据服装销量判断其市场热度，将销量差的服装款式下架；如今，利用试品上装置的 RFID，品牌能够对该试品试穿次数与销量进行综合分析，调整那些试穿次数多、销量却不高的服装有效促进其后期的销售。

3. 在"车"方面

以往主要通过全球定位系统获取相关数据，如今在运载货车上安装了传感器。部分物流企业构建了相应的数据服务平台，能够从传感器硬件设备和远程信息设备中收集相关数据，进而实现数据资源的整合利用，为物流供应商和客户随时查询货车的运输状态提供便利。

4. 在"线路"方面

以往主要通过摄像头获取数据，如今则可利用传感器捕获集装箱、卡车、航空载具（ULD）的实时利用状态，据此分析这些交通工具的运力应用情况，从而制定最佳的运输线路。

5. 在"节点"方面

现阶段的大型物流中心、物流园区主要在内部管理系统进行信息化建设；而不少小规模企业则另辟蹊径，采用 SaaS（软件即服务）模式，通过使用网络软件，提高对自身经营活动的线上管理能力，并促进了系统内部的信息共享。

随着网络化、信息化的建设与发展，新物流也能够跟上数字化时代的步伐，促进企业当下的业务发展，实现资源的优化配置及整合利用，提高企业运行的规范化程度。

（三）新物流时代的企业运营路径

传统模式下，实体商业与虚拟商业之间相互独立；未来，两者将实现结合发展，商业生态体系也将发生颠覆性的变化，促使物流行业改革传统思维，实现创新式发展。

马云在第六届中国电子商务与物流企业家年会上表示，未来，线上、线下打通的新零售将以主流姿态出现在市场上，电子商务将不复存在。

与此同时，线下渠道的运营将趋向于数字化发展，从而优化实体店的管理，有效提升用户体验，实现商品的优化配置。不仅如此，实体店的商品将与线上渠道进行互动，推动电商网店向线下渠道拓展，传统零售业开通线上渠道，并将这两种发展方式融为一体。在新零售时代，线下数字化将占据更加重要的市场地位，成为货物流通的核心。

在数字经济时代，客户对物流服务即时性的要求明显提高，为了满足消费者的需求，实体店会着重发展即时性供求体系，争取在半小时之内将商品送到消费者手中。传统模式下，网店的商品主要从仓库里发货；在新零售时代，则能够从距离消费者较近的实体店发货，让实体店在物流配送过程中发挥更重要的作用。末端物流体系将呈现出新的特点，物流数据化平台的发展将趋于完善，大数据会被广泛引进社会化仓储系统中，提高企业物流资源的利用率，扩大企业资源的社会化开放程度。近年来，以阿里、京东为代表的实力型企业，都积极融入社会化物流体系中，不断提高自身物流系统的包容度。

在数字经济时代，企业要想获得更加长远的发展，就要掌握评估企业价值的方法，那么，物流企业的价值体现在哪些方面呢？

（1）距离用户近的物流企业，商业价值更高。末端物流是企业价值的重要体现，这个环节汇集了用户的相关信息，便于企业挖掘其商业价值。

（2）积累物流运营数据多的物流企业，商业价值更高。同样是运输人员，能够获取丰富运营数据的人，才能获得更好的后续发展。

（3）推出供应链运营所需的各类增值服务，只有在整个运营过程中占据更加重要的地位的物流企业，才能强化自身对产业链的控制作用。

在数字经济时代，资产对物流企业的价值逐渐降低，相比之下，运营能力才是企业应该关注的重点。通过提高运营能力，企业能够充分利用现有资产推动自身发展。国内物流企业应该抓住机遇进行转型升级，如果仍然固守传统思维，就会在激烈的市场竞争中处于不利地位，最终被淘汰出局。

二、利用新技术重塑物流品牌

（一）技术驱动的品牌升级

电商行业的持续稳定发展，离不开物流提供的强有力支持，现代企业竞争强调供应链之争与生态系统之争，包括生产、供应、零售、物流等在内的上下游企业应该高效联动，促进供应链一体化建设。这里以菜鸟为例。

在 2017 年 5 月菜鸟网络主办的"2017 全球智慧物流峰会"上，菜鸟网络对其品牌标识进行更新，并宣布启动未来绿色新物流汽车计划"ACE"，将与上汽、东风、瑞驰等合作伙伴共同生产上百万辆新能源物流汽车，通过新物流助力中小企业及中小物流转型升级。

1. 品牌升级，发布极具科技感的新 LOGO

升级后的菜鸟网络 LOGO 用极具科技感的一组符号取代了小鸟，中间的运动箭头寓意货物及数据的流动。外观上，运动箭头像人工智能的缩写 AI，也像世界通用技术语言"0"

和"1"。

AI寓意智能、智慧，菜鸟物流将基于大数据开展智能控制与调度，让物流业告别繁重的体力劳动；AI也是中文"爱"的拼音，代表了货物流动过程中人与人的交互、爱的传递，传递了菜鸟网络践行"科技让生活更美好"的价值观，寓意菜鸟网络将长期坚持开放共享的商业理念，致力于将自身打造为全球性商业基础设施。

2. 个性定制百万辆新能源物流车助力运输配送网

菜鸟品牌升级的宏观背景是我国新物流迎来快速发展期。近几年，我国社会物流总费用位居世界第一，是全球最大的物流市场，但物流智能化水平相对较低。虽然汽车厂商推出了新能源车型，但没有智能系统加持，给物流业发展带来了一定的阻力。同时，仓配、分拣、末端配送等环节的软硬件设备智能化水平都有较大的提升空间。

协同共享是发展新物流模式的重要基础，从诸多实践案例来看，物流企业需要的新物流服务主要集中在物流数据、物流云、物流模式及物流技术方面。

菜鸟网络作为全球领先的智能物流大数据公司，在行业标准制定过程中扮演着不可或缺的关键性角色，通过和汽车厂商合作，打造配置"菜鸟智慧大脑"的新能源新物流汽车，将为物流企业及从业人员的决策提供有力支持，在全国范围内构建一张庞大的移动绿色新物流骨干网。

3. 智能物流面向中小物流开放，服务上万个中小品牌

新物流基于信息化网络，充分利用大数据、云计算、物联网等新一代信息技术，实现多种物流系统的无缝对接，革新商业模式及产业结构。菜鸟网络将开展两个方面的战略升级。

（1）升级开放战略。此前，菜鸟网络主要将精力集中在加强物流基础数据整合与开放方面，为大型商家及物流企业提供技术与服务支持；未来，菜鸟网络会更加重视为中小商家及物流企业提供技术与服务支持，让广大中小品牌能够获得定制化的智能供应链解决方案。

（2）促进国际先进物流智能设备在国内物流业的推广普及。由于新物流成本与技术门槛相对较高，很多企业虽然看到了其发展机遇，但因为没有足够资源，无法进行系统布局，而菜鸟网络未来将致力于物流智能设备的平台化，让中小企业乃至个体也能享受到新物流红利。

随着菜鸟网络的大数据及智能算法日趋成熟，其对物流业效率提升与成本控制的作用将得到充分发挥，中西部地区也将能够和沿海城市一样享受方便快捷的当日达、次日达等优质配送服务。此外，菜鸟网络还将积极实施全球化，为WTP（电子世界贸易平台）提供完善的物流基础设施，为国际企业及消费者提供新物流服务，在国际舞台上展现出中国企业的风采。

（二）打造极致的服务体验

以苏宁为例。

在苏宁物流发布的品牌升级计划中，"轻简生活"概念得到了社会各界的广泛关注。苏宁物流之所以提出这一概念，是因为它认识到了现代人追求简单、便捷的生活理念，意欲通过去除物流冗余环节，创新物流配送模式，让消费者享受到更为智能化的物流体验，从而提高人们的生活水平与质量。

1. 苏宁的"轻简生活"新理念

苏宁物流的"轻简生活"模式从润物无声、海纳百川及无限可能三大视角展开。苏宁物流"急速体验"产品集群为"润物无声"奠定了坚实基础。苏宁物流坚持服务理念，确保速度与精准性，为送货上门、包装回收、代扔垃圾等服务制定了严格标准，充分保障了用户体验。

"海纳百川"体验了苏宁物流的开放战略。自2014年实施开放战略至今，其服务领域从早期的家电3C扩展至商超、快消、服装、母婴、家居等诸多领域，客户不乏美的、夏普、松下等国内、国际知名品牌。

"无限可能"是苏宁物流在"三网一平台"基础上对新物流进行的深度布局。"三网"包括仓储网、干支线运输网、末端服务网，拥有600多万平方米的仓储网络、4万多辆车辆资源、3700余条干线运输网、18769个快递点、超过5000个售后服务网点、2912个易购直营店等优质资源；"一平台"是指大数据平台，在苏宁物流大数据平台的支持下，将会为客户提供全链路、全渠道、全客群的到达路径。

2. 收快递变得轻松简单

虽然电商购物在国内已经得到了大规模推广、普及，但收取快递的痛点仍未得到有效解决。比如上班时间快递送到家中无人接收；想要为居住在农村的老人购置电视、冰箱等商品却受制于配送困难等。

为了解决这一问题，苏宁物流推出了丰富多元的收货方案，其"急速达"服务能够在2小时内将商品送到用户手中；"准时达"服务强调收货时间的精准性，上线初期将误差控制在2小时以内，全天有6个时间段可供选择。2018年5月，苏宁物流对"准时达"服务进行升级，误差控制在1小时以内，可选时间段增加至12个。用户还可以使用"预约配送"服务，自由选择下单一周内的每天9：00—14：00、14：00—18：00预约送货上门。

苏宁物流还推出了一系列特色服务，连接人们更多的生活场景。比如，"苏宁帮客家"拥有超过5000家线下门店，辐射全国97%的地区，可以为用户提供修电脑、洗空调、选家政、除甲醛等优质服务；"送装一体"服务极大地方便了购买家居、家电商品的用户，服务网点超过2741个，可以为114个城市用户提供优质服务。

3. 苏宁物流品牌升级

线下门店为苏宁物流提高效率、提升用户体验提供了强有力支持。线下门店同时扮演库存中心、配送中心、中转中心、销售中心、体验中心、自提网点等多重角色。用户上班下单购买后，可以下班时前往附近苏宁易购门店自提商品。同时，海量苏宁小店使苏宁物流能够解决"最后一公里"问题，为苏宁物流提供"轻简生活"服务奠定了坚实基础。

苏宁物流的"轻简生活"还强调绿色、环保、可持续。比如，苏宁物流推出的"共享快递盒"能够实现循环利用。2017年4月，苏宁物流在"苏宁418"活动中首次投放了5万个共享快递盒，仅半年时间便节约了超过650万个快递纸箱。如果这种共享快递盒能够在我国电商行业实现全面推广，1年就能节省近46.3个小兴安岭（目前，小兴安岭约有155.5万棵树木）。

无人物流也是苏宁物流正在积极布局的一个领域。比如，苏宁上海奉贤仓储基地投入使用100组机器人，后续将扩展至1000组，届时将成为全国最大的机器人仓库；苏宁物流济南AGV机器人仓于2017年"双11"期间正式使用；郑州、重庆、深圳等城市的物流机器人仓库也在建设之中。此外，苏宁物流计划建立5000个无人机新物流枢纽，并在全国范围内开通"镇到村"专属无人机配送线，为交通不便的农村地区物流配送问题提供新的解决思路。

第六章　居民消费结构基础理论

第一节　消费结构及其分类

一、消费结构的界定

消费是人类社会基本经济活动之一。消费分为生产消费和生活消费或最终消费。本书研究的是居民生活消费。文中的消费一词是指生活消费或最终消费。关于消费的界定，国内经济学家一般认为它是指为了满足需求而消耗某些客观对象的行为或过程。如刘方棫教授认为，消费"是指人们把生产出来的东西消耗掉、使用掉"。《辞海》有关条目也指出，消费就是"人们消耗物质资料以满足物质和精神需求的过程"。笔者认为将消费仅仅界定为对对象的"消耗"和"使用"的观点不够全面。消费并不一定以物质消耗为前提，服务同样是消费的重要对象。马克思曾指出："消费直接也是生产，正如自然界中的元素和化学物质的消费是植物的生产一样。"因此就最终消费而言，它既是一个生理过程，又是一个心理过程；既是一个物质转化过程，又是一个精神享受、感悟过程。消费不仅仅是把物质资料消灭掉，它更是一种转化、一种升华。

结构，原指"构造房屋""屋宇构造的式样"，以后引申指各个部分的配合、组织，如物质结构、工程结构、文章结构等。自然辩证法中"结构"同"功能"相对，组成一对范畴。结构是指物质系统内各组成要素之间的互相联系、互相作用的方式。国内消费经济学专家将消费结构定义为消费实物的数量比例关系和以货币表示的消费支出金额比例关系。例如，尹世杰教授在他的《社会主义消费经济学》中指出："人们在消费过程中所消费的不同类型的消费资料的比例关系，就是消费结构。"林白鹏教授在他的《中国消费结构学》中指出："人们在消费这些不同的消费资料的过程中，形成不同消费资料量的比例关系，这种从物质内容来看的比例关系称为狭义的消费结构。"陈志宏先生在《社会主义消费通论》中认为，消费结构采取两种具体形式，"实物消费结构，是指人们在消费中，消费了一些什么样的消费资料（包括劳务）以及它们各自的数量及其比例关系，是消费结构最基本、最原始的形式。价值形式的消费结构，是以货币表示的人们在消费过程中消费的各种不同类型的消费资料（包括劳务）的比例关系，在现实生活中具体表现为各项生活支出"。

将消费结构定义为实物数量比例关系不能成立，因为不同质的消费资料有不同的度量单位，不同的单位无法计算统一的数量比例。消费支出金额的比例关系是（在商品交换条件下）从消费结构中派生出的一种货币支出结构，它是消费结构的一个重要方面。支出金额比例概念的产生有两个原因：一是在商品经济条件下，消费资料需要在市场上通过商品货币交换获得，自给消费部分也可以用市场价格来衡量；二是用金额做单位可以舍弃各类消费的具体内容，从而统一确定它们的相互关系。消费结构的内容极其复杂、丰富，而且它处于经常性的变化中。这样我们要通过对每一项消费的分析来了解消费结构的全貌几乎不可能。因此在大多数时间里，我们不得不采用分析支出结构这种简单的方法来对消费结构做大概的描述。但是消费支出金额比例关系本身具有明显的局限性。首先，一定的金额只是一定量商品、服务的价格总和，无法说明它所代表的各种消费品的数量和质量；其次，比例是相对数，某一个相对数可以是无数对绝对量之比。因此消费金额支出比例无法表达消费结构本身丰富的内容。

消费结构源于人们需求的多样化和消费的多样化。消费无论从对象还是行为看都是一个整体，它都是由各个部分组成的。什么是消费结构？我们认为消费结构是指各种具体消费内容和形式的互相配合、互相作用的方式。就消费对象而言，消费结构表现为人们在一定经济条件下，一定时间内消费的一定数量的各种各样的消费资料（包括服务）组合，这各种各样一定量的消费使消费者得到一定水平的满足。在商品经济条件下，人们的消费必须通过市场购买来实现，各项生活消费首先表现为各项消费支出，因此我们可以使用货币支出比例来分析我国居民的消费结构。但必须明确消费支出结构只是商品经济条件下消费结构的一个方面，研究消费结构必须研究各项具体的消费内容和方式。

消费结构是就整体而言的，所谓结构必然包括构件和构成方式。任何一项具体的消费，任何一个支出金额比例都只能说明一个侧面，无法说明整个消费结构。更重要的是，消费结构直接与每一项具体消费相连。任何一项消费以及所占支出比重发生任何变化，消费结构都将随之发生变化。从数学角度看，比例是相对数，相对数之和等于1。只有1才是消费结构整体。

二、消费结构的分类

消费结构是一个内容极其丰富、复杂的复合体。人们要认识和分析消费结构必须从不同的侧面进行考察。消费结构的分类就是我们认识、分析消费结构的基本手段。消费结构是一种客观存在，消费结构的分类则是人们主观的产物。人们可以根据实际需求对消费结构进行不同的分类。

消费结构可以分为宏观消费结构和微观消费结构两大类型。我国著名经济学家于光远先生在《关于消费经济理论研究的一封信》一文中提出："社会消费结构不仅包括各类消费资料和劳务的数量比例，同时还包括各社会集团的消费比例，社会公共分配的消费品的消费与个人分配的消费品的消费的比例，各种消费行为（如吃、穿、住、用等）之间的比例，以及按消费的目的生存的需要、享受的需要或发展的需要的消费之间的比例等。这许许多多消费的具体规定性，合成一个关于社会消费的总的规定，即社会消费结构。"于光远先生的这一观点使消费结构的内涵得到了大大的扩充，从而确定了宏观消费结构和微观消费结构两个经济学范畴。

宏观消费结构与微观消费结构是两个完全不同的概念，应该给予明确区分。宏观消费结构是指整个社会（一个国家）消费资料最终实现的分布，如个人消费与公共消费各自的比重、个人消费与社会集团以及各社会集团各自的消费比重、各地区和城乡居民消费各自的比重等。微观消费结构又可称为家庭和居民个体消费结构，是指居民生活消费内容的组成方式。宏观消费结构不是微观消费结构的叠加，两者不能直接推算。

宏观消费结构与微观消费结构研究的目的是不一样的。前者的研究目的是要了解消费资料在不同地区和不同人群间的分布；后者的研究目的则于掌握人民群众的生活质量，以及居民的消费变化动向。本书研究微观消费结构。

微观消费结构可以从不同侧面进行划分。

（一）消费支出分类结构

马克思指出："吃喝是消费形式之一，人吃喝就是生产自己的身体，这是明显的事。"除了吃喝外，人们要生存、发展还必须有穿、行、用等消费形式。国内学者依据马克思的上述观点提出了消费形式结构的概念。这种观点在实际工作中难以操作。因为消费形式实际上就是消费行为，消费行为是无形的，无法量化。消费形式（行为）具体表现为对食品、衣着、住房、用品、交通工具、娱乐设施（服务）的消费，商品经济条件下各类各项商品、服务消费又可以表现为各项消费支出。因此，世界上大多数国家都采用消费支出金额分类法分析、研究居民生活消费情况。这种消费结构分类便于收集数据进行统计和计算分析，便于对不同国家、不同地区、不同历史时期的居民实际消费状况进行比较。

我国目前的统计年鉴就将居民消费分为食品、衣着、家庭设备用品及服务、医疗保健、交通通信、文教娱乐用品及服务、居住和其他商品与服务八大类。本书主要采用我国统计年鉴对消费结构的分类方法，因为我们必须大量运用国家统计年鉴公布的数据。

消费支出分类结构本身是一个体系，每一类消费支出都是一个子系统。在我国城乡居民消费家庭调查中每一项消费支出都有进一步细分的指标。食品内部按其重要性分有主食、副食；按其具体形态分主食中有粗粮和细粮，副食中有禽蛋、蔬菜、水产品等。衣着内部按用途分有衣、鞋、帽；按具体形态、有面料（棉布、丝绸）和成衣。家庭设备用品内部有耐用消费品、家庭装潢等。医疗保健内部有药品、医疗费等。文教娱乐用品服务内部包括文教娱乐用耐用消费品、娱乐费、教育支出等。居住内部有住房、水电、燃气等。

其他商品与服务的内容就更加广泛、复杂了，它包括首饰等个人用品、美容等个人服务以及旅游等。

（二）消费资料形态分类结构

消费按对象的存在形式一般可以分为实物消费（又称商品消费）和劳务消费（又称服务消费）。实物消费和劳务消费组成了消费资料的形态结构。实物消费是指物质产品或有形产品的消费。劳务消费则是指对他人提供的服务的享用。马克思说："服务这个名词，一般地说，不过是指这种劳动所提供的特殊使用价值，就像其他一切商品也提供自己的特殊使用价值一样；但是，这种劳动的特殊使用价值在这里取得了'服务'这个特殊名称，因为劳动不作为物，而是作为活动提供的。"劳务消费是人们生活消费的一个重要组成部分，人们的基本生活消费离不开劳务消费，人们的生活向高层次发展更离不开劳务消费。劳务是一种无形产品，它不拘泥于物质的存在，纯粹是人类社会发展的产物。因此，随着人类社会经济的发展，劳务消费在人们消费中的地位越来越高。如教育、文艺、体育、娱乐、咨询、医疗、卫生、旅游、商业、金融（理财、投资）、信息等都是社会得到充分发展的劳务消费内容。它们有的能提高消费者的素质，促进人们的全面发展；有的则是消费者在现代社会中得以生存、发展所必不可少的工具。在社会经济发展相对比较低的阶段，人们比较重视实物消费，因为它们是有形的、看得见的，它们的存在和产生的效果容易被感觉到。随着人类社会经济发展水平的不断提高，人们对劳务消费的需求量将不断扩大。

随着科学技术的飞速发展，电子、信息（网络）领域的新技术革命使多功能终端处理机、微处理机、家用电脑等新型商品进入居民家庭，进入个人消费。由此，商品和劳务的界限难以划分的现象出现了。日本学者将电子邮件、电子书刊报纸、可视电话、各种安全监测系统（软件）、购物服务系统（软件）等商品称为"软商品"，这种商品兼有传统有形商品和劳务商品的性质。传统的有形商品如家用电器等则称为"硬商品"。这种分类值得研究。

（三）消费资料层次分类结构

消费资料层次分类结构是指居民消费的纵向结构。按照满足人们消费需求的层次分类，消费资料可以分为生存资料、享受资料、发展资料。生存资料是指保障恢复体力和脑力，使人类得以繁衍的消费资料。这是人们需要的最基本的消费资料，如果这类资料得不到保证，人们的生命将难以延续，生活将难以正常进行。享受资料比生存资料高一层次，它满足人们享受的需求，如高级消费品、营养保健品、娱乐活动、旅游等。享受消费使人感到舒适、快乐。享受资料不是最基本的消费资料，但同样是人们生存发展不可缺少的消费。发展资料是促进人类体力、智力提高的消费资料，它包括知识教育、科学研究、技术培训、体育锻炼、文学艺术教育训练、社会交际等活动所需要的物质资料与服务。发展资料能够满足人们增进健康、增长知识、陶冶情操、提高欣赏能力和活动能力、发展个性等方面的需求，有助于提高消费者素质，促进人类自身发展和社会的进步。

消费结构的层次分类由恩格斯提出。这种分类对于研究居民的消费质量提高具有重要意义，但实际操作有一定困难。生存、享受、发展三类消费资料没有明确界线，更重要的是随着生产的发展、生活水平的提高，生存、享受和发展自身的含义会发生深刻的变化。

（四）消费资料来源分类结构

按消费资料的来源，消费可以分为自给消费和商品消费，我国的统计年鉴又称其为实物消费和货币消费。自给消费是指消费者直接消费自己生产的产品，不经过商品货币交换，不经过市场。商品消费则是指通过商品货币交换关系，从市场上购得所需的商品进行消费。现代社会城市居民生活基本商品化，几乎不存在实物消费。自给消费主要发生在农村，自给消费品中农副产品占相当大比重。农民自己种地、自己养殖，可以满足自己一部分基本生活资料的需求。农民的工业品消费需要从市场上购买。然而商品性消费以货币收入为前提，货币收入以有剩余可供交换为前提。因此消费资料来源结构分析对研究农村居民生活水平具有十分重要的意义。

第二节　消费结构在国民经济中的地位和作用

国民经济是一个有机整体，是生产、交换、分配、消费四大环节不断运动的统一。消费具体表现为消费数量、消费增长速度、消费结构等。消费是生产的目的，是国民经济循环、发展的重要环节。消费结构是消费的核心内容，它既是社会经济发展的结果，又是制约社会经济发展的重要因素。因此，研究消费结构的运动规律及其发展趋势，对于促进国民经济的持续、协调发展具有十分重大的理论和现实意义。消费结构在社会经济发展中的地位和作用主要表现在三个方面。

一、消费结构是引导产品结构及产业结构转换、发展的基本动因之一

马克思在《资本论》第2卷中分析不变资本的实现时指出："不变资本和不变资本之间发生不断的流通……这种流通就它从来不会加入个人消费来说，首先不以个人消费为转移，但是它最终要受到个人消费的限制，因为不变资本的生产，从来不是为了不变资本本身进行的，而只是因为那些生产个人消费品的生产部门需要更多的不变资本。"马克思的社会再生产理论，尤其是两大部类交换社会总产品实现的理论实际已经蕴含了消费结构对产业结构发展的制约和推动作用的思想。

据林白鹏教授介绍，较早明确提出消费结构影响产业结构的是卡莱茨基，他认为在掌握了生产性和非生产性投资量以及存货的增加量的基础上，如果又掌握了消费的数量和结构，就能够粗略地估计出国内对国民经济各部门的产品需求量，进而可以粗略地确定产业

结构。

一般理解消费结构对产业结构的引导可以分为以下几个层次：

首先，消费者需求的变化引起消费结构的变化，这种变化通过价格以及过剩和紧缺将导致最终消费产品生产的调整。其次，当这种产品结构调整达到一定量（规模）时，将引起消费品生产领域新旧产业的更换。最后，消费品生产产业结构的更新必然导致生产消费品生产资料的产品和产业结构的发展。从消费结构变化、发展到产品、产业调整的实现，中间有一个投资环节，即消费结构的变化将引起投资方向的调整，而投资方向调整的结果必然是产品、产业的调整。

我们不能说消费结构是引导产业结构和产品结构的发展的唯一动因，因为生产有其自身的发展规律。技术、资源、环境、经济规模等都会引起产品或产业结构的变更。但是，产品或产业结构任何调整的实现最终取决于市场需求的结构、取决于居民的消费结构，这一点毫无疑义。例如，近年来由于科学技术的发展，新的产品不断出现，如合成纤维、微电子产品、光电产品、塑料高分子、生物工程、个人电脑、系统软件等。然而这些新产品要继续得到完善和发展，这些新产品的生产逐步要发展成为一个新的产业，其前提必须是消费者的消费结构做相应的调整。消费者对这些新产品具有需求，而且需求量日益扩大，这才使这些新产品有可能转换为现实的商品，并且具有旺盛的生命力。科技成果要走出实验室进入市场，要转化为生产力，必须存在消费需求，必须存在这样一个事实——消费者已经意识并亟待通过科技成果进一步完善自己的消费结构。以"昂立1号"为代表的生物工程保健品经过近十年的发展在我国已经逐渐成为一种成熟的产品和产业便是典型的例子。生物工程保健品的成功明显得益于近年来我国居民消费结构的演变。我国居民以往的医疗消费现在已经演化为医疗保健消费（中国统计年鉴居民消费统计1993年前用药品和医疗费两个指标，1993年用医疗保健一个指标），这就为保健品产业的形成与发展提供了广阔的前景。

二、消费结构是反映人民生活水平提高的基本指标

消费结构本身是消费质量的基本标准。联合国粮农组织就提出以恩格尔系数作为标准来判断、划分各国人民生活水平发展阶段，即所谓贫困型、温饱型、小康型、富裕型等。恩格尔系数就是消费结构的一个基本指标，其反映的仅仅是人民生活水平的一个方面。前面我们研究了消费结构的各种分类，其实，消费结构的各个方面都与人民的生活水平紧紧相连。

国家统计年鉴将居民消费分为八大类，恩格尔系数计算食品消费比重的变化只是说明了居民生活的整体变化，如果要深入地了解居民生活水平的提高程度，就必须考察其他几类消费支出的变化，即衣着、家庭设备用品及服务、交通通信、医疗保健、文教娱乐用品

及服务、居住、其他商品及服务等消费支出的增加以及各项消费支出增长速度的差异。消费资料形态分类结构也是反映居民生活水平的重要标准。服务消费往往是比较高层次的消费，因为服务消费是社会的产物，服务消费领域的拓展往往标志着社会的进步。因此服务消费支出增长的幅度高于物质消费的增长，以及高出多少都表明了居民生活改善的程度。消费资料的层次结构更是直接表明了居民生活的质量。生存资料是低水平生活的同义词；享受资料意味着生活水平的提高和人民幸福；发展资料则代表着人们自身的进步，生活进入新的境界。生存、享受、发展三项消费资料的增长、变化必然影响居民生活水平的提高。消费资料来源的分类结构同样反映农村居民的实际生活变化。商品性消费增加或非商品性消费减少意味着：①农村生产社会化程度提高。②农民劳动生产率提高，购买力提高。③广大农村居民消费结构向高级化、多样化发展。④农村居民消费质量提高。因为一般而言，社会化分工协作生产的产品质量、款式和种类都远远优于和多于个人、家庭生产的产品。

消费结构既是反映居民生活水平的显示器，又是推动人们生活水平提高的重要杠杆。社会主义的根本任务就是不断提高人民的生活水平。党和人民政府可以通过推动居民消费结构的不断升级来不断提高人民的生活质量。

三、消费结构合理调整是国民经济健康运行的重要保证

消费既是国民经济运行的起点，又是国民经济运行的归宿。消费具体表现为消费结构和消费量，因此消费结构的变化对国民经济的运行具有十分重要的意义。

经济运行有两大启动器，即消费和投资。投资具有启动经济的功能，而且立竿见影、效果显著，但投资启动具有明显的局限性。投资的过度增长经常伴随货币超常发行，从而成为形成通货膨胀的重要原因。脱离消费性需求的投资过快增长还将导致比例失调和产业畸形化。

消费作为经济运行启动器具有三个特点：①以提高消费者购买能力和欲望为手段。②预期结果是扩大消费性需求。③功能在于通过需求扩大激活处于低迷、休眠状态的生产。消费启动分为两个阶段：第一阶段是消费需求增长，直接引发消费资料生产规模扩大；第二阶段是消费资料生产增长将引发和扩大生产资料的需求，即市场将能够容纳更多的生产资料供给。

消费启动具体操作时表现为居民消费结构的调整。经济启动不可能一下子全面启动。启动总是从某一产品、某一产业开始，然后通过连锁效应逐步四面扩展。经济启动需要存在新的增长点，而这个新增长点必须是消费热点，否则这个增长点就没有生命力，就不能成立。所谓的消费热点即购买力的集中指向，一定时间内市场上出现购买某种消费品的热潮。消费热点的出现本身就意味着居民消费结构的变化。

消费作为经济运行启动器，居民消费结构必须能够进行相应的调整。作为消费启动的

手段，提高消费者购买能力和欲望的方法包括增加收入、抑制储蓄、提供信贷、税收减免、价格优惠等，都应该是有具体指向的，结果应该是形成消费热点，如住房、汽车、家用电器等。消费结构的调整意味着消费结构的升级。消费热点的形成是消费启动经济的关键。

作为国民经济运行的结果，消费结构对经济运行也有重要的调节作用。消费结构畸形发展的一种表现就是超前消费。超前消费表现为某些商品需求膨胀，在需求总量既定的情况下，一部分商品需求过度，必然伴随着另一部分商品需求不足。需求集中于某一部分商品上，将导致这部分商品供给的增加，从而挤占用于其他商品供应的资源。因而超前消费势必导致供给结构的畸形化。消费结构不合理发展的另一种表现就是消费滞后。消费滞后表现为某些商品需求增长的缓慢。这些商品需求减弱通过价格下跌、过剩等市场机制传递到生产领域，导致这些商品生产开始萎缩，并从这些商品开始，逐步向四周蔓延。因此，合理的消费结构是国民经济良性循环的基本保证。

第七章 居民消费结构运行的一般
理论模式

马克思主义认为事物总是在不断向前发展的,这种发展是事物内部各因素运动的结果。人们只有揭示和认识事物内部运动的客观规律,才有可能把握事物的发展趋势。居民的消费结构同样处于不断的运动变化中,这种变化是有规律可循的。最早研究消费结构变化规律的是德国经济学家恩格尔,他的研究成果成为著名的恩格尔定理。恩格尔定理揭示了消费结构变化的规律,但这种规律还处于现象的层面。它说明了消费结构会发生变化,并试图说明消费结构变化意味着什么。但它没有说明消费结构为什么会变、为什么会这样变。我国消费结构方面的经济学家对消费结构的各个方面也都做了深入的分析和研究,但正如第一章所指出的,他们也没有对消费结构的形成和变化的原因以及内在规律进行过研究。本章将对居民消费结构运行的一般形式做深入的探讨和研究,目的在于揭示居民消费结构运行的一般规律。这一部分基本研究的成果不仅将为本书的研究奠定坚实的理论基础,将对消费结构基础理论体系的发展产生重大意义。

第一节 消费和消费结构的决定

一、消费的决定

消费结构是由什么决定的,这显然是认识消费结构运行应首先解决的问题。研究消费结构应从研究消费开始。消费是由需求引起的,这毫无疑问。没有需求,就不会有消费,消费是因为满足需求的行为、手段而存在的。消费是由什么决定的?我们认为消费的决定包括两个层面,即生产决定和需求决定。

马克思在《政治经济学批判》一书中曾精辟地论述了生产对消费的规定性。他指出:"生产生产着消费:①是由于生产为消费创造材料;②是由于生产决定消费的方式;③是由于生产靠它起初当作对象生产出来的产品在消费者身上引起需求。"马克思主义关于生产决定消费的观点从社会再生产过程中消费和生产关系的高度,阐明了在整个历史进程中生产对消费的作用。生产决定消费有特定含义,它是指生产规定了在一定时期内消费所能达到的水平。

消费者是具有独立人格的行为主体，是主体就要决策。消费决策包括消费对象、消费时间、消费数量、消费方式等的选择。消费是人的一种行为过程，要人主动去"做"。人有思维，他根据自己的经验和分析去做事。是什么驱使人去消费？是需求。是需求驱使人们去消费的。只是因为有需求人们才要去消费，只有需求什么才会去消费什么。因此，消费决定的另一个层面是需求决定。生产是外在的，它对消费的决定只是一种外部的决定。生产是创造客体的，它不可能直接决定主体（人）的（消费）行为。

什么是需求？就人类而言，需求是人们在生存、发展中亟待满足的条件。这些亟待满足的条件又怎么转化为消费行动呢？消费心理学告诉我们，行为是由动机引起的，动机则是某种无法直观的内在力量的一种构成，这种力量激发和强迫获得某一行为反应，并对该反应规定具体的方向，需求是消费动机的原因。从消费动机激发到消费行为产生的具体过程，如图7–1所示。

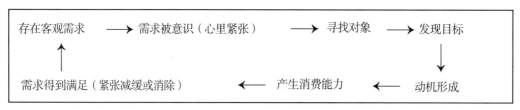

图7–1 消费动机激发到消费行为产生的具体过程

图7–1告诉我们，人类的各种需求是客观存在的，人们意识到有需求后便会形成（消费）动机，动机促成人们的（购买）消费行为，结果是需求得到（不同程度的）满足。这是一个不断循环的过程。人们要求通过消费逐步提高现有需求满足的程度，同时新的需求不断出现。

马克思在《政治经济学批判》中说消费也生产着生产。"①因为只是在消费中的产品才成为现实的产品；②因为消费创造出生产的观念上的内在动机，后者是生产的前提。"这里马克思又论述了消费对生产的规定。那么当我们说消费决定生产时，又是什么在决定消费呢？显然是需求。因为消费源于需求，人类因为有需求，才进行消费。如果我们从需求决定消费出发，深一层次研究生产与消费的辩证关系的话，将不难得出以下的结论：从生产力发展角度看：①生产满足需求的材料；②生产决定了需求满足的方式；③生产引发着新的需求。在既定生产力水平中看社会的市场经济活动，则是需求生产着生产：因为①产品满足了需求才成为现实的产品（这意味着需求决定生产什么产品，生产多少某种产品）；②需求作为生产的目的不断创造出新的生产观念上的动机。

消费决定的两个层面，从理论和实践上都有不同的侧重。

人是社会经济活动主体，社会因人而存在，人们的生存发展以消费需求的满足为前提，一切社会经济活动必须围绕满足消费需求展开。因此，在现实经济生活中，需求决定消费显得更为重要。生产只是为了满足消费需求而存在的，只是因为要通过生产来满足消费需求，生产决定消费的问题才进入人们的视野。离开消费和满足需求，生产决定消费就仅仅是空洞的理论教条。

当我们说生产决定消费时，实际上我们是在说我们的消费受制于生产力的发展。生产发展有自身的客观规律，人们无法任意左右，因而消费不能超越生产的发展水平。人们必须自觉遵循这一规律。当我们说需求决定消费时，则是指必须实实在在地、非常具体地按照需求安排和进行生产；当我们说需求决定消费时是指需求才是生产的真正目的，消费只是需求得以满足的途径。

商品生产和市场经济的出现使生产与消费迂回相连，人们不再自己生产直接满足自己的消费需求，生产者为别人生产，而又以别人的产品满足自己的消费需求。今天人们要到市场上去购买商品以满足消费需求，使这一过程顺利实现的前提是有相应的生产者提供所需的商品。而做到这一点却并不容易。生产者必须自觉地、努力地从市场上了解消费者需求的变化情况，以及时调整自己的生产。商品和市场的出现使需求对消费的决定显得更为重要。

以上我们论述了消费决定的两个层面及两个层面的辩证关系。根据分析我们认为，在现实生活中，需求决定消费显得比生产决定更为重要。本书研究具体的居民消费结构，其理论出发点是"需求决定消费"，生产将被视为影响消费的一项十分重要的因素。

二、消费结构的决定

理论界对人类的需求进行了不同的分类。从性质看，需求可分为生理需求和社会需求。前者是人类作为自然界的成员而具有的，后者则是人类作为"人"而产生的。生理需求又称本能需求，它是人类因生理原因在维持生命、繁衍种族方面的需求，是人类作为有机体的一种本能要求。生理需求包括吃、饮、呼吸、睡眠、御寒、性和运动等。古人曾说："食、色，性也。"生理需求是人类与生俱来的需求。社会需求是人们在人际交往和社会活动中形成的需求，它包括友谊、归属、爱情以及成就、地位、威望等。社会需求是后天学来的。按需求的对象分，又有物质需求和精神需求两种。前者的需求对象是具有自然属性的物质产品，如食品、衣服、住房等；后者的需求对象是一些精神产品，如知识、文化、艺术、道德等。精神产品有的是有形的，有的是无形的。

分类只是人们认识世界的一种方法。对需求可以从不同的侧面、层面加以观察，但它本身是一个整体。没有单纯的生理需求，也没有单纯的社会需求。作为"人"，他的生理需求都只能具体表现为社会需求，因为他生活在社会之中。如吃、穿、住是生理需求，但吃、穿、住则是由社会规定的，有时吃、穿、住还是人们进行交往获得友谊、爱情、尊重和显示成功、地位的手段和条件。物质需求和精神需求也不能截然分开，食品是满足人们物质需求的产品，但其中蕴含的饮食文化则能满足人们的精神需求；音乐、戏曲属于人们的精神需求，但它们离不开乐器、舞台等物质条件。生理需求及社会需求和物质需求及精神需求同样是相通的。生理需求首先表现为物质需求，精神需求则在多数场合下属于社会需求。至于马斯洛的需求五层次则是对人类需求的纵向划分，前面的四种需求在五个层次中都能找到。

消费结构是消费的一种具体表现形式。消费是抽象的，再初级的消费都必然有一定的结构。消费结构的决定也存在两个层面：生产决定和需求决定，前者为生产结构（包括产业结构和产品结构）决定消费结构；后者为需求结构决定消费结构。人们的需求是多样化的，消费必然也是多样化的。消费的多样化形成了消费的结构，消费结构决定于需求结构，这是自然而然的事情。生产结构决定消费结构，意味着消费结构不可能超出生产结构的水平和范围，在消费结构决定的两个层面中，需求结构决定也是主要的、主动的。尽管生产结构（包括产业结构和产品结构）有其自身发展规律，但它们必须按照需求的结构变化进行调整，因为任何生产结构都因需求结构而存在。

需求说明一点，相对于需求决定消费，需求结构决定消费结构显得更为具体、更为严格。人们的需求不是抽象的，他们各种各样的需求由各种各样的消费予以满足。由需求结构决定的消费结构与需求之间不仅一一对应，而且要根据需求的轻重缓急进行构筑。

第二节　消费结构的形成机制

消费数量和种类的决策，消费结构的选择和确定，需求是出发点。人们认为有某种需求才会有某种消费，需求必须通过感觉表现出来。感觉显然是心理活动，当然这种心理活动不仅是生理因素，而且也是社会因素。感觉的基础包括以往的经验、已经形成的态度以及外部的对象。人们在一定的收入水平下，消费支出必然存在一个布局，必然有一个消费支出的先后排序。人们对某种物品的需求确实是递减的。当某一需求得到一定程度的满足时，对这一物品的需求必然有所减弱。同时，人们不能按物品所具有的价值去决定自己消费与否和消费的多少。人们要根据自己的需求去决定取舍。

某一消费结构的形成和出现本身存在内在的必然性，虽然它们是按消费者的主观意志制定的，但这种"制定"绝不是随意的。某一消费结构的产生存在内在必然性，是因为客观上存在一种机制，任何一个消费结构的出现都只是其形成机制运动的结果。

"形成机制"这一概念在我国价格理论研究领域被广泛运用，但消费结构的形成机制则是本书第一次提出。何为"机制"，伍世安在他的《现代西方价格学概论》中写道："机制是拉丁文 mechanism 的意译，原指机器的构造和动作原理，现广泛用来比喻事物运动中各组成部分的结构、功能、运行方式，以及它们之间相互联系和制约的关系。"研究消费结构的形成机制具有十分重要的意义，因为只有了解消费结构的形成机制，对消费结构本身的认识才能"从现象的描述进到本质的说明"。

消费结构的选择是一种决策，它包括决定消费项目的取舍、决定具体消费项目的消费数量、决定各项消费的顺序等。消费结构是由需求结构决定的，即人们根据各种消费对象是否具有满足需求的能力，以及这种能力的大小选择消费，并形成消费结构。消费者在消费项目上显然是个现实主义者，这无须做假设，消费者只能按获得的利益做取舍。

人们在进行消费结构决策时必然存在一种衡量标准。很显然，这一标准必须是反映客观存在的，即消费对象具有满足消费者某一方面需求的能力。同时，这种标准又是一种主观的判断，是消费者感觉得到的。因为消费结构决策由消费者做出。消费者选择消费项目时必然要"跟着感觉走"。当然，这里的"感觉"绝不是指人们对外界事物的"直觉"，而是借助经验和知识，经过思考得到的感受。西方经济学提出的"效用"和"边际效用"就是这种既客观存在又属主观判断的标准。

同时，人们的需求是多样化的，多样的需求具有各自不同的个性，这些不同个性的需求在通过消费得到满足的过程中显示不同特征。体现需求个性特征的一个基本指标是需求弹性，它表现为各项消费增长速度和增长区间方面的差异。需求弹性不是消费者进行消费决策的主观依据，而是消费选择过程表现出的一种客观必然性。

消费获得的总效用是由各项具体消费获得的具体效用组成的，因此，效用本身存在着各种结构形式。各项消费获得的效用互相联系、互相制约。这种相互制约作用表现为在各项消费产生的边际效用的此消彼长，同时又趋向相对平衡的运动过程中。边际效用变动推动各项消费变动，但这种变动不是无规律的，它内含着需求弹性的规定。消费结构发展的内在工作方式，就是在需求弹性限制下边际效用推动消费结构运动，并在运动中趋向平衡。根据上述定义和以上分析，我们认为消费结构的形成机制可以这样表述：边际效用的变动使消费结构产生变化趋势，边际效用在运动中趋于均衡则导致消费结构趋于相对平衡，需求弹性则规定了各项消费运动的方向和速度。消费结构形成机制的运动方式具体说明如下：

一、边际效用递减引起消费结构变化

边际效用递减使居民消费结构产生变化的趋势。当某项消费行为付诸实践，即某项消费得以实现后，消费者对这项消费需求就会得到一定程度的满足。按照边际效用递减原理，当这项需求得到一定满足后，对这项需求的紧迫感就会有所缓解（用消费心理学的语言说就是心理紧张有所缓解）。边际效用是指每增加一个货币单位消费所能产生的效用，它是以已有的消费水平为基础的。边际效用递减是指某项消费量的增长速度具有下降的趋势。需求紧迫感的缓解，即边际效用的下降，并不一定会立刻导致某项消费的增长放慢，当某项消费的水平处于很低的状况，在一定的范围内，增加消费后，这项消费的边际效用是递减了，但消费的增长可能不仅不马上减缓，有时还会继续加剧。但当消费达到一定水平后，即前面所说的缓解积累到一定程度后，该项消费的增长必然放慢。

新的消费项目加入将引起消费结构变化。消费结构是消费项目的组合，一项新消费的进入，必然使消费组合以一个新的面貌出现。新的消费一旦付诸实践，边际效用下降规律便与之相伴，即某一项新消费出现，便立刻出现边际效用下降的现象。任何一项消费项目都会有一个周期性的发展，即初期消费量迅速增长。在达到一定水平后，这项消费的量会基本保持在一个水平上，这段时间一般比较长。然后该项消费项目的消费量逐渐减少，最后它被新的消费项目所代替。边际效用递减贯穿整个发展周期。边际效用下降并不等于消费数量增长减慢、停止增长，更不等于消费量减少。但它规定了任何消费都存在着数量减少的趋势。

边际效用递减规律在消费结构变化中产生的作用应该这样理解：一项消费的边际效用递减最终会导致该项消费增长的速度减慢（停止增长，甚至负增长）。消费结构是由多项消费（项目）内容组成的。在运动发展过程中，消费结构中任何一项消费的变化都会起到"牵一发而动全身"的效果。由于边际效用递减而导致的任何一项消费减少都会打破消费结构原有的格局，即消费结构发生变化，因此，边际效用递减是居民消费结构演变的基本原因。由于存在边际效用递减规律，消费结构始终处于运动状态之中。

二、边际效用均等化使消费结构趋于平衡

由于边际效用递减的效应，居民消费结构的运动、不平衡是绝对的。但运动并不排斥静止，只不过静止是相对的，平衡是一种趋势。没有平衡和静止，消费结构就无从谈起，因为此时我们面对的是一个混沌、模糊的整体，也就无法确定其是什么样的消费结构。平衡与静止和不平衡与运动同样是事物存在的基本方式。

消费结构相对平衡时，消费的各个项目就处于相对静止的状态。消费结构本身存在平衡的趋势，这种趋势的动力是消费者自身的要求。人们的需求是多方面的，他们追求的是所有的需求都得到最大限度的满足。任何一项消费不能得到满足，或满足的程度不够，人们都会感到遗憾，感到消费质量不高。消费不能无缘无故地"厚此薄彼"。人们多方面的需求表现为各项消费的货币支出。在现有的货币收入水平下，人们的目标必然是各种消费综合的最佳结果，即从总体上看，相对而言每项消费都达到最佳境界。不能因偏袒某一种需求而片面地大量进行某一种消费。在既定收入情况下，人们心目中自然会产生一种与收入相适应的消费支出模式，即消费结构模式，它就是消费结构得以平衡的基础。一旦达到现有收入水平下各消费项目的最佳综合效果，消费结构就会处于相对静止状态。消费结构达到相对静止、相对平衡具有非常重要的现实意义，因为，只有此时消费者才真正做到"面面俱到"，达到"尽善尽美"的境界。

平衡在一定意义上说就是均衡。很显然，只有各项消费项目的边际效用均等的时候，消费结构才会处于相对平衡状态。所谓边际效用均等，就是此时所有消费项目再增加一个货币单位支出，消费者所获得的效用相等。各项消费的边际效用达到均等时，居民的消费

结构将处于相对静止状态，因为此时消费者获得的效用达到最大化。边际效用均等是消费结构达到相对稳定的本质原因。

边际效用均等化是一个过程。边际效用均等化是在边际效用递减的作用下发生的。均等化只是因为不等的存在而存在。边际效用均等是消费者的追求，是消费支出分布演变发展中的内在要求，因为此时达到了在既定收入水平下的最大限度满足。边际效用均等是各项消费的边际效用递减的结果。各项消费的边际效用以不同的幅度和速度下降，在运动中达到一致。边际效用均等是通过边际效用递减实现的，边际效用均等化过程实际上就是各项消费边际效用递减的过程。

边际效用均等和消费者效用最大化以一定水平的货币收入为前提，即它们是一定收入水平下的均等和最大化。以下是消费者满足（效用）极大化的条件。

PaXa+PbXb+…+PnXn+ 储蓄 = 货币收入①

（Pa、Pb…Pn 为商品 Xa、Xb…Xn 的价格）

MUxa/Pa=MUxb/Pb=MUxc/Pc=…MUxn/Pn=MU 储蓄 =MU 投资②

（MU 为商品 X 或者储蓄的边际效用）

公式①说明了消费者的消费能力。人们追求最完美的结果，即最理想的满足，但必须以既定的收入为前提。人们只能在现有的收入内安排自己的支出，这才是现实的。公式②描述了边际效用均等时的状态。它不仅包括商品之间边际效用均等，还包括储蓄与商品的边际效用相等。根据效用理论，消费者满足（效用）的最大化有两个条件：（1）消费者用完全部收入，包括消费和储蓄（公式①）；（2）每个单位货币花费在某个商品（包括储蓄）的最后单位上的边际效用相等（公式②）。

公式①中 P 为价格，X 为商品数。公式②中 MU 为边际效用。分数的分子是某商品的边际效用，分母是该商品的价格，整个分数为每多支付一个单位货币能从这种商品获得的边际效用。

当花费每单位的货币所得的边际效用各异时，人们就会减少那些获得边际效用低的消费支出，而将货币用于能获得边际效用高的消费，即调整消费支出的方向。单位货币所得的边际效用存在差异，消费者的货币支出布局和消费结构就处于演变运动过程中，差异越大演变运动的迹象也就越明显。这种调整运动通常是在几项消费中同时进行的，并不局限于某一项消费。调整按轻重缓急以一定排序进行。消费者一定时期的消费结构的形成过程，实际上就是各项消费边际效用的平均化过程，这是根据消费者的意愿发生的。（在既定条件下）获得最大满足是人们追求的目标，因此边际效用平均化是一条客观规律。

上面数学公式②是边际效用均等律。这里需求说明的是公式②只是描绘了定律的含义，并不能直接用于计算。因为一方面效用是一种心理感觉，没有计量单位，无法进行计算；另一方面如果将效用理解为商品的使用价值，则许多商品不能分割成与货币相一致的单位。人们在进行消费选择和消费结构决策时，都要计算一下支出与效果之比，即算一下这样做是否合算，但边际效用均等绝不是"一加一等于二"的纯数学问题。

以上我们主要讨论了边际效用均等律。当各项消费的边际效用达到相等时，在一段时间内会出现相对静止的状况。但消费仍将发展，消费的边际效用递减趋势继续存在，边际效用下降的情况继续在发生。同样由于各项消费的边际效用的下降幅度和速度不同，边际效用原来均等的局面又会被打破，并继续在边际效用递减的作用下，向新的均等发展。

消费结构从物的角度看是各种的不同量消费品，从消费主体——消费者看则是消费支出的各种分布。人们在决定支出分布时显然是经过思考的。因此，在研究消费结构的成因时不能仅研究外部影响因素。

消费结构由需求多样化引起，需求是消费结构形成的根本动因。需求的多样化是人类脱离自然的基本表现之一。人是社会的人，需求不仅是本能，而且是社会的。人类是生产者，同时又是生产发展的结果。人们创造着历史，在这一过程中也不断创造着自己。

消费结构不断变化，这种变化是由人们的需求结构的不断变化引起的。这种变化可以用边际效用理论来解释。边际效用递减定理说明了不同消费项目此消彼长的原因。边际效用均等律说明了消费结构得以形成和稳定的原因。本书第一章我们曾讲到消费的另一个层面，生产决定消费。随着生产力的发展，消费的物质基础逐步提高，因此，无论是边际效用递减还是均等化都是在不断向高层次发展中实现的。

三、需求弹性规定了消费结构演变的方向和速度

需求弹性差异是消费结构变化的又一个重要原因。弹性最早是从研究消费量对价格变化的反映开始的，以后又衍生出收入弹性和交叉弹性等。收入需求弹性在消费结构变化发展中起着至关重要的作用。因为收入增长是长期的，对需求的影响较为深远。价格需求弹性一方面反映了人们求廉的心理特征，另一方面它也是一种变相的收入需求弹性，因为价格变动的直接结果就是收入变动。弹性存在的主要原因是人们对各项消费需求量客观上存在差异。人们在各种消费方式上表现出不同的个性，如在一定条件下，收入逐步增加，消费支出水平逐步增加的情况下，人们各项支出增长速度会有不同。这种增长速度的差异，主要是因为需求弹性的不同。恩格尔认为消费支出增加，其中食品支出会下降，原因就在于食品消费收入弹性很低。收入增加后各类消费增长速度不同，结果就是消费结构发生变化。

边际效用理论说明了消费结构必然发生变化，而且变化后又会走向相对静止。但是，边际效用理论无法说明人们的消费结构将如何演变，即无法说明为什么某项消费的增速将下降，另一项消费的增速则将上升（边际效用递减律只是说明需求存在下降趋势），更无法说明各项消费的增长加速或减缓程度。边际效用理论只是说明了消费结构变化的一般原因。弹性理论则不仅说明了人们消费结构变化的原因，而且说明了消费结构变化为什么具

有某种趋势，以及大致的变化量。

收入需求弹性对消费结构的影响可以这样描述：收入提高时一些收入需求弹性低的消费项目增长缓慢，甚至近似于停滞状态；一些收入需求弹性较高的消费项目消费明显增长；一些收入需求弹性很高的消费项目则快速增长。这样由于收入水平提高，消费结构发生了剧烈的变化。从总的趋势看，人们的收入是不断提高的，这是历史发展的必然。当然收入有时也会有所下降，但这是暂时的、偶然的现象。收入不断提高，消费结构也就处于持续的演变发展过程中。

消费者对各种消费项目需求的数量有明显差异。消费者对某些消费的需求数量比较稳定，即消费者对某些消费项目的需求量受外部环境变化的影响很小，如食品消费，特别是主食的消费，当收入发生较大变化时，它的需求量一般不会相应发生很大变化；消费者对某些消费的需求量变化比较大，如衣着消费，收入等条件发生变化它也会有明显的变化；消费者对某些消费需求量可以有非常大的变化，如居住、娱乐消费等，收入等条件发生较大变化它们的变化也将很大。收入需求弹性是在收入变化时发生作用的，但绝不意味着收入或收入的变化是收入需求弹性产生的原因。消费者对各种消费需求量存在差异的主要原因是人们的生理消费条件。人们在十分贫困的情况下，如在入不敷出的情况下也必须消费最起码数量的食品，否则会饿死，而在非常富裕的时候，也不会消费很多食品，因为人们消费食品的能力有限。

边际效用和需求弹性是两个不同的范畴，但因为它们都是消费结构变化的基本原因，因而它们又是互相关联的范畴。边际效用递减使消费增加速度具有下降趋势，但这种趋势何时成为现实则取决于需求弹性的大小。抽掉消费结构的实际内容和背景，我们看到消费结构变化的动力是边际效用的下降，需求弹性本身并不产生消费结构变化的动力，只是规定用力方向和放大力量的杠杆。杠杆因动力而存在，需求弹性因为边际效用有下降趋势方有可能实现它的杠杆作用。

需求弹性和边际效用均等紧密相连。消费结构由于受各种因素的影响，在经过一段时间的相对静止和相对平衡后，很快又会活跃起来。但在边际效用递减律的作用下，各项消费会重新参与边际效用均等化过程。在均等化过程中，因收入增加后，弹性低的消费项目增加很少消费量，边际效用就已经很小；收入需求弹性较高的消费项目，在收入增加后，消费量也将有较大增加，但随着消费量的增加，其边际效用也逐步变小；需求弹性特别大的消费项目（如一些只有收入达到一定高水平才会新加入的消费项目）收入增加后，需求量将大大增加，同样，随消费量的增加，其边际效用也逐步缩小。各项消费的边际效用由于需求弹性的差异经过不同速度的递减，最终将重新达到均等。

第三节　影响居民消费结构的外界因素

以上我们研究了变化过程中的消费结构本身，下面我们将研究影响消费结构的外界因素。它们分为六个方面。

一、消费结构与收入

收入是影响消费结构的最直接因素。前面关于消费者满足极大化的两个公式中，公式①就说明任何消费结构的选择都被限制在一定收入水平下。

在商品经济条件下，人们的需求通过消费得到满足，必须通过商品货币交换过程。在商品经济条件下，现实的需求只能是具有相应购买力的需求，即表现在市场上的需求。人们出售自己的劳动产品，获得货币收入，将货币收入用于消费支出。消费和消费结构是永恒的，它们与人类共存，消费是人类存在与发展的前提，而人们的消费总以一定的结构形式实现。货币和货币收入则是历史范畴，它们只存在于商品经济社会中。今天历史已经发展到了高度发达的商品经济时代，因此，本书研究的是商品经济时代下的消费和消费结构。

货币是同质的，但对消费者而言货币则代表各种消费商品。收入就是一定量的货币，货币是一般等价物，它代表任何商品。一定量的收入可以是各种的商品组合，即各种的消费结构。因此，在商品经济条件下，消费结构实际是消费者收入支出分布的结果。

收入对消费结构的影响表现为收入水平规定了消费者可以获得总效用的极限，因而规定了均等化后各项消费边际效用的量和参与边际效用均等化的消费项目。在收入极低的时候，人们在食有半饱、衣能遮羞、住能挡雨的状况下达到边际效用的均等。收入稍有提高后，边际效用均等时人们的食能饱腹、衣能穿暖、住有居室。一旦收入达到一定水平，各项消费边际效用均等时将是食为吃得好、衣为穿得美、住为居室宽敞。与此同时交通通信、娱乐等新的消费项目将进入消费者的视野，并参加边际效用均等化过程。

收入是消费结构从动机成为现实的桥梁。收入水平对消费结构是至关重要的，因为它规定了消费者可以或能够消费什么（这里包括进入的消费领域范围，和同一消费领域能达到的层次），不可以或不能够消费什么。因此，收入不仅规定了组成消费结构的消费项目数量，也规定了整个消费结构的层次。

这里需求说明的是，收入只是一种影响因素。收入就是一定数量的货币。冷冰冰的货币无法决定人们消费什么而不消费什么，同样收入增减本身即数量的变化，无法决定消费者的消费结构。收入只能说明消费者能够消费什么，可以不消费什么。消费结构只能是消费者自己的抉择，它取决于消费者自身的需求，取决于消费者对各项消费边际效用均等和货币收入之间关系的判断。

收入对消费结构的影响还表现为，不同的收入使不同的消费者的消费结构出现差异。就需求和欲望的本性而言，消费者是同一的，他们可以追求相同的消费结构。但在现实的商品经济中，不同的收入水平只能保证不同消费结构的实现。

收入的发展趋势，即预期收入也会对消费者的消费结构产生影响。预期收入增长加速或缓慢，甚至出现负增长的原因有多种。如世界经济增长快速或缓慢、国民经济繁荣或萧条、行业景气或不景气、消费者正年轻有为或已近退休年龄（从消费者个体来看）等。预期收入增长往往会激发起人们对未来生活美好的憧憬，树立起改善现有消费水平的信心。人们因为没有了"后顾之忧"，增加了即期消费，这时储蓄的效用明显下降。同时，因为未来的购买力有可靠的保证，人们产生了提前消费的欲望，并在具备适当条件的情况下付诸实践，开始增加信贷消费幅度。这时许多费用较高的消费项目将陆续进入消费结构。

预期收入增长缓慢或下降，将会使消费者丧失消费信心，这时消费结构变化的力度将取决于消费者预计的未来收入下降的程度。如果预计未来收入只是增长比较缓慢，消费者可能会维持现有的消费结构；如果未来收入将会下降，此时消费者的储蓄效用增大，他们很可能退出某些不太重要的消费领域，如旅游等娱乐休闲消费。

在研究了预期收入变化对消费者消费的影响后，我们就可以对消费者最大限度满足的公式①做适当的修正，即考虑到收入预期的变化，公式①的等式右边的货币收入应该等于货币收入 1+ 货币收入 2，前者为当前收入，后者为可以通过信贷提前消费的预期收入。货币收入 2 在预期收入下降时趋于零。如公式③所示：

$P_aX_a+P_bX_b+\cdots+P_nX_n+$ 储蓄 + 投资 = 货币收入 1+ 货币收入 2 ③

（ P_a 、 $P_b\cdots P_n$ 为商品 X_a 、 $X_b\cdots X_n$ 的价格）

二、消费结构与价格

价格的变化意味着消费者对某一商品购买力的变化，即某一商品价格下降，消费者对该商品的购买能力上升；某一商品价格上升，消费者对该商品的购买能力下降。由于价格变化必然引起相对购买力的变化，因此，价格的变动将促使消费者的商品消费数量变化，从而导致消费者的消费结构发生变化。

价格变动对消费结构的影响不同于收入变化对消费的影响。收入变化意味着支出水平的变化，因此收入对消费结构的影响是全局性的，即收入增减将影响所有商品的消费。价格升降则对具体商品产生影响，即对价格发生变化的商品，以及与价格变化的商品相关的商品产生影响。因而价格变化对消费的影响是局部的。从消费结构角度看，收入变化将影响消费者整个支出的分布。收入增减还将引起其整个消费结构层次的变化。价格变化则通过个别商品消费的增减，导致消费结构发生变化。

价格变化对消费结构调节的一般原理是：价格升降引起价格发生变化的商品，以及与之相关的商品的消费量出现增减，进而消费结构出现变化。但由于不同的商品对价格变化的敏感程度不同，即价格需求弹性不同，因而不同的商品价格变化对消费结构的调节也有所不同。

价格变化对消费结构调节的力度和方向取决于商品的价格需求弹性。由于价格弹性有多种表现形式，因此价格变化对消费结构的调节比较复杂。

（一）价格自弹性范围内发生变动对消费结构的影响

（1）在价格需求弹性等于零，或需求弹性比较小的情况下，如果一种商品的价格上升，这一商品的消费量将不变，或消费量有所减少，但减少的速度慢于价格上升的速度。为了维持原有或略有减少的消费，消费者就要增加对这一商品的货币投入。这部分投入或者来自储蓄，或者以减少其他商品的消费为前提。这时弹性比较小的商品减少消费量和其他商品消费减少都将引起消费结构变化。如果一个商品价格下降，这一商品消费量不变，或略有增加，但增加速度慢于价格下降速度，这时一部分货币将从该商品的消费中退出。分离出来的购买力将进入储蓄，或者用于增加其他商品消费。该商品的略有增加和其他商品消费的增加都将导致消费结构的变化。

（2）在价格需求弹性比较大的情况下，价格变动后价格发生变化的商品消费量将发生明显变化。如果商品价格上升，消费者将减少这一商品的消费；如果商品价格下降，消费者将增加这一商品的消费，这都将引起消费结构的变化。

（二）价格交叉弹性条件下价格变动对消费结构的影响

（1）一种商品价格上升或下降，消费者在减少或增加这一商品的消费的同时，将增加或减少与这一商品有替代关系商品的消费。这时价格变化的商品与它的替代商品消费量将向相反方向增减，结果两种商品从不同方向促使消费结构发生变化。

（2）一种商品价格上升或下降，消费者将在减少或增加这一商品消费的同时，同方向地减少或增加与该商品存在互补关系商品的消费。这时价格发生变化的商品和它的互补商品消费量同向发生变化，同时消费结构也发生变化。

以上我们讨论的是一个商品价格变动的情况，如果是几种商品价格变动，则情况类似，只是情况更为复杂，不再重复。

价格变动还有长期与短期之分。短期的可以称为价格波动，中长期的则是价格变化趋势。消费者对价格的长期和短期变化的反应不同。短期的价格变化将直接导致消费者消费结构的变化，我们在前面分析价格中对不同范围内变动已做了较详细的讨论。价格的中长期变化是一种趋势，这种情况下消费者谋求的必然是一种长期的统合的效用最大化。面对价格中长期的变化，消费者采取的行动往往与在短期价格波动时的行动不同。如果价格趋于下降，消费者可能不会立刻增加消费，而持币观望；如果价格上升，消费者可能提前购买，包括以减少储蓄为实现条件。

三、消费结构与生产

什么是生产？按《辞海》有关条目解释，生产是指以一定生产关系联系起来的人们利用生产工具改变劳动对象以适合自己需求的过程。显然，仅仅用上述定义无法说明生产对消费结构的规定性。我们这里所说的生产是指体现为一定生产力水平的科学技术、可以利用的资源、利用资源的能力以及它自身所能达到的规模。因此，应该说生产力水平是影响居民消费结构的重要因素。随着生产力水平的不断提高，一方面消费品可供量规模不断扩大，消费品因科技含量逐步提高而在功能、款式、质量上更令消费者满意；另一方面不断有新产品作为科技创新的成果进入消费领域。消费结构的发展（进步）就体现为各种消费品、消费项目质量（层次）的日益提高和消费品、消费项目的日益多样化、复杂化。

马克思关于生产对消费的决定的著名论断是人们所熟知的。他在《政治经济学批判》中这样写道："就生产方面来说：①它为消费提供材料、对象；②它也给予消费以消费的规定性、消费的性质，使消费得以完成生产不仅为需求提供材料，而且也为材料提供需求。"马克思的这一论述同样适用于生产对消费结构关系的分析。

从消费结构角度看，生产对消费的决定主要表现为产业结构、产品结构对消费结构的规定，其中产业结构是间接地，通过产品结构对消费结构发生作用。

消费结构实际是消费者对不同消费品组合的抉择。消费者只能在生产所提供的现有的消费资料中进行选择。现有的产业结构、产品结构为消费者提供了丰富多彩的选择对象，同时也规定消费者的选择范围。从实物看，只有市场上提供电视机、洗衣机，消费者的消费活动中才会有看电视节目，才会有用机器自动洗衣；从货币支出看，只有工厂生产出各种家用电器，消费者能在市场上买到这些家用电器，消费者才会有这类消费的支出。产业和产品结构不仅决定了消费结构质（品种）的范围，而且规定了各项消费的量的范围。农业、农产品的产量，轻工业、轻工产品的产量规定了消费者相应消费品的最高消费量。

消费结构本身包含着消费方式的结构，生产同样决定了消费方式的结构。马克思曾说："饥饿总是饥饿，但是用刀叉吃熟肉来解除的饥饿不同于用手、指甲和牙齿啃生肉来解除的饥饿。"其实生产的发展不断地改变着人们的生活方式，因而也不断改变着人们衣、食、住、娱乐、教育等方面消费方式的结构。地铁、海底隧道的出现为人们的交通消费方式提供了新的选择；人们的通信消费方式从古老的书信传递开始，相继出现了电话、电报、传真，今天微型电脑和网络的出现，E-mail 的往返在几秒钟内就能完成。

生产为消费材料提供需求在消费结构的层面上显得尤为重要，生产以产品本身引发消费者的需求是消费结构发展的重要动力。马克思说："艺术对象创造出懂得艺术和能够欣赏美的大众——任何其他产品也都是这样。"今天，PBX 的出现使家用电话得以普及。私人电话的普及在给人们带来极大方便的同时，也悄悄地改变着人们的生活方式。它所能提供的便捷的通信方式极大地增加了人们对它的依赖性。从消费结构角度看，其结果是居民通信费支出的提高。

四、体制政策

对消费结构产生影响的体制和政策因素表现方式很多，但从各国实践来看，比较典型的主要有两个方面：消费品计划分配和居民基本生活保障的福利经济政策。

消费品计划分配有实物的直接分配和按定量发放购物票、证两种形式。前者主要用于遭遇特大自然灾害后灾民的生活安置，这是短期的。后者较多地出现于战争和战后重建时期，延续的时间相对长一些。第二次世界大战期间和战后初期，欧洲许多国家都实行过消费品计划分配制度。此时，由于战争耗费了大量资源，并造成了严重破坏，因此形成物资严重匮乏的局面。政府在这种非常困难的情况下，只好将有限的消费品按计划分配，以便居民维持最起码的消费。这种分配被戏称为（被围困时的）"城防司令经济"，实属不得已而为之。

战后苏联、东欧、亚洲及其他地区的一些社会主义国家都曾实行过较长时间的消费品计划分配制度，这是一种特定的历史现象。这些国家实行这种制度的一部分原因是经济发展缓慢，导致消费品供应不足；另一部分原因是对社会主义建设缺乏经验。一些社会主义国家将消费品的计划分配误解为社会主义计划经济的一部分。马克思在《哥达纲领批判》中曾谈到未来共产主义采用的按劳分配"证书"的分配形式，但现在的社会主义显然不具备采用这种分配方式的条件。

消费品的计划分配已经不是影响居民消费结构的问题了，它直接规定了居民的消费结构。因为无论是实物分配还是发放购物票证都是以政府制定的消费定量进行的，消费者本身没有决策权。政府的定量分配，就是居民的消费结构。

居民基本生活保障的福利经济政策包括三个层面：①一些国家（有发达国家也有发展中国家）政府对低收入者（家庭）的基本生活方面进行财政援助（补贴）。②一些富裕国家（如北欧国家）实行全民社会福利保障制度，收入不分高低，某些基本生活支出，统一实行政府负责的社会统筹。③一些社会主义国家实行计划经济（实际是产品经济），对居民（主要是城市全民企业职工和国家机构职工）的基本生活实行计划统一安排。福利经济政策的主要领域是住房（包括水、电、煤等）、医疗、教育等。

居民基本生活保障福利经济政策对居民的消费结构影响是十分明显的。低房租、免费医疗、低教育费，掩盖了收入的真实水平，也掩盖了真实的消费支出水平。政府财政补贴某些消费项目，降低了居民这些消费的支出，其结果必然将现有收入引向其他消费项目，整个消费结构被扭曲了。

五、消费与闲暇时间

消费是人类的一种活动，是活动就有一个时间上的延续，哪怕这个时间非常短。没有时间，任何消费活动都无法发生。关于消费的时间，马克思曾形象地说过，工人在繁重的劳动结束后，当他坐在饭桌旁、站在酒店的柜台前、睡在床上的时候，生活才算开始。马克思这里所说的工人真正的生活时间就是可以用于消费的时间。

学术界在研究居民生活质量时提出一个闲暇时间的概念，国内有的学者将闲暇时间定义为：除去工作时间、上下班时间、满足生理需求时间和家务劳动时间以外的供人们自由支配的时间的总和。这个定义是一个特殊界定，它是特指用于休息、娱乐（包括游乐）的时间。闲暇时间比马克思所说的真正意义上的生活时间规定得更严格。

消费活动需求有相应的闲暇时间，作为消费的具体形式——消费结构的展开需求足够的闲暇时间。消费结构在时间上的展开表现为各种消费项目（内容）的先后排序（包括部分消费项目并列进行）。有足够的假期人们才能外出旅游，有足够的闲暇时间人们才能从事读书、学习、逛街、访友、看戏、健身等活动。消费的内容可以丰富多彩，但只有有相应的闲暇时间，多样化的、高层次的消费才会相继出现。短暂的闲暇时间只能满足简单的、低层次的消费结构。

时间是直线流逝的，它既不能增加，也不会减少。闲暇时间的增加只能是非闲暇时间减少的结果，即我们只能用缩短工作（劳动）的办法来扩大可以用于消费的闲暇时间。国务院于1994年2月颁布了《关于职工工作时间的规定》，将我国企事业单位职工的每周工作时间从过去的48小时改为44小时，1995年国家又将周工作时间再次减少到40小时，即实行"双休日"制。1999年开始国家又延长了职工的节日放假的时间。节假日的增多为居民丰富自己的消费内容提供了条件。

六、文化与消费结构

文化"广义是指人类在社会实践过程中所获得的物质、精神的生产能力和创造的物质、精神财富的总和。狭义是指精神生产能力和精神产品，包括一切社会意识形式"。"消费既是一个经济过程，也是一种文化现象，消费是经济与文化的重要融合点。"因此文化是影响消费结构发展变化的重要因素。

从对消费结构的影响角度看，文化又可以分为本国文化和外来文化。本国文化有着深厚的历史渊源，并世代沿袭。我国消费思想史上，"崇俭黜奢"观一直占支配地位。如我国儒家学说的创始人孔子曾说："侈，恶之大也。"奢侈是最坏的。"礼，与其奢也，宁俭。"但同时儒家学说又以"礼"作为划分奢、俭之标准，即每个人都应该根据自己的地位安排消费。富贵者不能太俭，否则违反礼法，即要"俭不违礼"。同时儒家特别强调礼尚往来的重要性，孔子指出："往而不来，非礼也；来而不往，亦非礼也。"在这种传统思想的影响下，中国居民家庭消费既有崇尚节俭的一面，又有讲"面子"、讲"排场"的一面。反映在消费行为上就是一方面日常生活省吃俭用，另一方面高档消费购置、喜事丧事场面互相攀比的"装门面"现象。

文化借鉴是一种极其普遍的现象。可以说所有国家和民族的文化中都有外来文化的成分。所谓文化借鉴就是接受、消化外来文化，使其融入自身文化传统中，成为自身文化的一部分。各国、各民族文化在发展过程中形成了自己的特征，都有自己辉煌的成就。各种文化的融合将给文化发展带来新的生命力。各种文化的成就是人类文明的成果，应为人类进步做出贡献。文化借鉴是文化发展的重要动力。

外来文化的影响或者说对外来文化借鉴是消费结构变化的一个重要原因。文化借鉴的内容十分广泛。消费和消费结构领域的文化借鉴主要是指其他国家、民族消费品、消费方式等的接受和消化。关于外来文化对消费和消费结构的影响，美国著名的国际营销学专家 Philip.R.Cateora 曾有过非常精彩的描述。他在他的 *International Marketing* 中写道："仔细考察美国文化和典型的美国公民，就会发现：早餐他开始吃的橘子，最初是地中海栽培的；他吃的罗马甜瓜最初生长在波斯；或者他正吃着一块非洲西瓜……吃完水果和喝完第一杯咖啡后，他接着吃用斯堪的纳维亚技术烤制的华夫饼干和蛋糕，做饼干和蛋糕的小麦最早生长在小亚细亚。然后他饮一杯印第安人发明的枫树糖汁，吃鸡蛋或肉片，下蛋的鸡是印度支那驯养的，驯养动物最早在东亚，而肉片的腌制加工过程却是从北欧学来的。接着，他一边吸着烟，一边看当天的新闻。书写符号是古代闪米特人发明的，印刷术是中国人发明的，印刷过程又是德国人完善起来的。当他遇到外国麻烦时，如果他是个稳重的好公民的话，他会作为一个十足的美国人用印欧语言恳求希伯来神。"

世界上任何一个国家和民族都不可能是完全封闭的，在科学技术高度发达的今天，世界经济明显趋于一体化，文化借鉴已成为各国家和民族得以进步的基本途径。接受代表外来文化的消费品或消费方式，一方面，可能导致在消费者消费中出现新的内容，它或者与原有消费项目并存，或者取代原有消费项目，或者是对原有消费项目的改良和演变；另一方面，可能导致原有消费项目的生产率提高，降低成本，扩大供应。因此，文化借鉴通常与消费结构演进同时发生，文化借鉴过程必然是消费结构演变的过程。

第四节　消费结构运行的总体分析

什么是"运行"？闻潜教授曾将经济运行界定为周而复始、不间断的经济活动。我们这里所说的运行是指"有规律的运动"，这种运动是消费结构演变、发展的方式。居民消费结构的运行包括运行的主体、动力、环境（条件）、趋势、形式五个方面的基本内容如

表 7-1 所示。

表 7-1　居民消费结构运行的主要内容

1. 消费结构运行的主体是运动中的消费者（需求）。
2. 居民消费结构不断向高层次发展是历史必然。
3. 消费者不断追求更美好的生活是消费结构发展的根本动力。
4. 消费结构运行是消费者运行和环境因素运行两者的统一。
5. 消费结构是以需求为中心的一个不断自我调整、自我完善，不断进化的系统。

下面我们对消费结构运行的上述五个方面做展开分析。

（1）消费结构运行的主体是消费者，而非消费结构本身。消费结构是消费者的一种决策，是消费者意志和认识的产物。消费结构变化看似是数据在变化，实际数据只是符号，它的变化只是说明它所表示的东西在变化。消费结构作为消费者的抉择则是"活"的，有"生命"的。因为消费者是有生命、有思维的。消费者从自己的需求出发，分析外部环境的发展，权衡利弊，不断做出新的决策。回顾以往的消费结构，我们看到的是一个不断更新、不断追求最大效用的决策系列。我们说消费结构在变、在发展，实际是消费者决策在变、在发展。同理，消费结构的运行实际是消费者决策的运行。

消费者的消费结构选择不是在真空中进行的，消费结构的形成受外界一系列因素的影响。影响消费结构的外部因素前面已经逐项做了分析。按与消费者消费行为联系的紧密程度分，这些因素可以分为两大类，其中收入、价格、体制为直接影响因素；生产、闲暇时间、文化为间接影响因素。收入直接制约着消费者的消费支出，因而直接制约着消费者的消费行为，有钱才能买得起，钱多才能买得多、买得贵；价格是商品价值的货币表现，价格使人们参加收入的重新分配；有关体制与政策将导致实际收入的增减。如政府财政补贴对消费者而言实际是收入增加。生产、闲暇时间、文化不直接导致消费者行为的变化，它们是消费者行为的各种限定条件。

国内有关消费的专著和教科书，在谈到消费结构时都将影响消费结构因素作为极其重要的内容加以论述，很明显作者试图用这些影响因素解释消费结构变化的原因。这是迄今为止我国消费经济理论最大的缺陷。这种方法容易产生误导，似乎消费结构变化的原因仅仅只是一些影响因素。这种方法表面看来是唯物的，但显然不辩证。消费结构形成的根本原因在于消费者本身。影响因素是外部原因，无法说明人们消费结构变化的机制和动力。毛泽东曾说内因是根据，外因是条件，外因通过内因发生作用。

（2）居民消费结构是不断发展的，这是一种历史必然，它是人类进步的一种表现。消费结构发展是人类社会发展和人类文明发展的一个方面。由于决定和影响居民消费结构的各种因素是不断变化发展的，因此居民消费结构始终处于发展变化之中。消费结构的变化是一种发展，因此这种变化不是杂乱无章的，而是有一定规律的。居民的消费结构不断向高质量、高水平、高层次发展。消费结构进步表现为两个方面：①消费内容不断向广度和深度发展，即从横向看，消费涉及的领域或范围越来越广。从深度看，同一消费领域内消费项目越来越多。消费向广度和深度发展，结果是消费结构日益复杂化。②消费项目的质量不断提高。这种质量提高也表现为两个方面，一方面是在所有消费项目中高层次的消费项目（享受类、发展类消费）所占比重逐步增加，低层次的消费项目（如生存类消费）比重逐步减少。另一方面是消费项目的整体质量水平增加，如食品消费属生存类消费，其比重会逐步下降，但食品消费本身质量无疑将逐步增加。

消费结构作为研究对象的价值就在于它是有"生命"的，是不断"进步"的。如果居民消费结构是一成不变的，那么它就失去了研究的意义。消费结构一直处于一种发展的运动中，但这种运动的表现有所不同，有时很剧烈、有时稍有波动、有时相对平稳。消费结构发生剧烈变化往往是（某一）外部条件发生了较大变化。

（3）居民消费结构的运行是两个方面运行的结合和统一的结果。两个方面运行：一个是人——消费者自身的运行，另一个是影响人进行消费结构选择的因素的运行。所谓人——消费者的运行的含义是：消费者有关的变化，即对于消费、消费结构的知识（包括经验教训）、态度、感情、决策能力等在实践中的积累和进步。消费者在变、在进步，作为他们决策结果的消费结构也在变。正是消费者自身不断的发展，才有消费者消费结构不断演变，只是消费者认为消费结构需求或应该变化时，消费结构才会变化。因此，消费结构的发展是消费者本身发展的结果。

外部因素的运行就是外部各因素的发展变化。影响消费结构的因素主要有生产、收入、价格、体制政策、闲暇时间和外来文化六个方面。这些影响因素都不是一成不变的，相反，它们始终处于运动中。

外部因素的运行首先表现为各个因素各自的运行。六个影响因素是独立的范畴，它们分处于社会经济不同的各个层面，各自有独特的属性和存在形式与运动规律。生产的发展取决于科技的进步，它往往需求从历史的高度，从世界的角度考察；收入的提高主要取决于生产的发展，主要在本国范围分析；价格的运动形式主要是波动，波动的原因是市场商品供求的变化；体制和政策表现为超经济的行政行为，是对经济活动的人为干预；闲暇时间的变化取决于生产力的发展；外来文化在消费领域主要表现为外国的消费观念和消费方式。

各个影响因素发展趋势的具体表现各不相同。生产的发展表现为生产力水平的不断提高；收入的发展同样表现为收入水平的提高；价格水平有上涨的趋势，但这种上涨与前两项因素水平的提高是完全不同的概念，价格波动是波浪形的，不存在明显发展趋势；政府干预居民消费（主要是社会福利方面的政策、措施），主要取决于国家的经济体制和不同时期政府的政策倾向；闲暇时间总的趋势是延长，一般而言经济越发达，居民可以利用的消费时间越充裕，因为生产力发展水平越高，必须用于生产的时间就越短；至于外来文化因素，随着世界经济向一体化发展，这方面影响力度将越来越大。

外部因素运行又是各因素组成一个整体的运行。影响消费结构的各因素是相对独立的，但对消费结构而言这些外部各因素组成一个完整的环境。我们说消费结构的外部环境是一个整体，并不是说这些因素又组成一个什么新的东西。外部环境因素运行一般不是指所有外界因素同时以同样速度的运动。外界环境整体运行主要包含三层含义：①某项因素变化，将引起整个环境的变化，因为一方面整个环境由各个因素组成，任何一个因素变化都意味着整个环境变化；另一方面某项因素的变化将影响其他因素作用的发挥。②各项外部因素互为因果关系，生产、收入、价格、体制政策、闲暇时间、外来文化之间都互相影响。③不同的因素在不同的时候分为主导因素和次要因素，分别处于主导地位和次要地位。

消费者自身运行部分是整个消费结构运行的基础。只承认影响因素的作用，将居民消费结构简单地看作收入、价格、生产等因素变化函数，即将外界影响因素看作自变量，将消费结构看作因变量，是绝对错误的。

消费者作为影响消费结构的内在因素，其运行包括两个方面的内容：①消费者特征。②消费者的发展。消费者发展是居民消费结构演变的主线，消费者特征则是消费者发展的灵魂，消费者发展本身是消费者特征的不断再现和发展。消费者本身是各异的，消费者特征包括消费者（这里主要是指某一国、某一民族消费者）特有的历史文化背景、消费习惯、消费惯性等。

消费结构变化和发展实际上是消费者本身发展的结果。从消费结构演变的角度看，消费者的发展表现为自身生理素质、思维能力、文化知识、修养、鉴、欣、赏能力、享受能力以及追求目标的不断提高。

在考察整个消费结构运行时，必须肯定消费者自我意识、消费者知觉、消费者需求自我知觉系统的核心地位。很显然，这不仅是经济理论问题，而且涉及最基本的哲学问题。在消费者运行和外部环境运行的关系上，马克思主义认为环境创造了人，但应该看到人也在不断地创造着环境，并且在这种过程中，人也不断地创造着自己。当我们在研究消费结构时，外部环境是因为消费者而存在的，是因为要考察消费者的行为它才进入我们视野的。当我们说某一外部因素对消费者消费结构产生影响时，是因为我们在消费者行为中看到了这一因素的影响结果。前面我们说各个外部因素组成了一个影响消费结构的环境。现在我们应该进一步指出，正是因为消费者的存在，才使各项外部因素形成一个整体。所有外部影响因素的存在和所能产生的作用都只能唯一地从消费者的行为中体现出来。在消费者的消费结构决策过程中，各外部因素被融合在一起，已经分不出你我。

（4）消费结构发展的根本原因和动力在于消费者本身，即不断追求更理想、更完美的生活是消费者消费结构发展的根本动力。消费结构是消费质量的基本指标，人活着必然希望生活得更美好，这种希望实际上是社会发展的最原始动力。生活更美好的重要标志就是更理想、更完美的消费结构。因此，不断追求更美好的生活在一定意义上说，就是不断追求更完美的消费结构。当然这里所说的结构绝不是指几个抽象的比例数，而是指具体的丰富多彩的消费内容。希望是一种内驱力，这种内驱力强烈地驱使人们去追求，追求使内驱力演化为现实的推动消费结构进步的动力。

消费结构发展的另一个动力是生产，一方面生产不断发展，消费对象不断更新为消费者消费选择的更新提供了物质条件；另一方面生产提供的消费不断唤起消费者对新的消费的追求。这样我们又回到本章开始就提出的命题，即需求决定消费和生产决定消费的两个层面。当我们强调消费结构是消费者行为的结果时，需求决定的意义必然凸显出来，从这个意义上讲消费者需求不断地升级是消费结构演变、发展的最原始的动力。

（5）消费结构是一个以消费者需求为中心，在不断变化的环境中不断自我调整、自我完善、不断进化的系统。这一表述既是对消费结构运行的全面总结，也是对消费结构定义的进一步说明。

消费结构的运行首先表现为消费结构的调整。所谓调整，这里是指做出新的消费项目组合选择，具体内容是增加（减少）某（一）些消费；新增（取消）某（一）些消费。调整可能是很小范围的，也可能是较大范围的；可能是局部的，也可能是全局性的。调整多数是因为外部因素引起的，但有时也会是消费者的自身原因，如婚姻准备、生育等家庭周期阶段变化。消费是消费者的行为，消费结构由消费者自行调整，即自我调整。这种调整是有意识进行的，但应看成自然发生过程。由于边际效用下降的趋势始终存在，消费者的各项消费始终处于临变状态。一旦内外因发生变化，各消费项目将立刻做出相应反应。同时由于需求弹性的限制，这些反应遵循着一定的方向和一定的幅度。

消费结构的运行同时也表现为消费结构的完善。这里完善是指消费结构向某一相对满意的水平靠拢。消费结构的完善与调整是两个互相独立又相互联系的范畴。调整是经常发生的，是即时应付性的手段。完善则是阶段性的、中长期的带有目标性的过程。如果说调整是带有一定的自发性的，完善则是计划性的。消费结构的完善同样是消费者的自我完善，即消费者的自觉完善。与消费结构调整一样，消费结构的完善也是内外环境的统一，所不同的是消费结构在完善过程中往往更注重对外部环境较长期变化，以及未来发生的变化做出相应的反应。消费结构的自我完善同样是消费结构运行机制作用的结果。消费结构调整是在各项消费的边际效用均等被打破的情况下，通过消费项目的种类和各消费项目量的增减，使各项消费的边际效用重新达到平衡，消费结构的完善则意味着各消费项目的边际效用趋于某一满意水平上的均等。

消费结构运行的结果是其本身不断地得到发展，我们将这种发展称为进化。进化原是一个生物学概念，是指生物逐步演变，从低级到高级，由简单到复杂的发展过程。这里我们称消费结构不断进化同样是指消费结构的发展也是一个从低级到高级，从简单到复杂的过程。消费结构的进化不仅是消费条件进步的结果，也是消费者作为消费选择主体自身进步的结果。消费结构进化是必然的，因为历史运动是一维的——永远发展、进步。

第八章 中国居民消费结构演变的基本特征

我们已经完成对我国城乡居民过去 20 多年消费结构的形成机制转换、居民消费结构演变以及不同居民群消费结构差异变化的考察分析。上一章我们还用定量分析的方法对过去 20 多年我国居民消费结构的运行轨迹进行了描述。这一章我们将在上述研究的基础上，提炼出我国城乡居民消费结构演变的基本特征。这些特征是我国城乡居民消费结构发展内在客观规律的集中表现，对它们的认识将有助于我们把握对中国居民消费结构的未来发展。同时，这些基本特征绝大部分还具有普遍适用性。本章是关于对我国居民消费结构发展演变的四个基本特征的分析。

第一节 消费结构发展受制度强烈影响

消费是个人的事情，是家庭的事情。作为社会再生产的四个环节之一，消费的一个最基本特点就是它可以独立完成，而不需要经过社会过程（生产需要分工、协作，分配和交换只能发生在参与者之中）。从理论上讲，消费是消费者完全按照自己的意志而进行的活动。但事实并非如此，社会制度、政府干预对居民产生强烈影响。这种情况不仅存在于中国，世界上许多国家都有此类现象，不同的只是表现形式和内容。

我们研究的对象是 1978 年后 20 多年我国居民消费结构的演变。2000 年 10 月 11 日中国共产党第十五届五中全会通过的《中共中央关于制定国民经济和社会发展第十个五年计划的建议》指出，我国"社会主义市场经济体制初步建立"。因此过去 20 多年恰是我国从计划经济向市场经济过渡的历史时期。在这一时期，中国经济中计划经济体制的各种因素逐步消亡，社会主义市场经济体制的各项因素则在原有的计划经济体制内部逐步生成。这一时期的中国经济既不是完全意义上的社会主义市场经济，因为它还没有最终建立，也不是完全意义上的计划经济，因为它正在全面退出历史舞台。因此从经济体制看，1978 年后 20 多年的中国经济结构是不稳定的，处于一种转型状态。

消费是国民经济的一个基本组成部分，消费结构则是消费的具体存在形式。整个社会经济体制处于转型过渡时期，居民消费结构形成机制的转型也包含在其中，从计划分配制向市场自由选择制过渡。由于处于激烈的制度变革过程中，制度因素（包括制度变革因素）对居民消费结构发展的影响表现得特别清晰。

我国居民的消费结构发展受制度（包括制度变迁）的影响可以从三个方面进行分析：

一、城镇居民消费结构不均衡发展

过去 20 多年，城镇居民消费结构的发展是极不均衡的。这种不均衡表现为一方面住房、医疗保健消费支出比重长期偏低；另一方面食品和家庭耐用消费品消费支出比重居高不下。1985 年经济改革重点转到城市，城镇居民收入和支出迅速提高。然而，1985—1992 年城镇居民住房消费比重从不到 1%（1991 年前）缓慢增加到 2.14%；医疗保健从 1.02% 缓慢增加到 2.48%。同一时期城镇居民的食品消费比重始终保持在 52%~53%；家庭设备用品消费绝大部分年份消费比重保持在两位数，其余年份在 9% 左右。

食品支出比重，即恩格尔系数居高不下应该是居民消费水平不高的表现（关于我国居民消费的恩格尔系数问题，下一节将展开讨论），同时，家庭设备用品消费比重也居高不下，这却是消费水平很高的标志，这显然是矛盾的。这种矛盾之所以产生，其根本原因就是当时新旧消费结构形成机制并存。一方面，人民基本生活资料还实行计划供应，住房仍然是由企业分配，医疗仍然由公费解决；另一方面，市场上大量出现各种现代化的耐用消费品，它们不受计划供应限制。这样居民就必然将迅速增加的货币收入主要用于耐用消费品的购买上。结果城镇居民收入并不高，耐用消费品消费热点却一个接一个，出现所谓的"排浪式"消费，这显然是一个被扭曲的消费结构发展现象。

城镇居民消费结构的不平衡发展是由当时的计划型向社会主义市场型消费体制过渡、转型造成的。

二、大城镇居民消费结构在波动中发展

1988 年我国出现了全国性的抢购风潮，其实在 20 世纪 80 年代后半期，局部性的影响比较小的抢购风出现过几次。人们不仅抢购家电等耐用消费品，而且抢购衣服、被单等低值日用消费品。抢购风潮后，市场通常会出现低迷，1988—1989 年抢购风后，市场低迷一直延续到 1992 年。

抢购从现象上看是由通货膨胀、物价快速上涨引起的。但从深层次看，应该是我国居民消费结构处于转型、过渡时期特有的表现。首先，当时处于新旧消费结构机制转换时期。某些商品取消计划供应的政策、措施相继出台，计划供应制度逐步消失，人们的实际生活水平将越来越与市场，确切地讲是与市场价格直接相连。人们过惯了价格由国家制定，长期基本不变，消费由国家计划安排的生活。现在就像刚断奶的孩子，遇到外界的异常波动，必然显得非常恐慌。其次，改革开放 40 多年是人们生活水平急速增长的 40 多年。急速增长本身表现为一种不稳定，处于不稳定状态中的人们对变化缺乏心理承受能力。这时稍有风吹草动，消费者便会紧张起来。

1994 年又再次通货膨胀，但没有再次出现抢购，因为那时计划供应已不复存在，价格改革已基本完成，抢购失去了意义。居民消费发展出现的波动是新旧消费制度转化中产生摩擦、撞击的结果。

三、制度影响难以摆脱

新的体制是从旧的体制中生长起来的。社会主义市场经济已经初步建立，然而原有的消费制度影响不可能在某一天彻底消除。城镇居民福利分房制度到 1998 年下半年已经停止执行，但目前城镇居民居住的绝大部分是以前单位分配的公房。20 世纪 90 年代开始的公房出售并不是完全意义上的商品经济行为。居民在购买过程中享受各种折扣优惠。这些出售的公房成了以后房地产二级市场发展的基础。新的货币分房制度至今没有完全形成，其原因之一就在于如何妥善地处理历史遗留问题。国有、集体企（事）业职工医疗制度、保险制度已经铺开，但这种制度不得不充分考虑历史和现状，兼顾各方面的利益（在最后一章将详细介绍）。从统计数据看，近几十年来城镇居民的医疗保健和居住无论是支出金额还是支出比重都增长很快，但这应做具体分析。医疗保健一项增长快主要是医疗价格上涨和保健用品消费增加拉动的。居住支出中水、电、煤（气）价格近几十年上涨了几十倍，房租虽有所上涨，但幅度不大。

消费制度的影响是深远的，在今后相当长的一段时间里我们将依然能在居民的消费生活中看到政府干预的痕迹，今后城镇居民家庭消费结构的升级演变仍需要制度改革的推动。

第二节　恩格尔系数不高且发展有波动

食品消费是人类最基本的消费，食品消费支出的变化及其占总消费支出的比重是反映居民消费结构质量的基本指标。因此研究中国居民消费结构必须研究中国居民的恩格尔系数，恩格尔系数的变化特征是中国居民消费结构发展变化规律的一个重要方面。

一、恩格尔系数的修正和评估

对于我国居民 20 多年来的食品消费支出水平，学术界有完全不同的观点。有的学者认为我国居民食品消费支出偏多，如周其仁先生等根据我国居民恩格尔系数居高不下得出结论：与收入水平相比，中国人食品消费偏多偏好。有的学者则不以为然，如曾令华先生认为我国居民的食品消费并不算多也不算好，依据有两点：其一，我国居民人均每日摄取蛋白质数量（65 克）低于世界卫生组织和联合国粮农组织专家提出的最低标准；其二，1990 年与我国同属于人均 GNP610 美元以下的埃及人人均每天摄取蛋白质（84.6 克）和食物热值（3336 千卡）都高于中国居民摄入量（中国人均日摄取食物热值为 2639 千卡）。曾先生运用的恩格尔系数有两种基本表示方式：一是食品消费占 GNP（或 GDP）比重，被称为恩格尔系数 1；二是食品消费占居民总消费的比重，被称为恩格尔系数 2。曾令华研究发现我国居民恩格尔系数 2 偏高，但恩格尔系数 1 却偏低。原因何在？他没有加以说明。

我国二元经济特征十分明显，城乡之间消费水平差距很大，城镇居民和农村居民的恩格尔系数必然有很大差异。

我国统计年鉴公布的农村居民恩格尔系数基本上是真实的。我国由于城镇居民长期生活在福利性计划消费体制中，统计年鉴公布的城镇居民食品消费支出比重数据难以反映实际情况。如据测算，1990 年若将政府和企业的住房补贴计算在内，城镇居民家庭实际住房消费占家庭支出的 29.3%。同年国有企业和城镇集体企业支付的公费医疗保险人均 308.07 元，为统计年鉴公布的当年城镇居民医疗保险消费支出 25.67 元的 12 倍，两项相加（333.74 元）占家庭消费支出的 26.1%。城镇居民住房和医疗保险的实际消费支出远远高于其现金支出。按照实际消费计算，还城镇居民的消费支出结构以本来面貌，统计年鉴公布的城镇居民家庭消费支出结构必须大幅度调整，恩格尔系数必然得到修正。

根据测算，1990 年在福利性住房和医疗消费体制下，统计资料公布的城镇居民的消费支出大约占其实际消费水平的 80%，也就是统计资料没有得到反映的，而由政府和企业提供给城镇居民的住房和医疗补贴大约占实际消费的 20%。这里所谓实际的居民消费支出是指未在统计数据中得到反映的政府和企业对城镇居民住房和医疗的补贴和统计公布的这两项消费支出之和。确定这个比率的方法是，先将政府和企业的补贴加上统计年鉴公布的城镇居民生活费支出得到实际消费支出，然后将实际的住房和医疗支出之和与实际总支出比较。用 80∶20 求出 1990 年城镇居民的实际消费水平和实际的恩格尔系数。

统计年鉴公布的城镇居民消费支出没有包括政府和企业对城镇居民住房和医疗的补贴，即统计数据低于实际支出。用这种低于实际情况的生活费支出数据作为计算基础，其结果必然高估恩格尔系数。恩格尔系数是食品消费支出与消费总支出之比，消费总支出被人为缩小，食品消费比例——恩格尔系数必然被人为地提高。由于不能详尽地拥有历年政府和企业对城镇居民的生活方面的财政补贴的详尽数据资料，我们无法计算出所有年份的真实的恩格尔系数，但有两点是可以肯定的：第一，在整个 20 世纪 80 年代和 90 年代，政府和企业对城镇居民生活都进行了财政补贴，这在本书的第四章关于消费机制转变的内容中已有详尽说明。统计年鉴公布的历年城镇居民消费支出都不包括政府和企业的补贴，因此这些数据低于实际支出。当然，随着改革的深入，补贴逐步减少，这一过程将延续到住房和医疗体制改革的最终完成。第二，由于消费支出数据被人为减少，整个 20 世纪 80 年代和 90 年代城镇居民的恩格尔系数都被人为高估。当然随着补贴的减少，高估的程度逐步降低，但要还恩格尔系数以真面目只有到消费体制改革彻底完成。

二、居民恩格尔系数有波动

城镇居民消费的恩格尔系数 20 多年大致经历了三个阶段。1977—1985 年为第一阶段。改革开放初期城镇居民消费的恩格尔系数高达 60.07%，这表明当时收入水平很低，城镇居民只能将大部分的收入用于解决"吃"这个生存必须首先解决的问题上。而后几年，虽然经济体制改革主要还是在农村展开，但城镇职工工资也有所提高，尽管提高的水平十分有限。随着收入的增加，食品消费支出比重明显下降。1985 年城镇居民消费的恩格尔系数为 53.31%，开始逼近 50%，比 1977 年下降了 6.76%。

1986—1992 年为第二阶段。在这 7 年中城镇居民的恩格尔系数出现反弹和波动。1988 年恩格尔系数继续下降到 51.36%，但 1989 出现明显反弹，达到 54.50%。而后再次下降，1990 年仍高达 54.24%，1992 年下降到 52.86%，7 年仅下降 0.45%，不到一个百分点。

1993—1999 年为第三阶段。1992 年邓小平同志到南方视察，并发表重要讲话，引发了中国新一轮的经济高速增长。这一时期城镇居民恩格尔系数呈明显下降趋势。1993 年为 50.13%，1994 年首次击穿 50%，下降至 49.89%。1995 年虽有微升，但仍在 50% 以下。1999 年城镇居民恩格尔系数下降到 41.86%，与 1993 年相比，下降 8.27%，下降幅度明显大于前两个阶段。1993 年以后城镇居民恩格尔系数迅速下降的原因主要有两方面：一是收入增长迅速；二是城镇居民食品消费在达到一定水平后，增长开始减速。

农村居民恩格尔系数的发展变化难以划分阶段，除了 1978 年、1981 年分别为 67.71% 和 59.66% 外，其余 12 年中有 4 年在 58% 以上。1995 年农村居民的恩格尔系数仍高达 58.62%，直到 1997 年才下降到 52.46%，以后明显下降，1999 年击穿 50%，为 49.35%。过去 20 多年农村居民的恩格尔系数基本上在 53%~59% 之间波动。

改革开放后我国城乡居民恩格尔系数演变中一个显著特征是下降后又出现反弹。如城镇居民恩格尔系数 1988 年已经下降为 51.36%，但 1989 年和 1990 年又上升到 54% 以上，1991 年和 1992 年有所回落，但仍高于 1988 年的水平。农村居民恩格尔系数 1988 年已经下降为 53.41%，但 1989 年又上升到 54.09%，1990—1995 年维持在 57.55%~58.80% 之间。针对恩格尔系数的反弹，国内学术界对恩格尔定理在中国的适用性提出了质疑。从收入指数看，1978 年为 100 元，城镇居民家庭 1988 年为 182.5 元，1990 年为 198.1 元，1992 年为 232.9 元，收入是明显上升的；农村居民家庭 1988 年为 544.9 元，1990 年为 686.3 元，1995 年为 1577.7 元，收入增长更为明显。收入上升后，食品消费支出为什么反而上升，并居高不下呢？

首先，1988 年（恩格尔系数反弹的前一年）我国农村居民食品消费还处于相当低的水平，如当年农村居民年人均消费食油、肉、家禽、蛋及其制品分别仅为 4.69、10.71、1.25、2.28 和 1.91 公斤，他们客观上存在着改善食品消费的迫切需求。这是以后恩格尔系数出现反弹的根本原因。其次，1988—1995 年食品消费的实际水平提高十分有限，这就决定了这一时期农村居民恩格尔系数居高不下。再次，1988—1995 年粮食消费量不断减少，这是食品消费改善的表现。最后，1996 年后农村居民恩格尔系数明显下降，但实际食品消费却继续增加，这再一次说明农村居民食品消费需求提高。据此我们非常赞成袁熟培先生的观点，即"在恩格尔系数总的下降趋势中，恩格尔系数阶段性回升，往往是消费水平提高的表现，而不是消费水平下降的标志"。

1978 年后，农村居民收入有所提高立即开始大兴土木，建房子。1985—1988 年农村居民用于居住的消费支出比重为 18.24%~19.55%，当时农村居民收入并不高，要对住房做大量的投入，必然以牺牲其他消费为前提。1988 年农村居民恩格尔系数下降到 53.41%，主要就是住房投资挤占资金的原因。1989 年居住消费比重开始下降，1995 年降至 13.90%，这则是恩格尔系数上升的结果。食品支出比重出现反弹的根本原因是食品消费还处于较低的水平。1988 年国内出现严重通货膨胀，当年城镇居民食品消费实际下降 5.32%，1989 年食品支出比重上升是对 1988 年下降的修补。以后 2 年恩格尔系数回落不快，原因也是当时城镇居民的食品消费水平并不高。

关于恩格尔定理在我国的适用性，我们认为不能机械地对待这个问题。恩格尔系数公式是一个理论模式，而绝不是一个严格的数学公式。我们不能将食品消费和总消费支出看作一一对应的直线函数关系，即随着收入及总支出的增加一个量，食品消费的份额就会下降对应的一个量。从科学的角度讲，恩格尔定理揭示了一条规律，即随着收入和消费水平的提高，居民消费中的食品消费份额将逐步下降。恩格尔系数下降是一种趋势，在收入逐步增加的前提下，它是一种必然趋势。因为食品消费收入弹性比较低，达到一定水平后食品消费支出的增长必将跟不上收入的增长。作为一种趋势，恩格尔定理是普遍适用的。按中国统计年鉴提供的数据，1999 年与 1978 年相比城镇居民恩格尔系数下降了 18.21 个百分点，农村居民恩格尔系数下降了 15.15 个百分点。我国城乡居民的恩格尔系数虽有反复，但下降趋势是明显的。食品消费比重趋于下降是普遍适用的规律，承认和认识这一规律具有重要意义。

第三节　持续的消费热点推动消费结构迅速发展

消费结构作为一个整体是单位"一"，组成消费结构的任何一项消费都不能代表消费结构本身。但是任何一项消费的变化都将引起整个消费结构的变化，而且，消费结构的变化发展正是某一（些）消费项目的消费变化的结果。居民消费结构变化一方面表现为某一（些）消费项目的支出份额增加或减少。任何一项消费支出比重的增加或减少，都意味着有其他消费项目支出比重的反向运动，即消费支出比重的相应减少或增加。另一方面消费结构的演变还表现为消费内容日益复杂和层次不断提高。消费结构从支出角度看是一种板块组合，《中国统计年鉴》就将居民家庭消费划分为食品、衣着、家庭设备用品及服务、医疗保健、交通通信、文教娱乐用品及服务、居住和其他商品及服务等八大板块。居民消费结构的运动实际是各板块的此消彼长。然而，消费结构本身所包含的内容比货币支出形成的板块丰富得多。每一个板块的变化都是板块某些具体消费项目升级的结果。

在消费结构研究领域人们通常将恩格尔系数下降，即居民食品消费支出比重下降视作消费结构优化的标志。恩格尔系数下降的动因主要有两个方面：①由于食品消费的需求弹性偏低，随着收入的增长，食品消费支出的增长将低于收入增长的速度，其结果便是在总消费支出中食品支出的比重逐步减少。②其他消费项目的消费支出增长加快，其在总消费支出中的份额增大，进而导致食品消费支出比重下降。然而，利用恩格尔系数为标准衡量消费结构的水平或质量是一种反证方法。食品是最基本的消费，消费弹性很低。恩格尔系数下降说明随着收入增加，居民的食品消费支出份额在总消费支出中缩小，同时意味着其他消费项目支出份额增加。食品消费支出比重下降不是消费结构优化的主要动力，它本身也无法说明消费结构如何得到改善。在其他消费不变的情况下，收入增加并不一定导致恩格尔系数下降，因为一方面，没有其他吸引消费者的消费项目，消费者可能选择继续增加食品消费，收入和食品消费并不是直线反比例关系。另一方面，没有适当的其他消费增加方向，新增收入可能沉淀。

消费结构的升级和优化是某些收入弹性较高的消费项目消费支出比重持续增长和消费对象不断向高层次发展的结果。消费总支出中收入弹性高的消费项目支出份额越大，消费结构质量就越高，反之相反。收入弹性的高低间接表明了消费项目单位价值的高低。因此，消费结构的发展又表现为进入居民家庭消费品（价格）不断升级。

我国城镇居民耐用消费品消费变化表现为三个方面：

第一，居民家庭耐用消费品品种逐步复杂、丰富。

第二，高层次耐用消费品品种逐步进入城镇居民家庭。

第三，一些原有的耐用消费品逐步被取消。

1978年以来我国城镇居民的消费结构发生了深刻的变化，这些发展变化的显著特点之一，就是不断升级的耐用消费品异军突起，成为持续不断的消费热点，有力地推动着我国城镇居民消费结构的进化、发展。

我国农村居民消费结构过去20多年也发生了深刻的发展、变化，但推动农村居民消费结构演变的不是耐用消费品，而是住房，农村住房推动不如城镇耐用消费品推动明显。

第四节　遵循收入差距消费结构呈阶梯式提升

改革开放 40 多年，中国居民经济生活中显著的变化之一就是收入出现明显差距，并不断扩大。这种变化已经引起了社会各方面的高度关注。消费结构是收入的函数，收入差距的出现和扩大必然导致消费结构差距的出现和扩大。有关居民的收入差距和由此产生的消费结构差距前面已有详细论述，这里不再重复。

从理论上讲，收入差距导致消费结构差距的原因是，人们的各项消费存在不同的收入需求弹性。低收入的家庭收入主要用于收入弹性比较低的基本生活资料的消费，这部分消费的支出占全部消费支出的绝大部分，收入需求弹性较高的消费项目的消费支出比重很低，微乎其微。收入比较高的家庭则不同，在基本生活资料满足以后，他们便将收入用于收入需求弹性高的消费项目的消费。需求弹性低的消费项目消费增长乏力，需求弹性高的消费项目随收入增加而增加，没有止境。收入水平不同的家庭，消费结构的差距就在于其各自收入需求弹性高和收入弹性低的消费项目消费支出占总消费支出的比重不同。与收入需求高低相对应的就是消费品价格的高低，因此从实际消费对象组成上看，收入低的家庭主要消费价格比较低的基本生活消费品，高收入家庭则会消费大量价格比较高的高档消费品。

居民家庭收入存在差距，以及收入差距存在扩大的趋势，是计划经济向市场经济转化的必然结果，即经济转型的必然产物。收入出现明显差距，并逐步扩大决定了居民的消费水平和消费结构的提升不能同步进行，而只能有先有后，分步实现。随着收入水平的提高，包括各收入阶层居民收入水平的提高，消费水平和消费结构差距在扩大的同时，其底部不断筑高，各阶层居民消费结构水平同时得到提高，即在保持差距，并不断有所扩大的情况下，消费结构整体水平不断提高。

耐用消费品单位价格很高，收入需求弹性高能够比较典型地反映出收入差距对居民消费结构发展变化的影响。

不同收入水平的地区（省、自治区、直辖市）的居民消费结构同样在存在差距的情况下不断发展。各省、自治区、直辖市城镇居民家庭消费品存在差距，东部地区拥有量高于中、西部地区。

不同收入水平居民家庭消费结构阶梯式的上升，是在价格从较高的水平上逐步降下来，居民（包括各收入阶层居民）的收入逐步提高和积累的过程中完成的。一般而言，消费品进入市场初期价格相对比较高，较高的价格需要较高的收入水平相匹配。某一消费品出现，高收入家庭的消费结构总是最早有能力购买，因而其消费结构总是能最先得到改善。随着价格的下降和整体收入水平的提高，按收入级次拥有这一消费品的居民家庭一批批增加，各阶层居民家庭消费结构相继提升。价格下降和收入上升变化对居民消费结构的双重影响。

改革开放以来，我国农村居民食品消费实物量有了较大的增长，城乡居民食品消费的距离在缩小，但缩小的进程很慢，至今差距仍然很大。

食品消费是基础消费，食品的需求弹性很低，消费的实物量增长到一定程度，增长速度必然缓慢下来，而且食品的实物消费量存在极限。根据这一原理我们知道，食品消费数量的不同所能揭示的城乡居民消费的差距是有限的。

耐用消费品价值比较高，而且需求弹性高。理论上讲耐用消费品的拥有量可以无限制地增加，因此耐用消费品的拥有量差距更能反映城乡居民消费的差距。

第九章　数字经济对居民消费结构升级影响机理及应对

第一节　数字经济对居民消费结构升级影响分析

居民消费的实现实质上是需求和供给共同作用的结果，二者缺一不可。在需求端方面，居民的消费欲望若要上升为有效需求，则需要购买能力的支持。其中收入水平和物价水平将直接影响居民的购买能力，此外当购买力受限但消费欲望强烈时，居民的消费还将受到信贷约束的限制。在供给端方面，倘若有供给能力但由于信息不对称容易导致资源错配，既浪费资源又无法实现有效供给。因此降低信息不对称实现资源的精准配置对于形成有效供给来讲至关重要。另外，产业结构的调整决定了市场上产品供给的数量、种类与品质，而这也将影响居民的消费倾向和消费结构。除了上述经济因素外，居民消费还受到基础设施、制度和文化等因素影响，这里仅考虑上述几项较为重要的经济因素。本节遵循"需求端—供给端"的分析框架，结合已有的理论系统地分析数字经济对居民消费水平与消费结构影响的内在逻辑。其分析对于进一步扩大居民消费需求，发挥消费在经济发展中的基础性作用具有重要意义。

一、需求端视角出发的数字经济对居民消费影响的路径分析

从需求端来看，数字经济主要通过收入渠道、信贷渠道和价格渠道来影响居民消费。从收入渠道来看，数字经济的发展有助于提高居民工资性和财产性等收入，在此基础上降低了恩格尔系数。从信贷渠道来看，互联网消费信贷缓解了流动性约束，对居民消费起到了平滑效果。另外，消费信贷的目标群体偏向于年轻化，其消费偏好会推动消费结构的变动。从价格渠道来看，数字经济有助于降低交易成本，而且数据要素边际成本递减、边际收益递增的特性会使市场上数字产品的供给数量增加进而带来均衡价格的下降，扩大居民消费支出，在价格弹性的支配下商品价格变动会带来居民消费结构的变动。

（一）数字经济通过收入渠道作用于居民消费水平和消费结构

在凯恩斯的绝对收入理论中，消费是收入的函数。换句话讲，即居民收入水平决定了

自身的消费能力。当前，我国居民收入主要由四部分构成，即工资性收入、经营性收入、财产性收入和转移性收入。数字技术通过变革应用场景衍生出一批新业态，凭借创新赋能效应直接或间接地作用于上述四类收入进而影响居民消费。系统梳理其内在逻辑将有助于更好地把握数字经济、收入与消费三者之间的关系。

1. 数字经济通过收入渠道作用于居民消费水平

（1）数字经济通过影响居民工资性收入影响居民消费水平。

工资性收入是居民的重要收入来源。数字经济凭借较强的渗透性，通过应用场景再塑，对我国劳动力就业市场带来深刻的变革。数字经济对就业市场存在双重效应，即破坏效应和创造效应。从短期来看，数字经济带来的产业变革会对劳动力市场造成一定的"阵痛"。其中，从产业角度来看，受影响的主要集中在制造业领域中的劳动密集型产业；从群体角度来看，受冲击的主要是从事重复规则劳动的低技术工人，而对于掌握技术的人员不仅冲击不大反而会增加用工需求。同时也要看到数字经济带来的智能化提高了产出效率，在推动经济增长后又会增加用工需求。从另一个角度来看，数字经济催生出的新业态又会直接或间接地创造出大量的就业岗位。马克思在《资本论》中提到，"显然机器在应用它的劳动部门必然排挤工人，但是它能引起其他劳动部门就业的增加"。事实上，麦肯锡全球研究院（MGI）在对4800家中小企业调研后发现，随着互联网技术的普及，每失去1个岗位，就会创造出2.6个新的工作机会。从中长期来看，一方面数字经济不断培育新业态，创造数量可观的新岗位；另一方面，低技术工人在意识到数字经济智能化带来的失业风险后，由于生存的需求，会通过技能培训等方式提升自身人力资本以适应新兴岗位需求。数字经济对就业的创造效应不仅会抵消其对就业的替代效应，还会净增加一些岗位。波士顿咨询公司（BCG）的报告指出，数字技术对就业市场的激活效应将大于消减效应，并测算出我国2035年数字经济将创造4.15亿个就业岗位。普华永道（PWC）测算我国人工智能的替代效应为26%，远低于收入效应的38%，因而会带来就业的净增长上。与传统环境下的工作相比，居民利用数字网络能够使其劳动收入所得提高46.5%。具体来讲，数字经济对居民工资性收入的影响主要表现在四个方面。一是数字经济的发展会催生对技术员工的大量需求，吸纳一批技术工人就业。二是数字经济的发展在催生新业态的同时也创造了新的就业需求，如作为数字经济的配套产业——快递和物流运输行业的繁荣发展对就业产生巨大的拉动效应。以平台型企业阿里巴巴为例，2019年该企业直接或间接带来6901万个就业岗位。三是与传统经济相比，数字经济的一个重要特点即打破信息壁垒，加速信息在群体间的互动，线上招聘通过平台扩大了信息的覆盖面，扩大了招聘范围，为居民提供了更多就业机会。四是线上技能培训能够提高居民人力资本，提高其在数字经济中的适应性，也提高了其收入预期。

（2）数字经济通过影响居民经营性收入影响居民消费水平。

数字技术在变革应用场景的过程中，培育出了众多新业态和新模式。其中平台经济和共享经济最为典型，其应用范围广，给居民经营性收入带来了深刻影响。

①平台经济门槛较低，为居民提供众多创业增收机会。这里的平台经济是指围绕数字化交易平台所构建的经济系统。它打破了传统的组织边界，向个体提供市场、研发、生产等资源，降低个体进入的门槛。与传统模式相比，平台经济具有更大的灵活性，催生了自主创业新模式。例如在抖音进行直播带货、在西瓜视频平台进行视频剪辑或者在饿了么平台开展外卖服务等，提高了个体的经营性收入。此外，电商平台在扶贫助农方面也发挥了重要作用。网络平台能够帮助农民拓宽农产品的销售渠道，尤其是将滞销品及时外销，减少损失，增加收益。数据显示，2019年我国农村网络零售额提升了19.1%，利用电子商务的家庭其收入比其他家庭多80%。平台经济增加居民经营性收入还表现在使经销商和品牌商从交易流程中剥离出来，由制造商直接通过平台与客户达成交易。这种交易模式被称为用户直连制造商（C2M），它减少了中间环节的开支，并且利用平台广覆盖的优势，增加了经营性收入。

②共享经济增加居民经营性收入。共享经济是指个体通过第三方平台将闲置资源的使用权转让出去以获得租金的一种经济模式。它主要包括三大要素：闲置资源、信息平台与大众参与。例如，在部分民宿中，户主既是房屋所有者又是经营者，通过共享平台将闲置房间的使用权临时出让。此外部分民宿还借助"互联网+"模式提供诸如美食烹饪和蔬果采摘等项目，由此而获得部分经营性收入。再如，共享医疗中经工商管理部门批准并获得营业执照的个人通过平台将临时闲置的医疗器械租赁出去以获得一定的租金收入。利用这种方式把闲置资源的使用权让渡出去，不仅能够提高资源的利用率，满足消费者需求，还能使商家获得额外收益。而收益的提高又将直接影响居民的购买力，进而对其消费水平产生影响。

（3）数字经济通过影响居民财产性收入影响居民消费水平。

数字经济对居民财产性收入的影响主要表现在两个方面：一是数字经济增加了不动产使用权转让的频率，如民宿等提高了居民的收入；二是数字经济拓宽了居民利用动产进行投资理财渠道，为居民提供了多种选择。

出让不动产使用权获取租金。在传统经济社会，受时间、地理因素和信息相对闭塞等因素限制，居民闲置的房屋和汽车等资源使用权转让存在一定的障碍。数字技术的发展加速了信息在群体间传输的速度，此外随着居民生活水平的提高，消费者更加追求个性化和品质化的消费内容，催生了对民宿等资源的需求。以民宿为例，户主通过将闲置的房屋使用权和经营权转让出去直接获得财产性收入，抑或单纯将使用权转让而自己经营来获得经营性收入和财产性收入。另外，部分家庭可以通过平台将闲置的汽车租赁出去并取得收益。

这种模式的存在，一方面满足了消费者个性化需求，另一方面户主通过转让使用权，提高了资源利用率，增加了收益，为自身消费提供了保障。

此外，互联网金融为居民提供了诸如基金、保险和投资服务等种类繁多的投资理财方式。与传统金融服务相比，它受时间和地点的束缚较小，因而更为高效、便捷。相对于传统银行储蓄的低收益，居民能够通过互联网金融门户进行搜索比价提高理财收益，增加名义资产数量以及未来收入预期。同时互联网金融依靠强大的数据支撑，以及以数据为基础的信用体系和以数据为基础的风控体系，有效降低居民的理财风险。再加上近年来，国家有关部门加强了对互联网金融市场的监管，规范相关业务，更好地发挥了理财"蓄水池"作用。在企业和市场监管部门双重风控体系下，互联网金融的理财风险将进一步降低。此外，互联网金融在为居民带来财产性收入的同时也一定程度上有利于缩小收入差距。传统的金融具有明显的"嫌贫爱富"特性，对中小微企业和低收入群体存在一定程度的排斥。以数字普惠金融为例，地域与阶层限制较小，能够缩小收入差距，促进经济增长。根据绝对收入理论和边际消费倾向递减理论，居民的消费率受消费倾向影响，而高收入群体边际消费效用递减，低收入群体受预算约束限制潜在消费难以释放。数字普惠金融的发展缩小了居民收入差距，在一定程度上有助于居民消费水平的提升。

（4）数字经济通过影响居民转移性收入影响居民消费水平。

除上述三种收入外，数字经济还通过转移性收入影响居民消费水平。在经济不景气时期，地方政府和企业单位为了促消费、保增长而向社会发放一定数额的数字消费券。通过抵扣一部分消费支出，相当于以"价格补贴"的形式来增加居民的转移性收入，进而刺激消费。数字消费券的杠杆效应明显，能够达到多方共享的局面。例如满 60 减 20 的数字消费券，政府仅需要支付 20 元便能够让店铺增收 60 元，同时又让利于消费者。而节省的20 元就相当于政府以转移支付的方式对于居民消费行为给予的价格补贴。此外，与传统的纸质消费券相比，数字消费券核算更加便捷。后者依托数字化平台能够及时地发放到居民手中且覆盖面广，消费拉动效果更加显著。以杭州为例，数据显示后者拉动的边际消费倾向为 3.5~3.8 倍，其效果远高于前者。另外需要指出的是，与现金发放相比，数字消费券对居民消费的影响更为明显。显然二者都在一定程度上提高了居民的可支配收入，但是现金发放后居民未必全用于消费。而发放数字消费券的方式则能够捕捉居民的消费心理，不能储蓄仅能用于消费且能够通过指定产品和服务进行引导性消费。如此一来，它不仅能够通过数字消费券的乘数效应扩大消费规模，还能用于引导居民调整消费结构。

综上所述，数字经济通过收入渠道对居民消费水平的影响如图 9-1 所示：

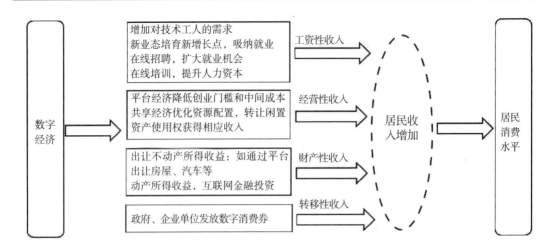

图9-1 数字经济通过收入渠道对居民消费水平的影响

2. 数字经济通过收入渠道作用于居民消费结构

由于不同商品需求的收入弹性存在差异，因此由数字经济引致的收入变动会带来消费结构的调整。具体而言，奢侈品需求的收入弹性较大，其消费量受收入的变动影响较为明显；正常品需求的收入弹性介于0~1之间，其消费量增加率低于收入增长率；就低档品而言，其需求的收入弹性为负值，即消费量随收入的增加反而减少。

此外，恩格尔定律也是被公认的分析居民消费结构变动的理论工具。其核心内容是家庭收入越少，家庭收入中或总支出中用来购买食物的支出所占的比例就越大。随着数字经济的发展，家庭中食物的支出占比会随着居民收入的增加而减少，居民能够有更多的资金用于其他用途，诸如文教娱乐、医疗保健等领域。在此基础上，居民的消费结构得到进一步的优化。

（二）数字经济通过信贷渠道作用于居民消费水平和消费结构

互联网消费信贷是指金融机构、类金融组织及互联网企业等依托数字技术向消费者提供的以个人消费为目的，短期、小额信用类消费贷款服务。与传统信贷服务相比，互联网消费信贷从申请到还款整个流程均通过平台完成。覆盖面广，审批效率更高，并且在大数据和金融科技的帮助下能够进一步减少信息不对称性。它能够有效缓解居民的预算约束，在收入不足时及时起到跨期平滑作用，进而释放潜在消费需求。此外，互联网消费信贷的目标群体偏向于年轻化，青年群体的消费倾向于交通旅游、文教娱乐等领域，由此带来消费结构的变动。

1. 数字经济通过信贷渠道作用于居民消费水平

依据杜森贝里相对收入假说内容，居民的消费存在棘轮效应。换句话讲，居民的消费容易随收入的增加而增加，却不易随收入的减少而减少，即居民的消费具有不可逆性。在此背景下，当居民消费受困于预算约束时，能够获得及时的消费信贷对于其维持过去的消费水平则显得极为重要。互联网消费信贷对居民消费水平的影响体现在两个方面：一是互联网消费信贷拓展了居民消费收入预算约束；二是互联网消费信贷缓解了居民储蓄压力，减少了居民预防动机的货币持有。

（1）互联网消费信贷拓展了居民消费收入预算约束，缓解了流动性约束。传统经济模式下，当收入无法满足自身消费需求时，居民倾向于压缩开支或者去银行借贷。其中银行借贷条件较为严苛且审核时间较长，限制了居民的即时消费需求。而互联网消费信贷门槛较低，用户的借贷开通较为便捷，放款效率较高，缓解了预算约束。为了更加直观地了解其中的内在逻辑，这里借助，如图 9-2 所示的无差异曲线和预算约束线来辅助说明。其中前者指的是能够给消费者带来相同效用的两种不同商品的数量组合，后者是指在既定价格水平下，给定的收入能够购买的各种商品组合点轨迹。

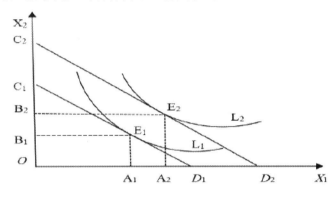

图 9-2 互联网消费信贷对居民消费水平的影响

（2）互联网消费信贷缓解了居民储蓄压力，减少了预防动机的货币持有。居民收入主要用于消费与储蓄，储蓄的其中一个重要用途在于应对未来某个时期的消费，如购房或者突发情况下的紧急支出，互联网消费信贷的存在可以有效降低居民储蓄压力，释放部分本应该用于储蓄的资金转而用于当期消费。此外，凯恩斯货币需求理论中提到居民对货币需求出于三种动机：交易动机、预防动机和投机动机。其中预防动机是指居民持有一部分货币主要是应对突发的紧急情况。互联网消费信贷的存在可以起到消费保险作用，在居民当期收入和预期收入不足时，或者遇到突发事件时，能够起到平滑作用，使一些原本应该收紧的消费项目得以维持，进而提高居民消费水平。

2. 数字经济通过信贷渠道作用于居民消费结构

莫迪利安尼的生命周期假说认为，消费者会在相当长的时间跨度内来规划个体的消费，进而实现生命周期内消费的最佳配置。此外，他将人的一生划分为三个阶段：第一阶段即青年时期，收入较少但消费欲望较高，消费会超过个体收入；第二阶段即中年时期，收入增加并大于消费，形成的收支差额一方面用于偿还上期借贷，另一方面进行储蓄；第三阶段即退休后，收入减少，消费大于收入，但是居民可以利用中年时期积累的资金。基于上述理论，不难看出最需要获得信贷支持的群体偏向于年轻化。青年群体偏向于电子产品、交通旅游、医疗保健、文教娱乐，与其他群体相比更加追求精神文化消费。此外，对于青年群体而言，食品消费和衣着消费所需资金相对较小，依靠一般工资性收入即可满足，而住房、汽车等高档耐用品数额较大，更多的是需要通过信贷才能得到满足，互联网消费信贷的存在会使居民消费结构趋于优化。

需要强调的是，互联网消费信贷也存在不利的一面，譬如部分小平台资质不全、信贷利率较高、泄露隐私等。国家有关部门需要进一步规范互联网消费信贷业务，加强监管，推动互联网信贷市场健康、稳定发展。

综上所述，数字经济通过信贷渠道影响居民消费的机制如图 9-3 所示：

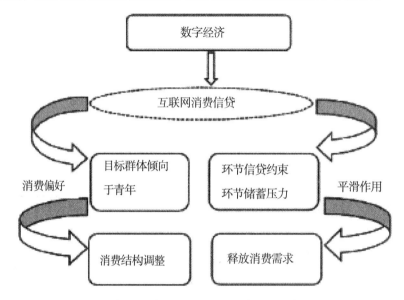

图 9-3 数字经济通过信贷渠道影响居民消费的机制

（三）数字经济通过价格渠道作用于居民消费水平和消费结构

数字经济通过价格渠道作用于居民消费水平的内在逻辑主要包含两个方面：一是现代信息技术的运用能够有效降低交易成本，产生价格效应。其中电子支付的应用既降低了交易费用和时间成本又改善了交易环境和交易体验，促进了消费水平的提高。二是数字经济具有边际成本递减、边际收益递增的特性，使理性的生产者会扩大产量，推动市场均衡价格和均衡数量的变动。由于需求价格弹性在各类商品中存在差异，所以数字经济引致的价格变动还会对消费结构带来深远影响。

1. 数字经济通过价格渠道作用于居民消费水平

从交易成本视角来看，现代通信技术能够有效降低信息不对称性，减少搜寻、签约和监督等费用。企业一方面能够及时获得譬如原材料和中间品的价格、规格型号、质量等方面的信息，另一方面根据消费者在平台的检索情况记录消费偏好。同时，居民能够通过互联网平台足不出户地在海量信息中进行比对并找到自己需要的产品信息，有效降低信息搜寻成本。搜寻成本的降低会对消费产生两种效应：①价格效应。搜寻成本的变化会引起市场均衡价格的同方向变化，降低搜寻成本会使市场的均衡价格下降。一般情况下，数字经济能够降低整体商品和服务的市场价格。厂家出于扩大销售量的目的，一般会使平台商品和服务的价格低于线下的价格，与此同时商家会根据平台其他商家的定价进行调整，适当降低商品和服务的价格，甚至推出团购活动吸引顾客进行线上消费。②市场范围效应。一方面，搜寻成本的降低会加剧生产者之间的竞争，降低销售者的垄断租金，提高消费者剩余。另一方面搜寻成本的降低，使长尾产品能够被消费者及时发现，扩大了消费者的选择空间。平台经济是数字经济的一种重要形式，买方与卖方通过平台进行询盘、回盘活动推动订单的签署，将降低谈判成本和签约成本，减少交通费用和时间成本。此外，以大数据为基础的信用体系的建立对商家和消费者都将是一种约束，有效降低了监督成本和违约事件的发生率，保护交易活动的正常和规范进行。此外，电子支付的普及使消费突破了时空限制，降低了交易费用和时间成本，改善了消费环境和消费体验，有助于居民消费水平的提升。

从数字经济特性来看，数字经济以数据作为关键生产要素，其产品具有固定成本较高，边际成本递减、边际收益递增的特点。在市场出清的前提假设下，作为理性的生产者，为了实现利润最大化，他会扩大生产以降低平均生产成本，进而追逐更高的收益。如图9-4所示，其中Q轴表示产品供给量，P轴表示消费数量，在市场需求给定的情况下，生产者扩大数字产品供给的结果会使供给线S_1向右移动到S_2的位置，即居民消费数量增加。

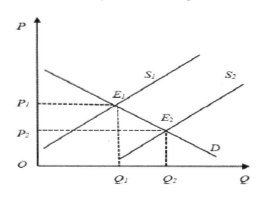

图9-4　数字产品价格调整情况

2.数字经济通过价格渠道作用于居民消费结构

由需求价格弹性理论可知，价格下降对不同类型的商品和服务的需求量影响是不一致的。对于生活必需品而言，其价格弹性相对较小，产品价格下降使居民对该产品消费数量增长波动不大。但是对于汽车、家电等高档耐用品以及奢侈品而言，它们是富有弹性的，产品价格的小幅下降会带来居民消费数量大幅增长。因此，数字经济带来的产品价格变动会引起不同类型产品需求量变动，进而影响居民的消费结构。

从另一个角度来看，产品价格下降会产生两种效应，即收入效应和替代效应。从收入效应来看，产品价格下降会使居民实际收入增加，购买力增加，居民在满足基本生活需求的基础上能够有更多的货币用于交通通信、文教娱乐等方面的消费，从而带来居民消费结构的调整。从替代效应来看，产品价格下降会导致其他商品的相对价格上涨，从而对其他产品产生一定的替代，进而影响居民的消费结构。

综上所述，数字经济通过价格渠道影响居民消费的机制如图 9-5 所示：

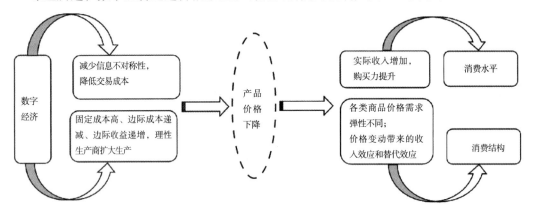

图 9-5 数字经济通过价格渠道影响居民消费的机制

二、供给端视角出发的数字经济对居民消费影响的路径分析

从供给端来看，数字经济对居民消费需求的影响主要表现在两个方面：一是数字技术的应用能够降低信息不对称性，使生产者能够及时捕捉到居民的消费需求，通过精准配置能够满足市场的尾部需求，进而影响居民消费水平和消费结构。二是数字经济的发展促进了产业结构升级，产业结构的跃变中断了边际消费倾向的自然递减，在新的阶段消费倾向跃升到新的高度。此外生产决定消费，产业结构的升级将会带来居民消费结构的变动。

（一）数字经济通过精准配置作用于居民消费水平和消费结构

1. 数字经济通过精准配置作用于居民消费水平

根据马克思消费理论，生产决定消费。在过去由于受地理位置和货架资源的限制，仅有大规模的生产和销售才能有效降低产品的成本。因此产品生产者或者卖家会遵从"二八定律"，生产和销售市场上的热门产品而放弃种类繁多但相对冷门的产品。换句话讲，企业出于经营成本的考虑，会把关注的焦点放在热门产品上，即正态分布曲线中的"头部"商品，而往往会忽视处于正态分布曲线尾部的商品。生产的产品种类较少将限制居民的消费选择，使居民部分个性化需求无法得到满足，消费水平和生活质量受到一定影响。

数字技术的广泛应用能够降低信息不对称性，使商家能够更及时、更精准地把握居民的消费偏好，使不同商品的维度划分更加精细。通过大数据、互联网和人工智能等技术，商家能够准确地捕捉市场上的尾端需求，并依据掌握的信息安排生产活动，满足居民个性化、定制化需求。即便个性化商品的单一需求远低于企业盈利水平，但仍可以聚少成多，实现总体盈利。依据消费者偏好定制的产品和服务，能有效满足居民的消费需求，刺激居民消费支出。

2.数字经济通过精准配置作用于居民消费结构

依托数字技术和互联网平台，厂商能够根据消费者偏好有针对性地提供个性化的商品和服务，满足了以往被市场忽视的尾部需求。在这个过程中，消费品的供给种类不断扩充，尤其是在服务领域更加精细划分，通过供给端的这种改变来调整消费结构。以教育领域为例，根据规范性程度划分，由教育主管部门认可的教育机构提供的学前教育、中小教育和高等教育等为"短头"，技能培训、继续教育等为"长尾"；从教育活动的存在形式来看，传统的校内面授是"短头"，在线教育则是"长尾"。在数字时代学生仅需一部手机或者一台电脑即可在家接受在线课程教学，这在新冠肺炎疫情期间表现得更为突出。此外，为了满足不同阶段学生个人发展的需求，还催生了一系列具有针对性的辅导培训机构，如小升初、初升高、考研辅导、考公辅导等，不仅提供面授课程，还提供远程在线授课，形式多样。在医疗领域，传统的医院和诊所治疗是"头部"，线上咨询和诊疗是"尾部"；传统实体药房买药是"头部"，线上如健客网、医药网等平台购药是"尾部"。远程诊疗打破了时空界限，使一些原本在传统经济下受时间地点限制难以实现的消费成为一种可能，患者通过数字技术即可接受外地专家的远程会诊，并且可以在线寻医买药。除此之外，数字经济还可以提供网络游戏、在线购物、电子小说、在线音乐等数字产品的供给，满足不同层次不同消费者的多元化消费需求。数字经济能够捕捉市场上的"长尾需求"，有针对性地提供个性化服务。在这一过程中，它满足了居民对美好生活的需求，刺激了居民的消费支出，同时也推动了居民消费结构从最基本的生存型消费向更高层次的享受型和发展型消费转变。

综上所述，数字经济通过精准配置影响居民消费的机制如图9-6所示：

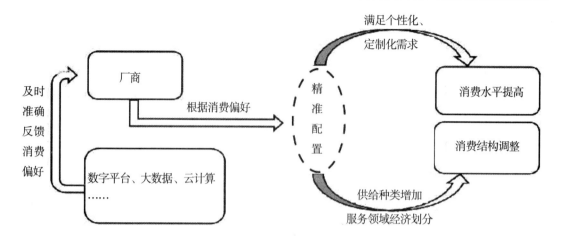

图 9-6 数字经济通过精准配置影响居民消费的机制

（二）数字经济通过产业结构作用于居民消费水平和消费结构

1. 数字经济通过产业结构调整作用于居民消费水平

数字技术创新带来的生产效率变化会造成生产要素在产业间和产业内部各行业间的流动，进而带来产业结构的调整。具体而言，数字技术会带来生产力的提升，但不同产业间和产业内部间提升的幅度却存在着显著的差异。以三次产业为例，显然数字经济对我国第一产业、第二产业和第三产业均有渗透，但是对三大产业的渗透强度却是不同的。其中，数字经济对我国第一产业的渗透程度最低，而对第三产业的渗透强度最为明显。生产要素遵循由低效率部门向高效率部门流动，这将劳动和资本等要素向第三产业聚集，进而带来产业结构的变动。

基于数字技术创新的产业结构变动一方面提高了生产效率和供给能力，另一方面研发出来的新产品能够满足消费者个性化和多元化的需求。另外，基于数字技术创新带来产业结构升级会对居民消费倾向的移动路径进行不断修正。具体而言，在没有产业结构变动的情况下，按照 Keynes 的思想，边际消费倾向遵循递减的规律。但是在产业结构升级后，新的消费领域不断产生，传统的消费品也被赋予了新的内容和功能，这将会中断消费倾向自然衰减的过程。更有甚者，将居民消费倾向提升至一个全新的高度，在新的阶段继续遵循递减的规律。简言之，消费者的边际消费倾向从阶段伊始连续递减，并在阶段末期由于结构升级而非连续跃升。

2. 数字经济通过产业结构调整作用于居民消费结构

消费结构不仅会受产业结构的影响，还受产业内部结构影响。此外，新兴产业部门的形成也会给消费结构带来深刻影响。数字经济通过产业结构调整影响消费结构的内在逻辑：①生产决定居民消费的种类、数量、质量和消费方式，数字技术的应用带来的产业结构变革将会直接影响消费品的生产能力和工艺，当市场上某类产品供给的数量和种类较多时，居民的选择空间会随之扩大，该类消费支出的扩大将直接影响居民的消费结构。

②产业结构的升级不单单会带来产量和产值的变动，还会带来生产效率和管理水平的提升。生产要素的优化配置能够降低产品的生产成本，降低销售价格以便在激烈的市场上获得价格竞争优势。商品和服务价格的下降会带来两种效应：一是收入效应，居民相对收入增加，购买力提高，在满足基本需求之外能够有更多资金用于享受和发展型消费领域；二是替代效应，该种商品和服务价格的下降会导致其他产品的相对价格上涨，居民会增加该商品和服务的消费，进而影响居民的消费结构。③数字技术的应用发展会陆续形成新的消费领域，而新消费热点的出现往往会使居民产生较高的消费倾向，从而带来居民消费结构的调整。

第二节　数字经济对居民消费结构升级影响的应对

一、加强数字经济自主创新，助推新型消费扩容升级

数字经济的发展，最主要的驱动因素就是掌握关键的数字技术。不可否认的是，数字技术创新是新一轮技术革命和经济转型中的制胜法宝。但是，在我国的发展中，仍有许多限制因素影响了数字技术的实施，增强自主创新能力、增强自主可控能力是促进新型消费结构调整、适应新型消费市场需求、拓展和提升消费市场质量的重要途径，数字经济的持续发展需要核心技术的自主创新与自主可控。

一是首先积极引导中小企业自主研发、自主技术创新，首先，进一步加强与中小企业联盟的科技协作，夯实与中小企业、高等院校、地方政府机构、科研院所的合作体系，提高科研成果转化率。其次加大对重点产业领域关键技术研发投入力度，特别是在基础材料、先进制造、新能源及节能环保等方面加大资金投入，推动重大关键共性技术攻关。再次鼓励中小企业开展数字化转型升级工作，引导特殊技术人员和高级人才加强原创性、前瞻性、基础性重大技术研发，逐步适应我国数字科技主动、可控创新的特点。最后加大政府对科研创新项目的政策引导和资金支持，如科研项目补助、企业税收减免等举措，为企业创新活动的顺利开展提供稳定的财力保障。

二是要充分利用数字信息技术和现代化管理手段，促进新型消费需求供给侧结构性变革，以新型消费模式为引领，培育新消费增长点。本节认为，当前我国正处于经济社会转型升级阶段，在这一过程中，数字经济应运而生并快速成长，数字经济的发展已经为新型消费市场主体和消费行为培育了智能化、舒适化、高端化的消费环境。因此，必须加快数字经济发展步伐，持续推进消费供给侧结构性变革，积极探索新的消费热点，进一步释放内需潜能。

三是要提升国产商品和服务领域的自主创新能力，激发人们对国产品牌的热情。在我

国，随着经济发展和人民的生活质量提高，国产消费品与服务质量日益受到消费者青睐。因此，扩大内需是中国未来经济增长的主要动力之一。为了收获广泛的人脉资源和忠实的客户群体，企业在生产和设计国货时尚、精美外包装的同时，也要兼具产品的内在质量和档次；要学会利用网络平台，开发实用性与便捷性兼备的各种 APP，加强国产品牌的宣传与推广，积极引导消费者选择国货品牌。

二、健全数字经济治理机制，使新型消费"质""量"并存

一切新鲜事物的蓬勃发展都并非一帆风顺的，数字经济在推动新型消费转型升级的同时也不可避免地产生许多社会矛盾。比如，数字经济发展给居民提供了全新的消费环境和感官体验，但是又在一定程度上加剧了消费者的个人安全隐私泄露和金融风险，这就要求进一步健全数字经济治理体制、进一步完善数字经济与有关法律法规的体系构建、进一步形成新型居民消费诚信制度与社会监督体制，为居民消费健康可持续发展提供更有利的环境。

数字经济的稳步发展，离不开必需的治理体系所提供的秩序保障。保障数字经济的稳健发展，不仅仅需要透明、公正、公平、公开的市场规则，更需要能及时应对复杂多变的数字经济运行情况的体制机制及实践能力。我们在角逐数字经济发展所产生的新的消费热点的同时，也不得不面对急需解决的新的社会问题及经济困境。如果现有的立法架构无法顺应现实趋势，就必须着手重塑符合当下数字经济发展情况的新的法治体系和监管机制，为居民的健康消费、可持续消费提供基本遵循。具体而言，就是要通过制度层面的创新，协同协力回应和解决当前监管体制不适配的问题，建立起系统观念，做好制度工具和监管效能层面的"互联互通"，形成制度合力，推动合理监管、整体监管、系统监管和智慧监管，实现公平竞争的市场环境与安心经营的法治环境"双供给"，切实提高市场主体合规能力与营商信心。现阶段，数字经济背景下的消费行为与数字货币及信用密切捆绑，在提供居民消费便利性的同时无疑加剧了安全风险，虚拟货币、消费贷、网络小额贷等崭新的消费模式层出不穷，不仅冲击传统的金融市场，更挑战传统的社会治理架构。在此基础上我们要防患于未然，一方面要创新管理模式和治理体系，在完善全社会消费信用体系和监管体系的基础上坚决打击惩治数字欺诈、校园贷等违法犯罪行为；另一方面要善用优势，把握时机，利用消费者个体信用数据，运用数字信息技术研究个体消费行为规律，及时反馈消费者行为的最新动态，提高社会风险的预警能力。当然，数字经济治理体制的建立和完善离不开有为政府部门的主动、高效管理。为此，政府部门应当简政放权，推行智慧化服务，以适应居民消费的需求。

总的来说，要真正实现数字经济的跨越式发展，需要清晰地认识到当前数字经济发展过程中的各种问题，及时把握数字经济发展过程中的重点、难点，精准打击阻碍数字经济

发展的痛点，建立健全的数字经济治理和监督体系，不断提升治理能力，为数字经济发展营造科学合理、有序规范的市场环境与法治环境。

三、完善数字经济新基建，使新型消费更加现代化

数字经济发展中的新型基础设施和服务建设，不同于我国原有的工业基础设施，具备了新一代 AR、VR、物联网等新数字技术的特点。首先，政府应该加大对数字经济等新基建的投资力度，并对传统基础建设进行数字化升级改造，两措并举，加速建立互联网、人工智能、5G 等更加现代化的新型消费服务平台。其次，通过建立农村数字经济新建设的平衡推进体系，进一步加强对农村和中西部地区数字经济发展的政策扶持力度，使数字经济的发展成果惠及广大农村区域和欠发达地区，从而提升农村新型消费的总体水平，实现居民消费整体目标。例如，总结了东部地区发展农村数字经济基建建设的经验后，在广大农村区域和中西部区域开展试点，积极引导当地培育发展淘宝进乡、网红推广和直播带货等新型经济。同时完善配套设施，加快建立广大农村和中西部地区物流配送网络，畅通农村电子商务物流配送服务。最后，要充分发挥地方财政在农村数字经济新型消费基建建设进程中的保障作用，政府在数字经济新基建建设进程中要主动充当"带头人"，要充分利用财政资金，履职尽责，为新的数字经济建设提供融资，主动带动消费行业的新基建建设。积极推进建立以 5G 技术、大数据分析、物联网技术为核心的数字经济新基础设施体系，为新消费产品提供技术支撑保证，推动新消费结构升级的目标实现。

四、优化数字经济保障制度，引导新型消费倾向

制度创新是激发市场活力、扩大创业空间的有力保证，我国数字经济的有效发展需要有关制度的保驾护航。数字经济发展因其具有特殊性，必须通过不同以往的新体制措施给予扶持，从而带动新兴市场消费，以助力居民消费结构优化的目标实现。首先，做好数字经济和实体经济深度融合发展的制度性引导，积极拓展新兴市场消费空间。2035 年远景目标纲要明确提出要增强数字经济新竞争力，突出"发挥大量信息和使用场景资源优势，推进数字技术与实体经济深入结合"。这种情况下，企业要不断加强数字经营体制创新，并通过制定相应的指导性意见，以进一步引导中小企业灵活地开展数字化转型的发展战略。其次，健全收入分配制度体系，为进一步丰富新型消费方式提供基础保障。收入分配体制确定了人们的现实市场购买力标准，成为约束大数据经济环境下新型居民消费方式的重要原因。要优化社会收入分配制度体系，不断扩大中等收入人群规模和减少低收入人群数量，为发展新型消费方式提供体制上的动力保障。最后，建立健全的网络消费管理体系，以引领社会科学理性消费趋向。数字经济下的新型消费行为在产生了多姿多彩、形形色色的新消费商品与服务，在大大地适应了消费者消费需求的同时还创新出了从未有过的居民

消费新模式、新产业，大大拓展了居民消费的新空间、新场景和新形态。这就需要健全与完善数字经济背景下的线上消费行为体系，引导消费者树立科学、理性的消费观。采取社区传播、网上宣传等线上线下双管齐下的新模式，引领消费者科学、理性消费，坚决反对过分消费与负债消费，以防止网络消费行为异化现象，使线上消费健康有序、消费结构优化升级。

第一，鼓励各产业内加快产品创新，激发居民对数字化新产品和新服务的消费需求。数字经济发展离不开5G、大数据、云计算、物联网、人工智能等新兴数字通用技术的迭代升级，更离不开高知识、技能的专业人才。政府应加大人才引进和人力资本培育力度，制定和完善全国和地区层面的数字经济人才发展战略规划，建设知识型、技能型、创新型劳动者大军。坚持数字经济赋能传统产业的政策导向，在经济较为发达、数字经济建设小有成就的东中部地区率先开展试点，扶持智能制造、柔性制造、绿色产业、文化产业、现代性服务业等发展，使新产业、新业态、新模式相继涌现。借鉴东中部地区数字经济发展的经验和红利，因地制宜发展西部地区数字经济，进而实现全国层面的数字经济水平提升，以智能化、个性化、定制化的数字化新产品和新服务激发与居民消费需求，培养新的消费意识和消费能力，形成新的消费热点，最终实现居民消费升级。

第二，提升产业结构合理化和高级化水平，以供给端高质量有效供给带动居民消费升级。在我国经济步入新常态阶段、着力构建国内国际双循环相互促进的新发展格局下，政府应更加重视并解决结构性供求失衡的矛盾，加强电网、信息、物流等基础设施网络建设，进一步完善工业互联网一体化，加快数字经济与先进制造业的融合发展，发挥新兴数字通用技术与实体经济的跨界融合创新和提质增效效应，以数字经济推动产业结构优化升级，全面提升传统产业产品品质和附加值，实现我国产业向全球产业链、价值链中高端迈进，为中高端消费、创新引领、生态环保等领域培育新的经济增长点，以产业的高质量有效供给催生新的消费模式和消费业态。

第三，加强数字经济治理并弥合数字鸿沟，营造良好、规范、有序的数字生态环境。数字经济发展过程中的信息安全、知识产权保护、个人隐私安全等问题亟待解决，可以从企业和政府两大主体着手采取措施。对于企业而言，应结合创新融合的技术手段、生产过程中全方位实时监控、以数字工具存储并保护企业机密、用数字技术模拟或预测企业发展的机遇和挑战，防范、化解企业的潜在风险。对于政府而言，应加快推进政务服务平台建设，完善政府机构内部、政府与民众、政府与市场之间的信息互通和数据共享机制，致力于打造服务型数字政府的同时，应充分利用数字技术打造统一开放、竞争有序的国内线上市场，突破城乡市场、东中西部市场壁垒，发挥我国14亿人口超大规模的市场优势，发掘民众内需潜力，把数字经济的蛋糕做大，弥合数字鸿沟，让人民群众共享数字经济发展的红利。

五、推动数字经济跨界融合，培育新业态和消费热点

发挥数字经济在生产要素配置中的优化和集成作用，激发企业数字化转型的内生动力，进一步推动数字经济与实体经济的深度融合，持续提升实体经济的韧性与活力。具体来讲，要努力做到如下几点：一是有关部门要审时度势，前瞻性地出台政策，积极布局数字产业，推进两化融合，加快数字技术在传统产业中的应用；二是要加强国内国际间合作，大力引进数字经济龙头企业，通过构建网络协同化平台推进企业间产能共享，发挥龙头企业的引领作用；三是向社会开放相关领域，引进数字技术人才，鼓励民间资本和国际资本投资相关领域，使劳动、技术、资本等要素充分涌流；四是通过局部试点探索破除数字化发展与居民消费的机制体制障碍，鼓励有条件、有能力的地区和企业先行试点，推动企业数字化转型；五是推动消费供给升级，运用数字化手段捕捉居民消费偏好，提供个性化的产品与服务，借助线上线下双渠道探索智能化消费服务模式创新。通过数字技术创新催生新技术、新产品、新业态和新模式，培育新的消费热点，挖掘居民消费潜力，满足居民消费需求。

六、合理布局数字基础设施，努力缩小数字鸿沟

数字经济对释放居民消费需求和助力消费结构升级具有重要意义，应进一步加强数字基础设施建设，包括 5G 基站、人工智能和大数据中心等。通过布局数字基础设施建设，支持企业尤其是中小企业数字化转型，从供给和需求两端对新消费进行赋能。

此外，我国产业、区域和城乡间数字经济发展不平衡，呈现出明显的数字鸿沟，具体表现在以下几个方面：①从产业角度来看，数字经济产业渗透强度呈现出第三产业高于第二产业、第二产业高于第一产业的现象，且产业内各行业信息化程度也存在明显的差异。②从区域角度来看，我国东中西和东北地区数字经济发展水平出现明显的分层，东部地区光缆线路密度、移动电话交换机容量、数字电视用户数占比、宽带用户占比等指标明显高于其他地区。③从城乡角度来看，与城镇地区相比，农村地区数字化基础设施要落后许多，受技术与经济等因素叠加影响，电脑拥有量以及宽带接入率都呈现出明显的不足。

数字鸿沟导致的层次差异将带来严重的问题，并将进一步制约居民消费需求的释放。理性缩小数字鸿沟，深度开发消费市场的主要举措如下：一是要从国家战略层面合理进行产业布局，推进各地区各产业间两化融合，用现代化信息手段配置资源，增强资源在不同领域的有序流动；二是填补数字鸿沟的关键在于推进信息通信和网络基础设施的均等化，人人都享有数字红利的机会；三是国家在落实信息化发展战略时政策要适当向东北、中西部地区和农村地区倾斜，给予一定的财政支持，缩小区域间信息化差距；四是鼓励和引导电信企业"提速降费"，降低企业和居民连接宽带互联网的成本，提高网络的覆盖面和可及性；五是鼓励和引导高层次人才服务东北、中西部和农村地区，人才是最活跃的资源，

也是制约贫困地区数字化发展的重要原因，通过政府人才引进计划等各项福利留住人才，缩小数字人才鸿沟。

七、发挥数字服务就业的作用，提高收入刺激消费

数字经济对就业具有创造与破坏的双重作用，要聚合政策和社会力量将数字经济的创造就业效应扩大，营造出有利于就业和创业的外部环境。政府、中介和用人单位可以通过搭建数字化平台，实时发布用人需求，利用平台的及时性和覆盖面广的特性，使供需双方快速匹配，减少招聘成本的同时增加社会就业机会。鼓励用人单位多渠道开展录用工作，让在线面试作为线下面试的有益补充，发挥在线面试的灵活性优势。利用远程教育等方式展开职业技能培训，提高就业者职业素养，增强人力资本。扶持数字经济新业态，尤其是平台经济和共享经济，鼓励民众通过平台参与直播带货和视频剪辑等工作，以及共享平台转让闲置资源的使用权提高资源利用率并获取租金。此外，政府应当根据需求适度增加一些数字经济孵化项目，在办公场所、网络设施和项目推广方面给予政策支持。通过多渠道发挥数字经济在扩大就业方面的作用，提高居民当前和预期收入，刺激消费。

八、推广数字化治理新模式，完善数字时代法律法规

数字经济的发展在便利居民消费的同时也逐渐暴露了一些问题，需要我们去思考和解决。

（一）数字经济具有垄断基因

数字经济前期基础设施投入成本较高，且对人才和技术具有较强的依赖性，较高的门槛对其他市场主体的进入形成了一种壁垒。此外，由于数字产品边际收益递增的特性，理性的厂商会不断扩大生产规模，降低平均成本获取更大收益，进而导致企业规模不断扩大，容易形成垄断。与传统经济相比，数字经济的市场垄断主要表现在数据垄断、流量垄断和算法垄断三个方面。一般情况下，寡头企业即在市场中处于支配地位的企业为了获取额外的利润往往会通过市场供给来提高商品和服务的价格。此外垄断抬高了潜在竞争企业的市场准入门槛，行业内竞争关系的减弱使市场上供应的产品种类减少，从而压缩了消费者的选择空间。垄断价格和消费品类减少对居民消费将直接和间接的造成影响，一定程度上束缚了居民消费需求的释放。针对这种问题，政府有关部门应当建立健全相关的法律法规，营造公平竞争的市场环境。打破市场垄断，放宽市场准入，鼓励国内外资本科学、有序地进入相关领域，让经营者有发展空间，让消费者有选择空间。

（二）消费者隐私数据泄露、假冒伪劣产品与价格战等问题

由于数字技术广泛应用，居民的消费习惯和方式发生了明显的改变，居民热衷于虚拟

市场的消费，从而激发了网络平台的消费需求。在消费的过程中，个人信息被泄露、假冒伪劣商品和市场竞争陷入价格战等现象时常发生，这种情况在一定程度上制约了居民消费，甚至带来消费的降级。对此，政府需要加强管理，守住、明确数据伦理的底线，加大数据立法，用法律为数据伦理划线。应当推动社会服务升级，建设智慧商务数据平台，推动商贸信用体系建设，探索基于大数据的服务管理新模式。通过完善消费者监管体系和商贸信用体系，加强对消费者的权益保护，将信用较差的线上商家拉进"黑名单"，提高其"曝光度"，减少信息不对称性。推动大数据平台服务升级，探索商贸信用体系等监管新模式，通过这些举措可以使消费市场更为成熟、消费者对于数字消费更为信任，使市场释放更大的消费潜力。

参考文献

[1] 刘胜，林霄.数字经济发展与服务业消费升级：中国需求结构转换新动力探析 [J].深圳社会科学，2023，6(1)：38–49.

[2] 魏姝婷.数字普惠金融对居民消费结构的影响研究 [J].中国管理信息化，2022，25(24)：87–89.

[3] 朱杰，王军，赖华俭.数字经济、产业升级与居民消费：基于 248 个地级市数据的实证分析 [J].西部经济管理论坛，2022，33(06)：31–43.

[4] 赵旭，郑楠.数字经济、新零售转型与居民消费扩张的关系研究 [J].商业经济研究，2022(22)：19–22.

[5] 笪远瑶，王珊珊，周京奎.数字经济促进消费升级了吗 [J].贵州财经大学学报，2022(6)：31–42.

[6] 詹韵秋，王军，孙小宁.数字经济对家庭消费行为的影响研究：基于中国家庭金融调查的经验分析 [J].当代经济管理，2023，45(2)：89–96.

[7] 潘建伟，肖瑞琪.数字经济与流通产业协同发展对消费水平及结构的影响 [J].商业经济研究，2022(20)：49–52.

[8] 陈建，邹红，张俊英.数字经济对中国居民消费升级时空格局的影响 [J].经济地理，2022，42(9)：129–137.

[9] 姚战琪.数字经济对我国居民人均消费支出的影响研究 [J].贵州社会科学，2022(9)：111–120.

[10] 宋鹏.数字经济下我国居民消费结构优化策略研究 [J].商业经济，2022(10)：41–42+68.

[11] 熊颖，郭守亭.数字经济发展对中国居民消费结构升级的空间效应与作用机制 [J].华中农业大学学报 (社会科学版)，2023(1)：47–57.

[12] 时大红，蒋伏心.我国企业数字化转型如何促进居民消费升级 ?[J].产业经济研究，2022(4)：87–100.

[13] 马凯翔，杨媛媛，潘梦超.数字经济发展对居民消费结构的影响：基于 VAR 模型的实证研究 [J].上海商业，2022(7)：66–68.

[14] 崔叶婷.数字经济发展对居民消费潜力的影响研究 [D].太原：山西财经大学，2022.

[15] 法韦嘉."互联网 +"驱动下数字经济对居民消费结构的影响 [J].经济师，

2022(6)：59–61+64.

[16] 崔传浩.数字普惠金融对居民消费升级的影响研究 [D].烟台：山东工商学院，2022.

[17] 罗京.数字普惠金融发展对城乡居民消费结构的影响研究 [D].贵阳：贵州大学，2022.

[18] 孙苑珂.数字金融对居民消费结构的影响研究 [D].长春：吉林财经大学，2022.

[19] 邓伟.信息基础设施对中国居民消费结构升级影响研究 [D].石河子：石河子大学，2022.

[20] 陈言.数字经济发展对居民消费结构的影响研究 [D].兰州：兰州财经大学，2022.

[21] 马铭.数字普惠金融对居民消费结构升级的影响研究 [D].济南：齐鲁工业大学，2022.

[22] 张莹.数字经济对居民消费升级的影响研究 [D].南京：南京邮电大学，2022.

[23] 胡歆韵，杨继瑞，郭鹏飞.夜间经济对居民消费及其结构升级的影响研究 [J].当代经济科学，2022，44(3)：28–40.

[24] 胡智慧，孙耀武.双循环、数字经济发展与农民消费结构升级：基于江苏省 13 市的实证分析 [J].深圳社会科学，2021，4(6)：25–37.

[25] 温展杰，刘峻彤，朱健齐.数字普惠金融发展对居民消费结构升级的影响研究 [J].金融理论探索，2021(5)：55–64.